Inhalt

Vorwort

Liebe Schülerin, lieber Schüler,

„Erörtern“ kann vieles und viel Unterschiedliches bedeuten. Einmal geht es darum, einen Sachverhalt zu erläutern, darzulegen, zu durchdenken. Ein anderes Mal soll eine Position begründet dargelegt werden, eine Warum-Frage soll ausführlich beantwortet werden, oder es sollen gegensätzliche Standpunkte zu einem Problem dargestellt, ihre Begründungen verglichen werden. Wieder ein anderes Mal gilt es, sich mit einem Problem auseinander zu setzen und eine vernünftige Lösung zu suchen, oder aber zwischen mehreren Möglichkeiten begründet zu entscheiden. Gelegentlich lautet die Aufgabe, zwischen auseinander liegenden Positionen zu vermitteln und so Kompromisse auszuhandeln. Nicht zuletzt wird man sich mit bereits vorliegenden Argumentationen auseinander zu setzen haben und dabei in die Überlegungen einbeziehen, in welcher Art und Weise diese Argumentationen vorgestellt werden.

Um all diese Möglichkeiten werden wir uns im vorliegenden Band kümmern. Wir werden aber auch beachten, dass es immer wieder auf ganz bestimmte Dinge ankommt, die in vielen Fällen gleich sind:

- Beim Erörtern hat man es mit Sachverhalten, Problemen usw. zu tun, die nicht von vornherein klar sind. Folglich zielt das Erörtern darauf ab, möglichst **umfassend und strukturiert Klarheit zu schaffen.**

- Solche Klarheit lässt sich nur über **gezieltes und geordnetes Nachdenken** erreichen. Entsprechend werden wir zu fragen haben, wie man das zweckmäßigerweise anstellt.

- Klarheit schaffen heißt auch **ordnen und einordnen.** Das aber setzt das Erkennen von Gemeinsamkeiten und Unterschieden voraus. Zusammengehörendes muss zusammengezogen, Wichtiges gegenüber weniger Wichtigem hervorgehoben werden.

- Beim Erörtern geht es auch und vor allem um das **plausible Begründen.** Deshalb werden wir uns ganz besonders um das sachgerechte Argumentieren und das angemessene Absichern bzw. Stützen von Argumenten zu kümmern haben. Auch Gegengründe werden ggf. zu berücksichtigen sein.

Entsprechend der eingangs skizzierten Bedeutungsvarianten von „Erörtern" haben sich im Lauf der Zeit Text- (auch: Schulaufsatz-)Formen herausgebildet. Der vorliegende Band handelt die entsprechenden Textformen in je eigenen Kapiteln ab. Dabei werden sowohl Vorschläge für einzelne Verfahrensweisen etwa des Argumentierens wie auch für ganze Texte gemacht. Den Texten sind in der Randspalte die Gliederungen beigefügt, um den Überblick über die jeweiligen Argumentationsstrategien zu erleichtern.

Im ersten Kapitel werden die **Techniken des Erörterns,** des Stoff-Sammelns, des Argumentierens und Ordnens, aber auch des Sicherns und Belegens vorgestellt. Anschließend werden die einzelnen **Formen des Erörterns** erläutert. Ein eigenes Kapitel ist der **Erörterung von Texten** gewidmet. Dabei werden sowohl die Textinhalte als auch die Formen der Texte einbezogen.

Die einzelnen Teile des Bandes sind nach einem einheitlichen Prinzip gegliedert: In einem **Darstellungsteil** wird zunächst in das je anstehende Problem eingeführt und die entsprechenden Lösungsvorschläge werden allgemein vorgestellt. Im zweiten Teil wird ein entsprechender **Beispieltext einschließlich der Gliederung** angeboten. Auf Besonderheiten wird in den „Erläuterungen zum Beispiel" in vielen Fällen eigens hingewiesen. Der dritte Teil („Auf den Punkt gebracht") schließlich gibt **konkrete Tipps und Hinweise,** die Sie bei Ihrem eigenen Arbeiten beachten sollten.

Ich wünsche Ihnen viel Erfolg bei der Arbeit!

Friedel Schardt

Problem und Problemerörterung

Im ersten Kapitel soll zunächst geklärt werden, was unter einem Problem zu verstehen ist, wie man ein Problem erfasst und sich ihm nähert, es gewissermaßen durchdringt oder doch versuchen kann, es „in den Griff zu bekommen“. Damit ist man schon auf dem Weg, das Problem zu „erörtern“.

Entsprechend wird in einem weiteren Schritt in diesem Kapitel dargestellt, was alles unternommen werden kann, wenn man daran geht, ein Problem zu erörtern. Es werden Fragen zum Themenbereich entwickelt, es werden Strategien vorgestellt, die es erlauben, den Problemhorizont abzugrenzen und zu strukturieren, Stoff zu sammeln und zu ordnen, sowie Lösungen in Angriff zu nehmen, die dann zu begründen sind.

1 Was ist ein Problem?

Wir werden im Leben regelmäßig mit Dingen, Zuständen oder Fragen konfrontiert, die wir auf den ersten Blick nicht so ganz durchschauen. So lange uns diese Dinge nicht betreffen, uns nichts angehen, kann uns das ja gleichgültig sein. Aber: Woher wollen wir immer gleich wissen, ob etwas uns angeht, uns interessieren müsste, weil wir in irgendeiner Form betroffen sind?

1.1 Problemhorizont

Um festzustellen, ob ein Problem uns betrifft, uns etwas angeht, ist es notwendig, den Horizont genauer abzugrenzen, innerhalb dessen das Problem auftritt. Selbst wenn man behauptet: „Das geht mich nichts an! Das berührt mich nicht!“, kann man doch nicht ganz sicher sein, ob nicht doch der eine oder andere Aspekt des Problems in unser Leben hineinragt, mit uns in Berührung kommt oder kommen kann.

Oft kann man wichtige Aussagen über die **Reichweite eines Problems** machen, wenn man das Problem als **Frage** formuliert. Am besten zerlegt man diese Frage auch noch in **Teilfragen** und überprüft, wie weit die in den Teilfragen angesprochenen Gesichtspunkte reichen. Dazu wird man die jeweils verwendeten **Begriffe** und die von diesen repräsentierten **Zusammenhänge** ins Auge fassen müssen und so die konkret bezeichneten Aspekte erfassen.

Beispiel

Sucht hat viele Gesichter

Beispiele vergegenwärtigen das Thema

Ankündigung: Ausweitung des Problemfeldes

Die hoffnungslosen Augen eines heroinabhängigen Mädchens, das Pressefoto des jungen Mannes, der nach einer Überdosis tot auf der Bahnhofstoilette gefunden wurde – Bilder, die jedem sofort vor Augen stehen, wenn's um das Thema Sucht und Drogen geht. Sie spiegeln aber nur einen kleinen Ausschnitt der Wirklichkeit wider: Sucht hat viele Gesichter, ängstigende und Mitleid erregende, aber auch bunte und harmlose Gesichter – scheinbar. […]

Wichtige Dimension des Problems: Der Ansatz der Entstehung

Sucht hat zunächst mit einem Wunsch zu tun, den jeder hat: sich wohl oder besser zu fühlen. Die meisten verschaffen sich ganz bewusst Wohlbefinden: das wohlige Gefühl der Sättigung durch Essen und Trinken, Erfolgserlebnisse durch Arbeit, Besserung durch Medikamente, Entspannung oder Anregung durch Alkohol oder Nikotin.

Zweiter Schritt auf dem Weg zur Sucht

Bei einigen Menschen verändert sich mit der Zeit die Bedeutung solcher „lieb gewordenen Gewohnheiten" (z. B. das entspannende Gläschen Wein am Abend) oder die Bedeutung der Befriedigung eines alltäglichen Bedürfnisses (z. B. das Hungerstillen durch Essen). […]

Beispiel für diesen Schritt

Bei der Esssucht ist es zum Beispiel so, dass jemand zunächst bemerkt, dass Essen nicht nur den Hunger stillt, sondern auch sonst „gut tut": Es tröstet über Enttäuschungen und Frustrationen hinweg, besonders dann, wenn „Trost" bei anderen nicht zu finden ist. […]

Das Ergebnis

Essen als Ersatz für Zuwendung, Mitgefühl, Trost verselbstständigt sich weitgehend vom „normalen" Zweck des Essens.

Aus: Bundeszentrale für gesundheitliche Aufklärung (Hrsg.), Elternbroschüre zur Suchtprävention 1, S. 4

Erläuterungen zum Beispiel

Der Text eröffnet die Problematik, indem er verschiedene Beispiele, die wohl jedem Leser schon einmal begegnet sind, benennt und dabei betont, dass es sich da um kleine Wirklichkeitsausschnitte handelt.

Anschließend wird der „harmlose" Ansatz aufgezeigt, von dem aus eine Sucht entstehen kann. Es werden einzelne zunächst ebenso harmlose, aber doch mehr und mehr „verdächtige" Beispiele genannt, ehe der zweite Schritt gezeigt wird, der zur Sucht selbst führen kann.

Anhand eines konkreten Beispiels (Esssucht) wird schließlich aufgezeigt, wie „harmlos" die ersten Schritte auf den ersten Blick erscheinen, die aber doch am Ende zur Sucht führen.

Auf den Punkt gebracht

Nicht jedes Thema ist schon als Frage formuliert, nicht jede Frage lässt schon den gesamten Umfang des angesprochenen Problems erkennen.

- Manchmal müssen Sie die **Frage** erst formulieren. (Beispiel: *Was gehört alles zum Problembereich Sucht? Welche Erscheinungsformen von Sucht gibt es?*)
- Manchmal müssen Sie die Frage in **Teilfragen** zerlegen. (Beispiel: *Welche Wege können zu einer Sucht führen? Welche Lebenssituationen können die Entstehung von Sucht erleichtern?*)
- Benennen und beschreiben Sie die jeweils auftretenden **Teile bzw. Ausschnitte aus der Lebenswirklichkeit**, die im Fragehorizont auftauchen. (Beispiel: *heroinabhängiges Mädchen, Pressefotos …*)
- Fragen Sie nach den **Begriffen**, die im Zusammenhang mit dem Problem wichtig werden. Beachten Sie, was konkret angesprochen wird. (Beispiel: *Gewohnheit, Ersatz für Zuwendung, Suchtmittel, Drogen …*)

1.2 Themabegriff

Häufig kann man bei Diskussionen beobachten, dass die Gesprächspartner immer wieder aneinander vorbeireden, sich missverstehen und unnötig streiten. Dabei geht es aber meist nicht nur um einen „Streit um Worte“, sondern auch um **Inhalte.** Die Gesprächspartner verwenden dieselben Wörter, meinen damit aber jeweils etwas anderes. Man hat es unterlassen, zunächst festzulegen, worüber genau man diskutieren will, welche Begriffe man benutzen und was man konkret darunter verstehen möchte.

Es ist daher dringend zu empfehlen, den **zentralen Begriff,** um den es geht, seinem Inhalt nach abzuklären, ehe man über das Problem streitet oder es erörtert. Auch die **wichtigsten Teilbegriffe,** die im Problemrahmen eine Rolle spielen, sollten erläutert werden. Schließlich muss auch deutlich werden, welche **Zusammenhänge** zwischen dem zentralen Themabegriff und den Teilbegriffen bestehen.

Beispiel

Sucht – Was ist damit gemeint?

Definition des Begriffes

Unter Sucht versteht man laut *Duden* eine „krankhafte Abhängigkeit von einem bestimmten Genuss- oder Rauschmittel oder Ähnlichem“. Das Wort kann aber auch ein „übersteigertes Verlangen nach etwas, einem bestimmten Tun; eine Manie“ bezeichnen.

Differenzierung nach Teilaspekten

Hier zeichnet sich bereits die Unterscheidung nach „stoffgebundener“ und „stoffungebundener“ Sucht ab.

Erläuterung des ersten Teilaspekts: Beschreibung des bezeichneten „Sachverhalts“

Bei stoffgebundener Sucht, zum Beispiel bei Alkoholabhängigkeit, wird die Sucht dadurch in Gang gehalten oder gesteigert, dass der Körper mit der Zeit eine immer größere Menge des Stoffes verträgt. Er gewöhnt sich sogar daran. Der Süchtige braucht also eine immer größere Dosis, um sein Wohlgefühl herzustellen, ohne zunächst die Kehrseite zu spüren. Ein derartig schnell und intensiv „belohntes“ Verhalten ist nur sehr schwer – durch den Süchtigen oder von außen – zu ändern. Mit fortdauernder Dosissteigerung wird das anfängliche Wohlgefühl schließlich immer schwächer. Die Drogeneinnahme wird jetzt schon deshalb benötigt, um Entzugserscheinungen zu vermeiden. Die Fachleute bezeichnen dies mit dem Begriff der körperlichen Abhängigkeit. […]

Erster Teilbegriff

Die körperliche Abhängigkeit kann bei den meisten Suchtmitteln relativ schnell überwunden werden: so wie sich der Körper an Alkohol gewöhnt, kann er auch wieder entwöhnt werden.

Die Entstehung einer körperlichen Abhängigkeit hängt vom jeweiligen Suchtmittel ab. Körperliche Abhängigkeit ist stets mit dem Auftreten von Entzugssymptomen verbunden, wenn das Suchtmittel abgesetzt wird.

Erläuterung des ersten Teilbegriffes

Mehr Probleme macht die dem Suchtverhalten zugrunde liegende psychische Abhängigkeit. Sie besteht dann, wenn ein unbezwingbares Verlangen danach besteht, eine Droge ständig und wiederholt einzunehmen: sei es als Ersatzbefriedigung für unerfüllte Bedürfnisse, sei es als Ausgleich für mangelndes Selbstvertrauen oder um sich unangenehmen Situationen und Gefühlen zu entziehen. Psychische Abhängigkeit ist bei allen Formen von Suchtverhalten gegeben. […]

Zweiter Teilbegriff
Erläuterung des zweiten Teilbegriffes

Sucht tritt keineswegs nur in Form etwa von Alkohol-, Rauschgift- oder Medikamentenmissbrauch auf, also als „stoffgebundene“ Sucht. Sucht kann ganz anders in Erscheinung treten, etwa als Spielsucht oder als Esssucht. Dies sind Beispiele für „stoffungebundene“ Suchtformen. […]

Zweiter Teilaspekt
Erläuterung durch Beispiele

Ab Zeile 8 aus: Bundeszentrale für gesundheitliche Aufklärung (Hrsg.), Elternbroschüre zur Suchtprävention 1, S. 5;
Definition Zeile 1–5 aus: Duden, Das große Wörterbuch der deutschen Sprache in 8 Bänden, Mannheim ²1995

Erläuterungen zum Beispiel

Der Text setzt mit einer Wörterbuchdefinition des zentralen Begriffes ein. Der definierte Begriff wird anschließend nach zwei Teilaspekten differenziert. Der erste Aspekt wird genauer erläutert, indem zwei wesentliche Teilbegriffe dargestellt werden, der zweite Teilaspekt wird durch das Benennen von einzelnen Beispielen vorgeführt.

Beachtenswert erscheint, wie der Zusammenhang zwischen dem zentralen Begriff (Sucht), den Teilaspekten (stoffgebunden, stoffungebunden) und den Teilbegriffen (körperliche, seelische Abhängigkeit) dargestellt wird, um das vom zentralen Begriff angesprochene Problemfeld zu erfassen.

Auf den Punkt gebracht

Wenn Sie Missverständnisse vermeiden wollen, sollten Sie

- den zentralen Themabegriff abgrenzen und klären,
- die wichtigsten Teilbegriffe fixieren und erläutern,
- den Zusammenhang zwischen dem zentralen Begriff und den Teilbegriffen klären.

1.3 Begriffe definieren

Die meisten Missverständnisse haben ihren Grund darin, dass keine Klarheit über den **Inhalt der verwendeten Begriffe** herrscht. Zwar werden dieselben Begriffe (Wörter) verwendet, doch verstehen die Beteiligten unter Umständen ganz verschiedene Inhalte, wenn sie einen Begriff gebrauchen. Es ist deshalb erforderlich, dass man zu Beginn einer Argumentation, einer Diskussion oder auch einer Darlegung die Begriffe, die man zu verwenden gedenkt, definiert.

Die Nominaldefinition

Es gibt verschiedene Arten und Weisen, einen Begriff zu definieren. Beim wichtigsten Verfahren, der sog. „Nominaldefinition“, nennt man zuerst die **nächsthöhere Gattung,** zu der das vom Begriff Bezeichnete gehört (Beispiel: *Der Hecht ist ein Fisch …*), dann führt man die **besonderen Merkmale** an, die das Bezeichnete von den übrigen Mitgliedern derselben Gattung unterscheiden.

Wenn Sie dieses Verfahren anwenden, setzen Sie voraus, dass Ihr Leser

- die genannte Gattung,
- die genannten Eigenschaften und
- die verwendeten Bilder und Vergleiche kennt.

(Wenn etwa der Leser der folgenden Bumerang-Definition nicht weiß, was ein „Wurfholz“ ist , oder die Form eines Knies nicht kennt, wird er mit der Definition wenig anfangen können.)

Beispiel

Bumerang (Nominaldefinition)

Bumerang (m), ein knieförmig gebogenes Wurfholz. Er war	*Definition*
ursprünglich ein australisches Kampf- und Jagdgerät und wird heute als Sportgerät verwandt.	*Ursprüngliche Verwendung*
Durch seine Art und die Art des Abwurfs hat er die Eigentümlichkeit, in die Nähe des Werfers zurückzuschnellen.	*Besondere Eigenschaft*

Aus: Witte Schülerlexikon, Verlag Hans Witte, Freiburg [12]1954, Sp. 180

Erläuterungen zum Beispiel

So „funktioniert“ diese Definition:

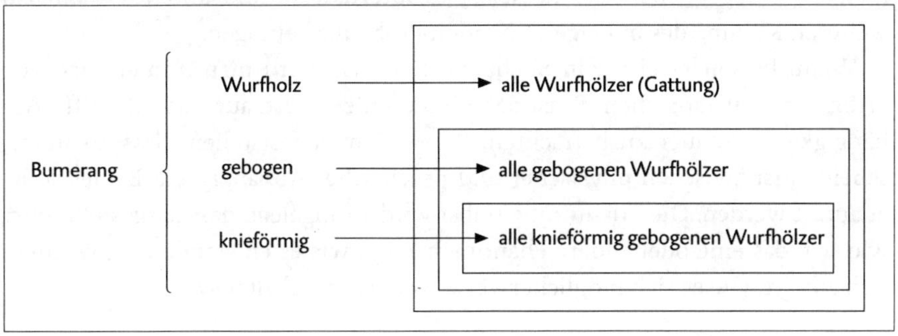

Auf den Punkt gebracht

Wenn Sie einen Begriff nach den Regeln der Nominaldefinition klären wollen, dann

- nennen Sie die **nächsthöhere Gattung**, der das vom Begriff Bezeichnete angehört,
- geben Sie die **spezifischen Eigenschaften / Merkmale** an, die den bezeichneten Redegegenstand von den übrigen derselben Gattung unterscheiden. Die wichtigste Eigenschaft sollten Sie besonders hervorheben und erläutern / vorführen.
- Darüber hinaus können Sie auch Angaben über **Herkunft / Geschichte** des Bezeichneten und **heutige Verwendungsweisen** des Begriffes machen.

Die Realdefinition

Die einfachste und sicherste Form, einen Begriff zu klären, besteht wohl darin, **alles aufzuzählen, was mit dem Begriff bezeichnet werden kann.** Bei abstrakten Begriffen wie „Ehre“ ist das gar nicht so einfach. Aber auch hier kann man Verhaltensweisen beschreiben, die mit dem Begriff in Zusammenhang stehen. Oft wird eine Realdefinition mit einer Nominaldefinition verbunden.

Beispiel

Sport (Verbindung Nominaldefinition – Realdefinition)

Sport [engl.] , eine körperl. Tätigkeit, die meist um ihrer selbst willen als Freizeit- oder Hochleistungssport ausgeübt wird unter Anerkennung bestimmter Regeln. Zum S. gehören z. B. Leichtathletik, Schwerathletik, Kampfsport, Wasser-, Winter-, Schieß-, Rad-, Motor-, Flug-, Pferdesport, Bergsteigen […].

Nominaldefinition

Realdefinition

Aus: Verlag F. A. Brockhaus, Mannheim. Brockhaus in zwei Bänden von 1977

Manchmal wird man aber auch **weitere Zusammenhänge** aufnehmen. Das ist besonders dann nötig, wenn man bei der Definition auf Begriffe oder Zusammenhänge zugegriffen hat, die selbst erläuternswert sind und vor allem zur weiteren Klärung des in Frage stehenden Problems beitragen.

Wenn beispielsweise von Sucht die Rede ist, wird man immer auch von „Abhängigkeit" sprechen. Es ist daher empfehlenswert, auch den Begriff „Abhängigkeit" genauer zu betrachten. So wird man feststellen, dass zu unterscheiden ist zwischen physischer und psychischer Abhängigkeit. Beides sollte erläutert werden. Die Erläuterung selbst wird so angelegt, dass dargestellt wird, wie sich das eine oder andere Phänomen zeigt, wie es entstanden ist, worin es sich äußert, wie es sich möglicherweise weiterentwickelt, usw.

Beispiel

Körperliche und psychische Abhängigkeit (Erweiterte Realdefinition)

Körperliche Abhängigkeit entsteht durch die Gewöhnung des Organismus an das Suchtmittel. Mit der Zeit „verträgt" der Körper immer mehr des jeweiligen Suchtmittels. Um die gleiche Wirkung zu erzielen, muss der Abhängige die Dosis dann steigern. Der Körper kann durch fortgesetzten Suchtmittelmissbrauch immer höhere, sogar unter „normalen" Umständen tödlich wirkende Mengen verarbeiten (so genannte Toleranzentwicklung).

Definition: körperliche Abhängigkeit

Beschreibung der Entwicklung: Wie entsteht körperl. Abhängigkeit?

Beim Absetzen des Suchtmittels treten körperliche Entzugserscheinungen auf, die sich z. B. in Schmerzzuständen am ganzen Körper, Durchfall, Übelkeit, Erbrechen und Schwindelanfällen äußern; oder es kommt zu so genannten vegetativen Erscheinungen wie Zittern, Frieren, Schweißausbrüchen. […]

Beschreibung der Folgen: „Entzugserscheinungen" (+ Realdefinition)

Als psychische Abhängigkeit von Suchtmitteln (z. B. Alkohol) wird das zwanghafte Verlangen beschrieben, das Mittel ständig und wiederholt einzunehmen. Diese Abhängigkeit ist das Ergebnis eines langfristigen „Lernprozesses", an dessen Ende der Abhängige den Stoff so in sein Leben eingebaut hat, dass er ihn wie eine „Lebenskrücke" braucht.

Definition: psychische Abhängigkeit

Erläuterung: Darstellung der vorausgehenden Entwicklung

Aus: Bundeszentrale für gesundheitliche Aufklärung (Hrsg.): Elternbroschüre zur Suchtprävention 3, S. 3

Auf den Punkt gebracht

Um ganz sicher zu gehen, dass der Inhalt eines Begriffes klar ist, können Sie im Sinne einer „Realdefinition“ alles aufzählen, was zum Begriffsinhalt gehört, oder doch einige Beispiele nennen, die erkennen lassen, welche Inhalte mit dem Begriff gemeint sind.

Sie können diese Möglichkeit noch erweitern und die mit dem Begriff zusammenhängenden **„W-Fragen“** klären:

- Wer ist beteiligt?
- Worum geht es?
- Wozu dient das Gemeinte?
- Warum ist das so?
- Wie ist es so weit gekommen?
- Wohin führt das?

(Auch wenn diese Fragen vom Begriff wegführen: Sie sollten sich die Antworten für die spätere „Stoffsammlung“ notieren!)

Etymologie

Oft kann man hören: „Ja früher, da hat das noch etwas ganz anderes bedeutet. Da verstand man unter ‚Arbeit‘ noch wirklich ...“. Was ist in solchen Fällen richtig? Was ist zu tun?

Wörter verändern im Laufe der Geschichte ihre Bedeutung, zum Teil zumindest. Häufig hängt aber die heutige Bedeutung eines Wortes noch mit früheren Bedeutungen zusammen. Deshalb kann es sinnvoll sein, nach solchen früheren Bedeutungen zu fragen. Dabei wird man auf jeden Fall auch den früheren Verwendungszusammenhang zu berücksichtigen haben.

Will man eine Verwischung der unterschiedlichen Bedeutungen eines Wortes in verschiedenen Zeiten/Epochen vermeiden und die heutige Bedeutung erfassen, so muss man die **Bedeutungsveränderungen** beachten, die Etymologie (Ursprung und Geschichte der Wörter) zu Rate ziehen. Nützlich sind hier **etymologische Wörterbücher,** zu empfehlen sind etwa:

- DUDEN Etymologie. Herkunftswörterbuch der deutschen Sprache. 2., völlig neu bearbeitete und erweiterte Auflage von Günther Drosdowski, Mannheim: Bibliographisches Institut & F. A. Brockhaus AG 1989.
- Friedrich Kluge, Etymologisches Wörterbuch der deutschen Sprache. 20. Aufl. von W. Mitzka, Berlin (West) 1967.
- Hermann Paul, Deutsches Wörterbuch. Bearbeitet von Werner Betz. 7., durchgesehene Aufl., Tübingen 1976.

Beispiel

List (Etymologische Erläuterung)

Ursprung des Wortes

Ursprüngliche Bedeutungen

Fragt man nach der Grundbedeutung des ahd. und mhd. *list,* so stellt man fest, dass das Wort zum Stamm germ. *lis = „wissen" gehört. Demnach bedeutet *list* ursprünglich *Weisheit, Klugheit, weise Absicht, weise Handlung,* aber auch *Wissenschaft, Kunst* und schließlich sogar *Zauberkunst* und *ärztliche Kunst.*

Bedeutungen in bestimmten Zeiten / Epochen

Beispiel: Hartmann

Beispiel: Walther

Weitere Bedeutungen

Beispiel: Hartmann

Weitere Entwicklung bis zur heutigen Bedeutung

In der Bedeutung *Weisheit, Klugheit* finden wir das Wort etwa im *Gregorius,* wo der Abt den Fischern die Herkunft des Findelkindes aus *list* verschweigt. Der Abt handelt keineswegs hinterlistig, sondern aus kluger Überlegung heraus. Und wenn Walther von der Vogelweide bittet: „heiliger krist, ... gip mir die list", so bittet er um die Weisheit, die notwendig ist, um eine schwierige Situation zu bewältigen. Mit *list* werden dann auch die sieben freien Künste bezeichnet, ebenso die Magie und Zauberkunst. Im *Armen Heinrich* wird die Kunst des Arztes (der wîsen arzate list) mit *list* bezeichnet. Will man im mhd. eine böse List bezeichnen, so wird ein kennzeichnendes Adjektiv hinzugefügt (so spricht Walther von einer *argen list*). Im späteren Mittelalter wird der Bedeutungsumfang immer weiter reduziert. Mit Beginn der Neuzeit geht die positive Wertschätzung der *list* verloren.

Auf den Punkt gebracht

Häufig reicht eine Nominaldefinition – auch verbunden mit einer Realdefinition – nicht aus. Sie müssen den Begriff weiter erläutern. Dafür bietet sich die Etymologie an.

Dazu müssen Sie

- die **Etymologie** eines Wortes darstellen (Hilfsmittel: etymologisches Wörterbuch), d. h. die ursprünglichen / früheren Bedeutungen eines Wortes nennen,
- die inzwischen eingetretenen **Bedeutungsveränderungen** aufzeigen,
- zu jeder Bedeutungsstufe den jeweiligen **Verwendungszusammenhang** angeben,
- die **heutige Verwendung und Bedeutung** eingrenzen.

Begriffszusammenhänge und -hintergründe

Oft werden bei der Definition eines Begriffes weitere Begriffe verwendet, die eigentlich „definitionsbedürftig“ sind. Man läuft dabei Gefahr, sich im Kreis zu bewegen („Zirkeldefinition“). Um solche fruchtlosen Bewegungen zu vermeiden, muss man die Zusammenhänge, in denen der zentrale Begriff steht, erläutern und die benutzten Begriffe selbst fixieren und ggf. erläutern bzw. definieren. Hierbei wird man die bisher vorgestellten Verfahren kombinieren.

Beispiel

Immanuel Kant, Beantwortung der Frage: Was ist Aufklärung? (1783)

Aufklärung ist der Ausgang des Menschen aus seiner selbstverschuldeten Unmündigkeit. Unmündigkeit ist das Unvermögen, sich seines Verstandes ohne Leitung eines anderen zu bedienen. Selbstverschuldet ist diese Unmündigkeit, wenn die Ursache derselben nicht am Mangel des Verstandes, sondern der Entschließung und des Mutes liegt, sich seiner ohne Leitung eines andern zu bedienen. Sapere aude! Habe Mut, dich deines eigenen Verstandes zu bedienen! ist also der Wahlspruch der Aufklärung.

Definition des Hauptbegriffes
Definition des ersten Teilbegriffes
Definition des zweiten Teilbegriffes
Forderung als logische Konsequenz

Faulheit und Feigheit sind die Ursachen, warum ein so großer Teil der Menschen, nachdem sie die Natur längst von fremder Leitung freigesprochen […], dennoch gerne zeitlebens unmündig bleiben; und warum es anderen so leicht wird, sich zu deren Vormündern aufzuwerfen. Es ist so bequem, unmündig zu sein. Habe ich ein Buch, das für mich Verstand hat, einen Seelsorger, der für mich Gewissen hat, einen Arzt, der für mich die Diät beurteilt u. s. w., so brauche ich mich ja nicht selbst zu bemühen. Ich habe nicht nötig zu denken, wenn ich nur bezahlen kann; andere werden das verdrießliche Geschäft schon für mich übernehmen. Daß der bei weitem größte Teil der Menschen […] den Schritt zur Mündigkeit außer dem, daß er beschwerlich ist, auch für sehr gefährlich halte: dafür sorgen schon jene Vormünder, die die Oberaufsicht über sie gütigst auf sich genommen haben. Nachdem sie ihr Hausvieh zuerst dumm gemacht haben und sorgfältig verhüteten, daß diese ruhigen Geschöpfe ja keinen Schritt außer dem Gängelwagen, darin sie sie einsperreten, wagen durften, so zeigen sie ihnen nachher die Gefahr, die ihnen drohet, wenn sie es versuchen, allein zu gehen. Nun ist diese Gefahr zwar eben so groß nicht, denn sie würden durch einigemal Fallen wohl endlich gehen lernen; allein ein Beispiel von der Art macht doch schüchtern und schreckt gemeiniglich von allen ferneren Versuchen ab.

Erläuterung des ersten Teilbegriffes: Ursachen (+ Verbindung zum zweiten Teilbegriff)
Hintergründe
Beispiele
Ursachen und Hintergründe des Zustandes
Metapher als Verdeutlichung

Es ist also für jeden einzelnen Menschen schwer, sich aus der ihm beinahe zur zweiten Natur gewordenen Unmündigkeit herauszuarbeiten. Er hat sie sogar liebgewonnen und ist vorderhand wirklich unfähig, sich seines eigenen Verstandes zu bedienen, weil man ihn niemals den Versuch davon machen ließ. Satzungen und Formeln, diese mechanischen Werkzeuge eines vernünftigen Gebrauchs oder vielmehr Mißbrauchs seiner Naturgaben, sind die Fußschellen einer immerwährenden Unmündigkeit. Wer sie auch abwürfe, würde dennoch auch über den schmalesten Graben einen nur unsicheren Sprung tun, weil er zu dergleichen freier Bewegung nicht gewöhnt ist. Daher gibt es nur wenige, denen es gelungen ist, durch eigene Bearbeitung ihres Geistes sich aus der Unmündigkeit herauszuwickeln und dennoch einen sicheren Gang zu tun. […]

Folge: Einschätzung der Unmündigkeit

Rückbindung an die Eingangsforderung

Ursache(n) der Schwierigkeiten

Bilder und Vergleiche, die die Situation verdeutlichen

Folgen

Aus: Ehrhard Bahr (Hrsg.), Was ist Aufklärung? Thesen und Definitionen. Stuttgart: Philipp Reclam jun. 1974 (Universal-Bibliothek Nr. 9714), S. 9 f.

Erläuterungen zum Beispiel

Kant verwendet für seine Definition zwei tragende Begriffe: Unmündigkeit und selbstverschuldet. Diesen sind wichtige Teile des Textes zuzuordnen.

Unmündigkeit wird zunächst vom Gegenteil (Mündigkeit) her erläutert. Mündigkeit bedeutet nach Kant, sich seines Verstandes ohne Leitung eines anderen zu bedienen. Kann man das nicht, so ist man unmündig.

Kant erläutert anschließend die Ursachen der Unmündigkeit und stellt dar, inwiefern die Unmündigkeit „selbstverschuldet" ist. Als Vergleiche benutzt er „ein Buch, das für mich Verstand hat", den „Seelsorger", der das Gewissen bringt, den „Arzt", der die Diät festlegt.

Schließlich geht seine Beweisführung ganz über in das Bild vom Hausvieh, das zuerst dumm gemacht wird und dann im Gängelwagen geht und sich nicht mehr traut, ohne diesen Gängelwagen zu gehen. Auch das Bild der Fußschellen dient der Veranschaulichung des Begriffes „Unmündigkeit".

Aufklärung und Unmündigkeit stehen zueinander in Gegensatz. Aufklärung will den Menschen aus der Unmündigkeit herausführen, will ihm seine Fesseln abnehmen und ihn zu eigenständigem Gehen veranlassen.

Den Begriff „Vormünder" erklärt Kant auf mehrfache Weise. Erst nennt er einzelne „Punkte", die auf Vormünder verweisen: Buch, Seelsorger, Arzt. Dann erläutert er die Ursachen der Unmündigkeit: Bequemlichkeit, Angst vor dem beschwerlichen und gefährlichen Schritt zur Mündigkeit. Kant führt den Begriff der Vormünder ein, um zu verdeutlichen, wie gefährlich die Unmündigkeit ist, welche Ursachen sie hat und welche Folgen sich ergeben können.

Auf den Punkt gebracht

Bisweilen ist es nützlich, nicht nur den zentralen Begriff zu definieren, sondern auch die Begriffe, die man beim Definieren benutzt hat, zu erläutern. Dabei sollten Sie

- diese Begriffe selbst erläutern,
- klären, wie diese Begriffe untereinander zusammenhängen,
- zeigen, in welcher Beziehung sie zum zentralen Begriff stehen.

Sie können zur Verdeutlichung auch Gegenbegriffe ins Spiel bringen und fragen, welche Folgen sich von diesen aus ergeben.

1.4 Thema erschließen

Die Erläuterung bzw. Klärung von Begriffen und Begriffszusammenhängen führt uns schon mitten in das Thema. Wir sind bereits dabei, die im Thema enthaltene Problematik zu erschließen.

Klärung der Voraussetzungen

Die eigentliche Erschließung des Themas aber sollten wir beginnen mit der Klärung der Voraussetzungen, die gegeben sein müssen, ehe das Thema überhaupt „zum Thema“ wird.

Beispiel

Als Austauschschüler nach Kanada?

Es gibt ein Programm, das kanadischen Schülern die Gelegenheit bietet, für einen bestimmten Zeitraum in einer deutschen Familie zu leben und eine deutsche Schule zu besuchen. Im Austausch können dann deutsche Schüler Kanada kennen lernen.

Der Sachverhalt, innerhalb dessen die Themafrage aktuell wird

Ehe die Frage, ob es sinnvoll ist, als Austauschschüler nach Kanada zu gehen, ernsthaft diskutiert werden kann, sollten grundsätzliche Voraussetzungen geklärt werden. Zu solchen Voraussetzungen gehören wohl gewisse Sprachkenntnisse, die man frühestens nach drei bis vier Jahren Fremdsprachenunterricht erworben hat. Außerdem sollte der Aufenthalt im Normalfall ein halbes Jahr nicht überschreiten, da sonst zu große Lücken in der Ausbildung im Heimatland entstehen. Schließlich sollte eine regelmäßige Betreuung des Schülers vor Ort gewährleistet sein.

Grundsätzliche Voraussetzungen, ohne die sich die Frage nicht stellt

Auf den Punkt gebracht

Um ein Thema zu erschließen, sollten Sie sich als Erstes den Voraussetzungen zuwenden, die geklärt sein müssen, ehe das eigentliche Thema angegangen werden kann.

Hilfreich können dabei Fragen sein wie:

- In welchen Zusammenhängen/Unter welchen Umständen wird das Thema aktuell bzw. taucht das Problem überhaupt auf?
- Wer und was muss vorhanden sein, damit das Thema sinnvoll diskutiert werden kann?
- Was muss alles vorausgehend vorliegen bzw. geklärt sein, ehe es sich lohnt, das eigentliche Thema überhaupt anzugehen?

Klärung von Umständen und Bedingungen

In vielen Fällen müssen wir uns entscheiden, müssen Fragen mit „ja" oder mit „nein" beantworten. Oft aber fällt es schwer, solche **Entscheidungsfragen** einfach zu beantworten. Zu viel muss bedacht werden. Da gibt es Gesichtspunkte, die erst geklärt, Teilfragen, die erst beantwortet werden müssen. Mit einem Wort: Häufig antwortet man nicht mit „ja" oder „nein", sondern mit „das kommt drauf an ...".

Um nun das in Frage stehende Problem weiter aufzuschlüsseln, muss man die Gesichtspunkte, auf die es „ankommt", von denen also die konkrete Antwort, die Entscheidung abhängig ist, in Fragen umwandeln, die dann zu klären sind, ehe eine Entscheidung gefällt wird.

Beispiel

Soll man als Schüler / Student neben dem Studium noch einen „Freizeitjob" übernehmen?

Definition des Themabegriffes

Unter „Job" wollen wir hier eine vorübergehende Beschäftigung verstehen, die dem Gelderwerb dient. Von einem Freizeitjob sprechen wir, wenn diese Beschäftigung in der freien Zeit stattfindet, also in der Zeit, in der der Schüler bzw. Student nicht mit seinem Studium beschäftigt ist. Die Beantwortung der Themafrage ist nun von eine Fülle einzelner Faktorengruppen abhängig [...]

Umstände und Bedingungen, die die Entscheidung beeinflussen

Faktor Zeit:
- Wie hoch ist der Zeitaufwand?
- Wann ist die Arbeit zu erledigen? (vor, nach der Schule ...)
- Handelt es sich um regelmäßige Arbeiten?

Faktor Voraussetzungen:
- Welche Kenntnisse werden vorausgesetzt?
- Welches Alter muss man haben? (Jugendarbeitsschutz ...)
- Welcher Kraftaufwand ist erforderlich?

Faktor Motivation:
- Ist die Arbeit interessant oder stumpfsinnig?
- Steht die Arbeit in Beziehung zum künftigen Beruf?

Erläuterungen zum Beispiel

Das Beispiel zeigt, wie man eine Themafrage sinnvoll angehen kann: Zunächst definiert man den zentralen Themabegriff (ggf. in mehreren Schritten). Dann fragt man nach einzelnen Faktoren(gruppen), die die Entscheidung bzw. die Antwort, die wir auf die Frage geben, beeinflussen. Die einzelnen Faktorengruppen werden in Fragen aufgelöst. Die Antworten auf diese Fragen ergeben in ihrer Gesamtheit den Komplex von Gesichtspunkten, der im einzelnen Entscheidungsfall bei der Beantwortung der Frage zu berücksichtigen ist.

Auf den Punkt gebracht

- Wenn Sie mit einer Entscheidungsfrage („Ja-Nein-Frage") konfrontiert werden und denken: „So einfach ist das nicht, das kommt ganz darauf an, ob ...", so notieren Sie die Fragen, auf die es Ihrer Meinung nach ankommt. Diese Fragen schlüsseln Ihr Problem weiter auf.
- Früher lernte man als Gedächtnisstütze den Hexameter: *Quis, quid, ubi, quibus auxiliis, cur, quomodo, quando?* (zu Deutsch: *Wer, was, wo, womit, warum, wie und wann?*)

Schlüsselfragen zum Themenbereich

Selbstverständlich greifen diese Fragen nicht alle in jedem Fall. Aber man sollte unbedingt die Fragen stellen und die Antworten notieren. So entsteht eine **erste Stoffsammlung.** Manches wird man später als selbstverständlich wieder streichen, manches führt vielleicht etwas vom Thema weg. Es empfiehlt sich, trotzdem erst einmal alles zu sammeln, ehe man streicht.

Über die Sachverhalte im Zusammenhang mit dem Themabegriff hinaus gibt es weitere Fragen, die den Kern des Problems erschließen. Natürlich handelt es sich da um Fragen, die von Fall zu Fall verschieden sind. Dennoch kann man allgemeine Fragenbereiche angeben, die in vielen Fällen wichtig werden und – stellt man konkrete Fragen – zu weiterem „Stoff" führen, der für die Erörterung eines Problems von Bedeutung sein kann.

So wird man in der Regel

- nach **Ursachen** fragen müssen, aber auch
- nach den **Lebensbereichen,** in denen ein Problem auftritt, sowie
- nach **Personen bzw. Personengruppen,** die betroffen sind, und
- nach **Folgen / Konsequenzen,** die sich aus der einen oder anderen Entscheidung ergeben.
- **Wirkungen** werden sich häufig einstellen.
- Wenn Menschen handeln, haben sie **Gründe.**

Beispiel

Anke Herbert, Ehrenamt

Wenn heute über die Zukunft des Ehrenamts diskutiert wird, hat der Begriff der „Bürgergesellschaft" zentrale Bedeutung. Es geht vor allem um die neue Freude am selbstverantwortlichen Handeln, um die neue Lust am Mitreden und Mitmachen, und damit auch um eine Neubestimmung der Aufgaben von Staat und Gesellschaft. Nicht zuletzt deshalb hat die Diskussion um das bürgerschaftliche Engagement gerade auf politischer Ebene Konjunktur.

In welchem (gesellschaftl.) Zusammenhang ist das Ehrenamt zu sehen?

Was reizt Menschen an einem Ehrenamt?

Welcher Lebensbereich ist betroffen?

Mit der Tatsache, dass zu den klassischen Tätigkeitsfeldern wie Sport, Kirche oder Soziales andere ehrenamtliche Interessen getreten sind, beschäftigt sich unter anderem der freie Publizist Warnfried Dettling. Er sieht darin neue Chancen für das Ehrenamt, wertet die Bürgergesellschaft als Reformperspektive. […]

Welche Wirkungen sind zu vermuten?

Aus: Die Rheinpfalz vom 20. 12. 2000, S. 4

Das Thema Ehrenamt beschäftigt viele Menschen. Nicht nur die Betroffenen selbst, sondern auch jene, die die Rahmenbedingungen dafür schaffen. Und das nicht nur in Rheinland-Pfalz, sondern auch bundes- und sogar weltweit.

Wer ist betroffen?

So haben die Vereinten Nationen das Jahr 2001 zum „Jahr der Freiwilligen“ ausgerufen, das am 5. Dezember gestartet wurde. So hat der Deutsche Bundestag eine Enquete-Kommission „Zukunft des Bürgerschaftlichen Engagements“ eingesetzt, die bis 2002 einen Bericht vorlegen soll. Ist das Ehrenamt angesichts dieses großen Interesses tatsächlich in einer Krise? Oder geht es um einen im weitesten Sinn gesellschaftlichen Wandel, der es erforderlich macht, den Begriff des Ehrenamts neu zu definieren?

Welche politischen Folgen sind zu beobachten?

Wie ist der zentrale Begriff zu verstehen?

Gegen die Krise sprechen im Prinzip jene Zahlen, die die erste bundesweite Befragung von ehrenamtlich Aktiven über 14 Jahre zu Tage gefördert hat. Danach sind rund 34 Prozent aller Bundesbürger freiwillig und unentgeltlich beziehungsweise gegen eine geringe Aufwandsentschädigung engagiert. 40 Prozent der Nichtengagierten sind interessiert, schrecken aber davor zurück, weil sie denken, den Erwartungen nicht gerecht oder aber enttäuscht zu werden. […]

Wer / Wie viele sind beteiligt?

Warum sind manche nicht beteiligt?

Aus: Die Rheinpfalz vom 20. 12. 2000, S. 4

Erläuterungen zum Beispiel

Die beiden Texte sind einer Zeitungsseite entnommen, die sich mit Problemen um den Bereich „Ehrenamt“ beschäftigt. Offenkundig werden hier Fragen gestellt bzw. beantwortet, wie sie oben angesprochen wurden.

Auf den Punkt gebracht

Sie können wichtigen Stoff für Ihre Erörterung sammeln, indem Sie Sachverhalte und Themabegriff sowie das jeweilige Begriffsumfeld klären. Darüber hinaus führen Schlüsselfragen in den Kern des Problems und bringen weitere Gesichtspunkte für eine Klärung zur Sprache:

- Fragen Sie nach den betroffenen **Lebensbereichen**: Wann / Unter welchen Umständen tritt ein Problem auf?
- Fragen Sie nach den betroffenen **Personenkreisen**: Wer ist – möglicherweise – betroffen? Wie stellt sich für ihn das Problem dar? Welche Folgen muss / kann er erwarten?
- Fragen Sie nach **Ursachen** und **Wirkungen**: Warum ist das so? Was kann daraus werden?
- Fragen Sie nach **Gründen** und **Folgen**: Warum handeln die Beteiligten so? Wohin kann / wird das Handeln führen? Sind schon erste Folgen festzustellen?

2 Was ist eine Problemerörterung?

Nachdem nun klar ist, was ein Problem ist und wie man eine Problemstellung näher und differenzierter erfassen kann, soll jetzt geklärt werden, wie man weiterhin mit einem Problem umgeht, wie man es durchdenkt, darlegt, klärt.

2.1 Definition

Bei der Problemerörterung geht es darum, einen nicht einfach zu durchschauenden, komplexen Sachverhalt, eine strittige, d. h. nicht eindeutig beantwortete bzw. beantwortbare Frage aus unterschiedlichen Gesichtswinkeln in den Blick zu nehmen, sie darzustellen und so auch unterschiedliche Antworten als Ansätze einer möglichen Auseinandersetzung aufzubereiten.

Die Problemerörterung hat zum Ziel, einerseits die genannten Sachverhalte, Zusammenhänge, Fragestellungen usw. darzustellen, sie in ihren Zusammensetzungen zu analysieren und damit ihr Zustandekommen, ihre Konstitution zu durchleuchten und angesichts verschiedener sich bietender Möglichkeiten eine „Interpretation“ in Angriff zu nehmen, d. h. die Sachverhalte auf den eigenen Horizont zu beziehen, um einen eigenen Standpunkt entwickeln, beziehen und begründen zu können. Andererseits kann es Ziel sein, eine strittige Frage zu klären und bis zu einer Entscheidung vorwärts zu treiben oder eine Auseinandersetzung dadurch zu beenden, dass aufgezeigt wird, welche „Einigungsmöglichkeiten“ („Kompromisse“) möglich sind.

Immer wird die Erörterung in drei großen Schritten ablaufen:

1. Das **Problem** wird abgegrenzt und profiliert. Dabei werden die möglichen Standpunkte klar beschrieben.
2. **Positionen** werden abgeklärt. Dazu muss man
   - mögliche Gesichtspunkte zusammenstellen,
   - mögliche Argumente sammeln,
   - geeignete Beispiele finden.
3. **Ergebnisse** werden formuliert. Das kann sein:
   - ein Kompromiss (bestehend aus Teilkompromissen), der beiden Seiten weitgehend gerecht wird,
   - eine Entscheidung, die einsichtig begründet erscheint,
   - eine „Synthese“, die gegensätzliche Positionen auf „höherer Ebene“ zusammenführt.

Entsprechend unterscheidet man **verschiedene Formen der Erörterung.** In den folgenden Kapiteln werden die einzelnen Formen getrennt behandelt. Hier sollen sie nur der Übersichtlichkeit wegen genannt werden:

- Erörterung (Erläuterung) eines Sachverhalts (Beispiel: *Gewalt auf dem Schulhof*)
- „Einseitige" („lineare") Erörterung einer (schon im Vorhinein festliegenden) Entscheidung (Beispiel: *Warum man besser nicht rauchen sollte.*)
- Erörterung und Kompromiss (Beispiel: *Telejobs – eine Chance für die Zukunft?*)
- Erörterung und Entscheidung (Beispiel: *Studium oder Lehre nach dem Abitur?*)
- Texterörterung (Beispiel: *Der Text fordert ein Verbot des Fremdwortgebrauchs. Erörtern Sie seine Argumentation. Nehmen Sie selbst Stellung zum Problem.*)

2.2 Stoff sammeln, ordnen, gliedern

Wenn wir uns einem Thema stellen, so geht uns vieles „durch den Kopf". Im vorausgehenden Kapitel wurden einige Möglichkeiten vorgestellt, wie man das Nachdenken zu einem Thema / Problem noch erweitern und fördern kann, indem man z. B. Fragen stellt. Die eigentliche „Auseinandersetzung" aber sollte – zumindest wenn man sie für andere nachvollziehbar darstellen will – in übersichtlich geordneten Bahnen verlaufen. Wie man das erreicht, soll hier kurz umrissen werden. (Die hier vorgestellten Gliederungsgrundsätze werden in späteren Kapiteln für die einzelnen Erörterungsarten weiter ausgebaut.)

Man kann auf zwei verschiedene Arten möglichen Stoff sammeln, ihn ordnen und die Ausführungen gliedern. (Wir verwenden im Folgenden das Beispielthema: *Ist Bildung noch aktuell?*)

Erste Methode: Den Stoff zunächst sammeln, dann erst ordnen und gliedern

Verfahren Sie nach der ersten Methode, **sammeln** Sie zunächst möglichst viele Gesichtspunkte, die mit dem Problem zu tun haben. Sie stellen Fragen und versuchen Antworten. Notieren Sie alles, was Ihnen in den Sinn kommt, auch auf den ersten Blick „verrückt" erscheinende Dinge. Schreiben Sie alle Stichwörter untereinander (das erleichtert später das Gliedern und Zuordnen). Es wird noch nicht zwischen verschiedenen Allgemeinheitsgraden unterschieden, übergeordnete Aspekte werden genauso festgehalten wie konkrete Beispiele und ausformulierte Gründe. Beim Formulieren hat man die Wahl zwischen Stichpunkten und Kurzsätzen (Letzteres bereitet weniger Formulierungsprobleme).

In einem zweiten Schritt wird man dann versuchen, die Sammlung zu **ordnen.** Dabei gibt es verschiedene formale Techniken: Zusammengehörendes wird

- mit der gleichen Farbe unterstrichen oder
- mit Linien verbunden oder
- mit denselben Buchstaben oder Zahlen gekennzeichnet.

Inhaltlich wird man zwischen einzelnen übergeordneten Aspekten unterscheiden. Dabei wird man zunächst alles, was zum selben Aspekt gehört, zusammenordnen und dann erst entsprechend der internen Funktion **gliedern:**

- Alles, was im engeren Sinn miteinander zu tun hat, wird zusammengenommen und nach Gemeinsamkeiten befragt. Um zu entscheiden, welche Punkte zusammengehören, überlegt man, welchem Bereich der einzelne Punkt angehört, und sucht dann nach weiteren Punkten, die diesem Bereich zuzuordnen sind.
  (Beispiel: *Entfaltung kreativer Fähigkeiten; Carla hatte plötzlich Freude an klassischer Musik bekommen; Jens fing an Geschichten zu schreiben und so einige seiner Probleme zu bewältigen; Das Interessensspektrum der Abiturienten ist breiter als das der Hauptschulabsolventen; statist. Untersuchung: Entfaltung von Interessensbereichen; differenziertere Wahrnehmung durch Ausbildung.* → Gemeinsamkeit: Alles hat mit *Lebensgestaltung* zu tun.)
- Die einzelnen Teile werden entsprechend ihrer Funktion als Beispiel, Grund, übergeordneter Gesichtspunkt usw. eingeordnet.
  (Beispiel: *Carla …, Jens …* → Beispiele; *Das Interessensspektrum …* → Argument; *Entfaltung von Interessensbereichen* → übergeordneter Gesichtspunkt)
- Die übergeordneten Gesichtspunkte werden nach einem sinnvollen Prinzip (Steigerung; Gegensätze kontrastieren; vom Bekannten zum weniger Bekannten; zeitliche Entwicklungsstationen usw.) angeordnet.

Man überprüft am Ende:

- Wurde im Rahmen der einzelnen bzw. der übergeordneten Gesichtspunkte etwas übersehen / vergessen? (Oft wird man erst beim Überprüfen auf wichtige Momente aufmerksam. So erweitert sich die Stoffsammlung erneut!)
- Sind die jeweiligen Oberbegriffe / übergeordneten Aspekte gleichwertig? Die Begriffe einer Ebene müssen sich „addieren“ lassen, d. h. sie decken in ihrer Gesamtheit das jeweilige Feld ab. (Beispiel: *Kehlkopferkrankungen* und *Gesundheitliche Aspekte* gehören nicht derselben Ebene an. *Finanzielle Aspekte* und *Gesundheitliche Aspekte* können derselben Ebene angehören.)
- Stimmen die Proportionen? Die Punkte gleichen Ranges sollten etwa gleich umfangreich sein.

Zweite Methode: Den Stoff ordnend sammeln

Die zweite Möglichkeit, Stoff zu sammeln und zu ordnen, ist auf den ersten Blick etwas ungewohnt. Hat man sich aber einmal mit ihr befasst, leuchtet sie umso mehr ein als zweckmäßige Arbeitstechnik. Die **Mindmap-Technik** verbindet Suchen, Finden und Ordnen miteinander. Alle Prozesse können sich gegenseitig befruchten: wenn man versucht, etwas einzuordnen, besteht gleichzeitig die Möglichkeit, dass man auf neue Ideen stößt, und beim Finden neuer Einfälle ergeben sich auch neue Ordnungsgesichtspunkte. Vor allem werden Lücken schnell erkennbar. Hier kann nicht die gesamte Technik dargelegt werden. Wir reduzieren den Prozess auf ein nachvollziehbares Verfahren.

1. Das Verfahren ist eine Kombination von graphischer und sprachlicher Gliederung. So legen wir zunächst eine **offene Graphik-Grundstruktur** an, die im Verlauf des Arbeitens ausgefüllt und auch ergänzt werden kann. Selbstverständlich können die Äste und Zweige weiter differenziert werden, auf den einzelnen Ebenen können weitere Äste hinzugefügt werden, aber jeder untergeordnete Gesichtspunkt kann auch für die darunter liegende Ebene zum übergeordneten Gesichtspunkt werden. Für unsere Zwecke dürfte die hier vorgeschlagene Differenzierung reichen.

Die Grundstruktur

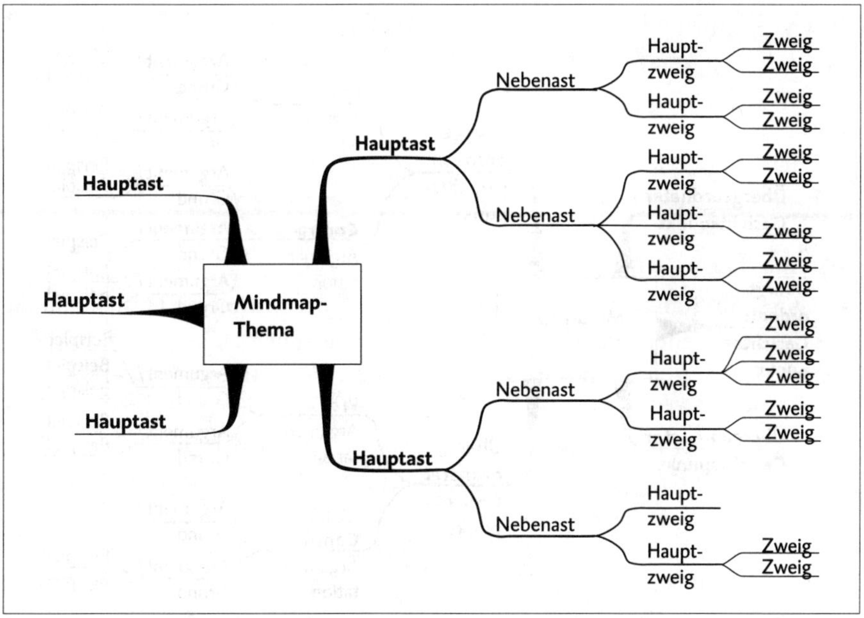

Struktur für eine Argumentation

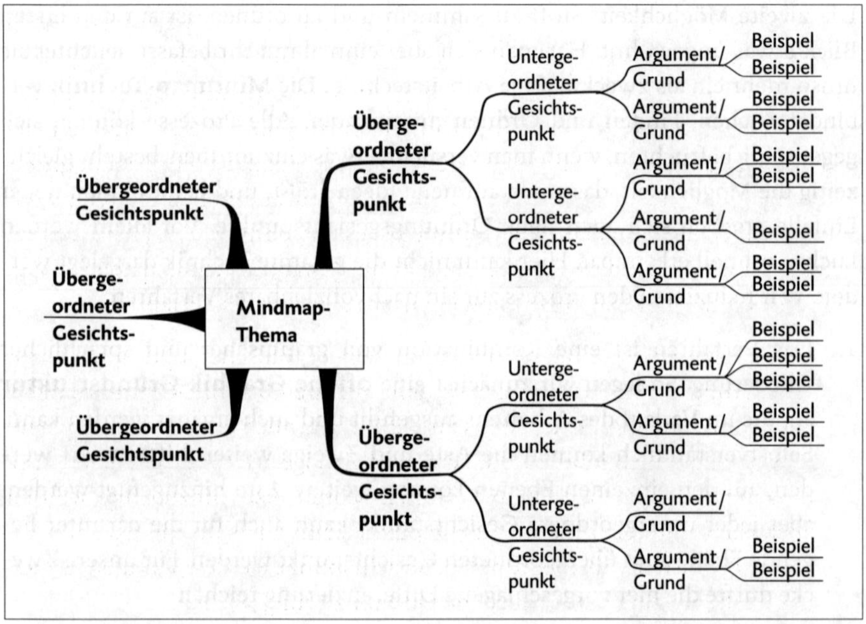

Struktur für eine Pro-Contra-Erörterung

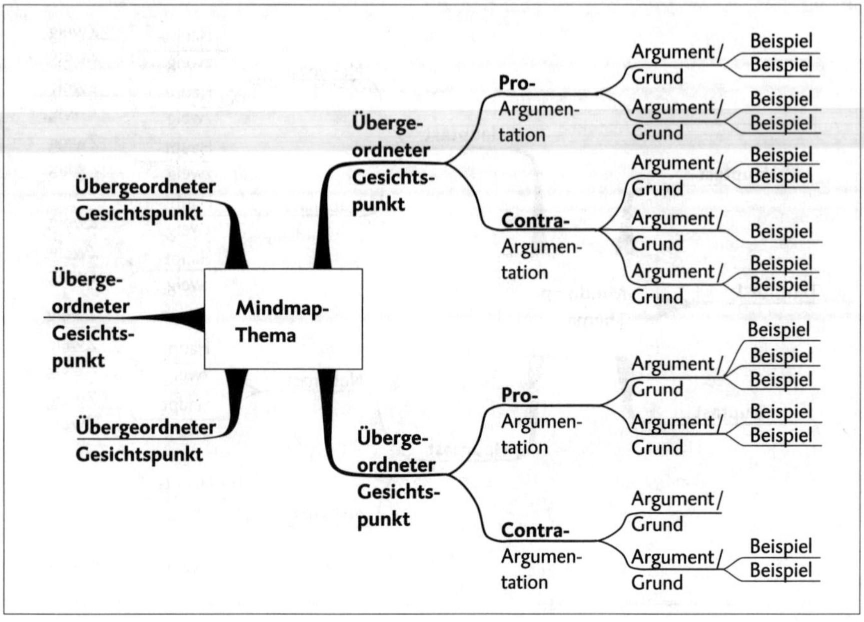

Hinweis: Im Falle einer Pro-Contra-Erörterung gibt es zwei verschiedene Möglichkeiten des Vorgehens: Entweder man legt zwei Mindmaps an (ein Mindmap für alle Pro-Aspekte und ein Mindmap für alle Contra-Aspekte) oder man verzweigt jeden Hauptast in zwei Unteräste (Pro- und Contra-Aspekte). Letzteres zeigt obige Skizze (S. 22 unten).

2. Wir **sammeln** Ideen und Gedanken, stellen Fragen und erproben Antworten. Die jeweiligen Resultate setzen wir an entsprechender Stelle ein. Dabei müssen die übergeordneten Gesichtspunkte (Hauptäste) nicht gleich benannt werden. Im Verlauf des Nachdenkens ergeben sich meist recht brauchbare Gesichtspunkte bzw. Einsichten.

Strukturierte Stoffsammlung

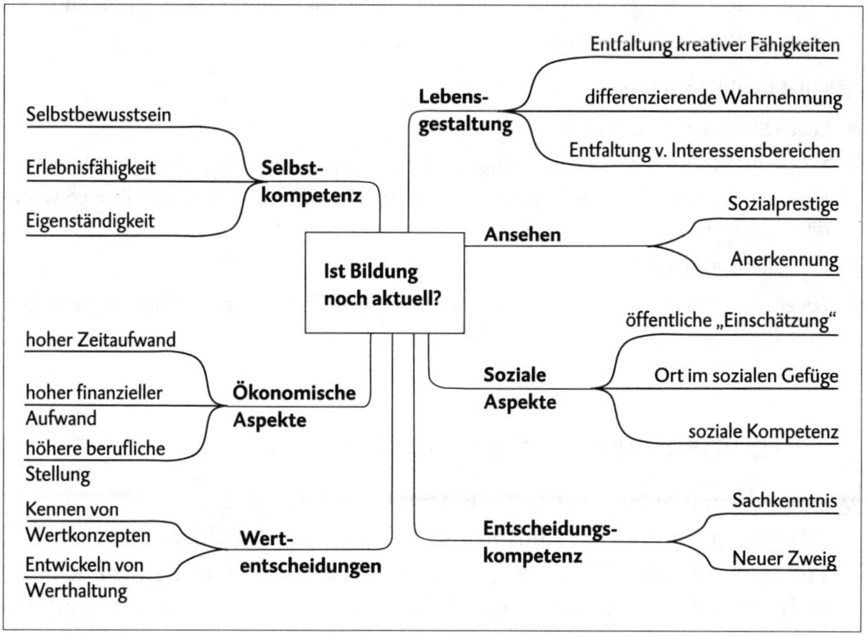

3. Wir legen die **Reihenfolge der Hauptgesichtspunkte** fest. Dabei sollte man ein erkennbares Prinzip befolgen (Steigerung; Kontrastierung; vom Bekannten zum weniger Bekannten; zeitliche Entwicklungsstationen …). Anschließend wird die Gliederung eines jeden Astes durchgeführt.

4. Wir notieren die **Gesamtgliederung.** (Wie eine solche Gliederung genau aussehen kann, wird in den folgenden Kapiteln immer wieder erläutert.)

Auf den Punkt gebracht

Wenn Sie Stoff für eine Erörterung sammeln, ordnen und gliedern wollen, sollten Sie eines der beiden folgenden Verfahren anwenden:

Möglichkeit 1: Bereiche klären und Stoff sammeln, ordnen und gliedern

- Fragen Sie nach den Voraussetzungen und Umständen, unter denen das Thema überhaupt erst aktuell wird.
- Stellen Sie Fragen zum Themabegriff und den Begriffen im Umfeld des Themabegriffs.
- Fragen Sie nach den betroffenen Lebensbereichen.
- Sammeln Sie alle Einfälle.
- Suchen Sie geeignete Überbegriffe bzw. übergeordnete Gesichtspunkte. Achten Sie dabei darauf, dass die Begriffe „gleichwertig" sind, d. h. derselben Abstraktionsstufe angehören.
- Ordnen Sie die übergeordneten Gesichtspunkte nach einem erkennbaren Prinzip an.
- Ergänzen Sie die Stofflücken, die nun sichtbar werden.

Möglichkeit 2: Mindmap

- Legen Sie eine offene Grundstruktur an.
- Tragen Sie Ihre Einfälle an den jeweiligen Stellen (übergeordnete Aspekte, Beispiele ...) ein. Ergänzen Sie dabei ggf. die angelegte Grundstruktur, indem Sie Äste und Zweige weiter differenzieren.
- Ergänzen Sie die Lücken.
- Legen Sie die Reihenfolge der Hauptäste fest und entwickeln Sie so eine Gesamtgliederung.

3 Argumentieren und begründen

Wenn uns ein Problem „betrifft", sind wir bestrebt, es zu lösen.

- Oft neigen wir dazu, „gefühlsmäßig" einen Weg einzuschlagen, der aus dem Problem herauszuführen verspricht. So ganz „gefühlsmäßig" ist das aber nicht. Wir haben in aller Regel Gründe, die uns zur einen oder anderen Handlung veranlassen. Nur sind uns diese Gründe nicht immer bewusst.
- Manchmal wollen wir auch anderen unsere Entscheidung plausibel erläutern, wollen ihnen die Gründe klar machen, die uns beeinflusst haben.
- Oder aber wir wollen andere dazu veranlassen, eine bestimmte Entscheidung zu fällen bzw. mitzutragen. Auch da müssen wir Gründe darlegen.

Wir wollen in diesem Kapitel darstellen, wie man am besten vorgeht, wenn man eine Position einsichtig darlegen und begründen will.

3.1 Beschreibung der Problemlage

Der erste Schritt auf dem Weg zu einer Problemlösung bzw. bei der Darlegung und Begründung einer Position wurde in den vorangegangenen Kapiteln bereits vorgestellt: Man beschreibt die Problemlage so konkret und umfassend wie möglich. Dabei beobachtet man die Wirklichkeit, stellt dar, was ist, fragt nach möglichen Ursachen und Auswirkungen und stellt fest, was da so alles stört.

Oft aber gibt sich die Problemlage nicht unmittelbar zu erkennen. Man hat es mit einem Zitat, einem Ausspruch, einer Redensart o. Ä. zu tun und muss das eigentliche Problem, die „Themafrage" erst formulieren (Beispiel: *Stimmt das, wenn behauptet wird …?*). Freilich: Viel ist mit einer solchen Formulierung nicht gewonnen. Deshalb sollte man sich beim Ausformulieren der Themafrage etwas mehr Mühe geben. (Beispiel: Thema: *„Der Klügere gibt nach!" – Eine Maxime bei Auseinandersetzungen?* Themafrage: *Ist es wirklich immer ein Zeichen von Klugheit, in einem Streit nachzugeben?* Oder: *Ist es sinnvoll, in Auseinandersetzungen den weniger Klugen das Feld zu überlassen?* Oder: *Sollen sich wirklich die Dummen in Auseinandersetzungen durchsetzen?*)

Beispiel

„Nur als Baby ist man frei."

HAMBURG (ap). Eins der schlimmsten Übel in Schule und Elternhaus ist nach Ansicht vieler Kinder in der Bundesrepublik ein großer Mangel an Freiheit. Auf die Frage: „Was ist Freiheit?" sagten die meisten der eintausendneunhundertdreißig befragten Schülerinnen und Schüler der Zeitschrift *Eltern,* Freiheit werde jungen Leuten total vorenthalten. „Ich weiß nicht, was Freiheit ist", war die typische Antwort eines 13 Jahre alten Hauptschülers. „Ich bin zu Hause ein Sklave, muss abtrocknen, Unkraut jäten, Besorgungen machen, Staub saugen, Auto waschen, früh zu Hause sein, bin ein armer Hund." Ein zwölfjähriger Gymnasiast schreibt: „Nur als Baby ist man frei."

Das Thema: Nach Ansicht der Kinder herrscht ein Mangel an Freiheit

Angabe der „Quelle"

Exemplarische Aussagen

[…] Es wird aber nicht nur geklagt. Eine 15 Jahre alte Gymnasiastin zieht Konsequenzen. „Viele Eltern tyrannisieren ihre Kinder. So lernen die Kinder schon früh, für die Freiheit zu kämpfen. Ich glaube, wenn wir groß sind, werden es die Diktatoren schwer haben." Auch ein zwölfjähriger Realschüler lässt die Ohren nicht hängen. „Wenn ich zum Beispiel Hausarrest habe oder Fernsehverbot, merke ich, dass meine Eltern mich niederknüppeln. Bis ich mal zu Hause eine Revolution mache. Dann bin ich das Volk."

Gegenstrategien und Hoffnungen

Für viele Kinder macht sich der Mangel an Freiheit schon bei einfachen Situationen bemerkbar. „Wenn man pünktlich

Beispiele für Mangel an Freiheit

sein muss, ist man schon nicht mehr frei“, schreibt ein zehnjähriger Grundschüler. Einem 13-Jährigen ist Ähnliches aufgefallen: „Bei der Rechtschreibung hört die Freiheit auf. Da gibt es Regeln, die sind so grausam wie Gefängnisgitter.“

Weitere Aspekte von Freiheit und Unfreiheit

Ganz andere Zusammenhänge hat ein 14 Jahre alter Gymnasiast erkannt: „In einem Staat, in dem es viel Freiheit gibt, gibt es auch viel Unfreiheit, Drogentote, Verkehrstote, Ermordete, Diebstähle, Aids, Geiselnahme und Überfälle.“ Ohne jedes Wenn und Aber geht dagegen eine 14 Jahre alte Realschülerin das Problem an: „Seit dem Sündenfall im Paradies ist es aus mit der freien Entfaltung der Persönlichkeit.“ Ein gleichaltriger Hauptschüler versteigt sich sogar zu der Ansicht: „Freiheit? Gibt's doch gar nicht. Ich bin nicht besser dran als ein Hofhund. Ich liege an der dreifachen Kette von Schule, Kirche, Elternhaus.“

Extreme Einzelaussagen

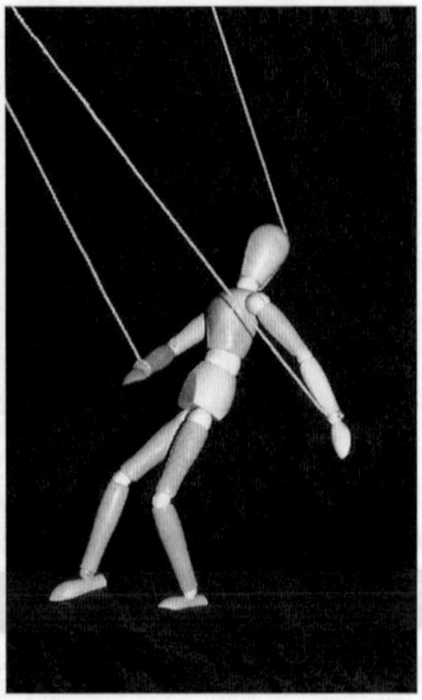

Auf den Punkt gebracht

Erster Schritt auf dem Weg zur Problemlösung: **Beschreibung der Problemlage**

- Beobachten Sie die im Problem angesprochene Wirklichkeit:
  Was ist? Wie ist es? Wer ist beteiligt?
- Überlegen Sie: Warum ist das so?
- Fragen Sie nach den Folgen und Auswirkungen, die zu erwarten sind.
- Überlegen Sie: Was stört an diesen Auswirkungen?

3.2 Vermutung und Behauptung

Ein Problem, gerade wenn es etwas komplexerer Natur ist, hat man nicht auf Anhieb gelöst, wenngleich man möglicherweise schon eine Idee hat, in welcher Richtung eine Lösung zu suchen sein wird. Man vermutet, vielleicht behauptet man sogar schon, man habe einen Lösungsansatz gefunden.

Vermutungen anstellen

Hat man einmal die Problemlage erfasst, so wird man nur in den seltensten Fällen direkt eine Lösung zur Hand haben. Wohl aber kann man – auch wenn einem noch nicht alles so ganz klar ist – Vermutungen anstellen und Ideen und Antworten sammeln, die geeignet sein können, einem Problem näher zu kommen oder sogar eine Lösung zu eröffnen. Man sollte solche Ideen zuerst unvoreingenommen sammeln. Auch Ideen, die auf den ersten Blick „verrückt" erscheinen, könnten sich bei genauerem Hinsehen als fruchtbar erweisen! Erste Überprüfungen fragen nach einem möglichen Erfolg, nach Ergebnissen, zu denen eine Verwirklichung führen könnte, aber auch nach Bedingungen, die gegeben sein müssen, soll eine solche Idee verwirklicht werden.

Auf den Punkt gebracht

Zweiter Schritt auf dem Weg zur Problemlösung: **Vermutungen zu möglichen Lösungen**

- Sammeln Sie Ideen.
- Überprüfen Sie die Ideen: Wie Erfolg versprechend sind sie? Wohin können sie führen?
- Fragen Sie nach den Bedingungen, unter denen eine Idee verwirklicht werden könnte.

Behauptungen aufstellen

Wenn Sie von einer Idee sagen: „Das ist es!", so stellen Sie eine Behauptung auf: Sie behaupten, Sie hätten die Lösung des Problems, die richtige Antwort gefunden. Sie müssen eine solche Entscheidung treffen. Sie können dabei von verschiedenen Gesichtspunkten ausgehen. Auf jeden Fall aber werden Sie Ihre Entscheidung begründen müssen. Denn: Im Bereich des Vermutens kann man lustig drauf los denken, wenn man behauptet, schließt man einen Irrtum aus und ist bereit zu begründen und zu beweisen. Das schlägt sich bereits in der sprachlichen Formulierung nieder. Vermutungen formuliert man als Potentialis (*… könnte sein …*), Behauptungen werden im Realis formuliert (*Das ist …*).

Je nach Problemlage ist es möglich, dass mehrere Behauptungen in Frage kommen. Nicht selten können sogar gegensätzliche Behauptungen auftreten. Man spricht dann von **Behauptung** und **Gegenbehauptung** (These und Gegenthese/Antithese). Ist dies der Fall, dann sollte man die beiden Thesen scharf gegeneinander abgegrenzt formulieren.

Oft ist es für die weitere Arbeit günstig, These und Gegenthese nicht einfach nur als Bejahung bzw. Verneinung der Themafrage zu formulieren, sondern als „positive" Aussagen. Auf diese Weise kann man die Problematik präziser fassen und gewinnt Ansatzpunkte für einzelne Begründungsstränge.

Beispiel

Ist Tucholskys Ausspruch „Lieber fünf Minuten feige als lebenslänglich tot!" eine akzeptable Lebensmaxime?

Tucholskys Satz ist eine akzeptable Lebensmaxime.	*Bejahende These*
Tucholskys Satz ist als Lebensmaxime nicht akzeptabel.	*Verneinende Gegenthese*
Heldentum, das in den Tod führt, ist abzulehnen.	*Positiv formulierte These*
Tapferkeit ist eine Grundtugend, während Feigheit als Charakterschwäche abzulehnen ist.	*Positiv formulierte Gegenthese*

Auf den Punkt gebracht

Dritter Schritt auf dem Weg zur Problemlösung: **Formulierung einer These (u. Antithese)**

Überprüfen Sie die gesammelten Vermutungen und wählen Sie nach folgenden Kriterien aus:

- Welche Vermutung hat die größten Erfolgsaussichten?
- Welche Lösung kommt Ihren Interessen am meisten entgegen?
- Welche Lösung hat (auf den ersten Blick) die meisten und besten Gründe für sich?

3.3 Induktiv vorgehen: Beobachtung und Begründung

Wenn man eine These als Problemlösungsmöglichkeit ins Auge gefasst hat, so wird man versuchen, sich klar zu machen, warum gerade diese These als Problemlösung richtig und wichtig erscheint. Man wird also versuchen, die Gründe offen zu legen, die für die These sprechen. Die Gründe haben mit der Wirklichkeit zu tun, die wir im Zusammenhang mit dem Problem beobachten. Wie aber kommt man von einer Beobachtung zu einem Grund? Man spricht in diesem Zusammenhang von einem induktiven Verfahren: Man geht von einer Basis aus

(Beobachtung der Wirklichkeit) und führt zu abstrakt-allgemeinen Aussagen. Die Verbindlichkeit der Begründung ergibt sich dann aus dem Nachweis des Zusammenhangs mit der Wirklichkeit (Belegen …).

Zunächst wird man versuchen, das Beobachtete zu formulieren und so eine Aussage zu machen über das, was in der Wirklichkeit vorhanden ist. Man stellt etwas fest. Feststellungen kann man also treffen aufgrund von eigenen Beobachtungen oder auch auf der Basis der Beobachtungen anderer. Diese Beobachtungen müssen nachprüfbar sein. Man wird deshalb immer angeben, wie man zu einer Feststellung gekommen ist, auf welche Basis man sich bezieht.

Feststellungen können zum Ausgangspunkt weiterführender Überlegungen werden, die dann zu Schlussfolgerungen führen.

Beispiel

Schritt 1:	
Nikotin verengt die Blutgefäße bei Hans.	*Beobachtung 1*
Nikotin verengt die Blutgefäße bei Carolin.	*Beobachtung 2*
Nikotin verengt …	*Beobachtung 3*
Schritt 2:	
Verengte Blutgefäße führen zu Bluthochdruck.	*Beobachtung 1*
Verengte Blutgefäße führen zu Sauerstoff-Unterversorgung.	*Beobachtung 2*
Verengte Blutgefäße …	*Beobachtung 3*
Schritt 3:	
Nikotin ist ein Gift, das im menschlichen Körper eine Verengung der Blutgefäße bewirkt und damit zur Unterversorgung des Gewebes mit Sauerstoff führt.	*Wissenschaftliche Erkenntnis*
Beim Rauchen wird dem Körper Nikotin zugeführt.	*Neue Beobachtung*
Rauchen führt zur Sauerstoff-Unterversorgung des Gewebes.	*Folgerung*

Erläuterungen zum Beispiel

Die Folgerung stellt das Resultat eines logischen Schlusses dar. Dieser kommt dadurch zustande, dass ein konkret zu beobachtender Sachverhalt (Beim Rauchen wird dem Körper Nikotin zugeführt) auf eine allgemeine bzw. aus mehreren Beobachtungen erschlossene (wissenschaftliche) Erkenntnis bezogen wird. Diese Folgerung kann man als **Grund** in eine Argumentation einbringen.

Nicht alle Feststellungen führen zu korrekten Schlüssen. Manchmal kann man weitere Vermutungen ableiten, die Anlass für weitere Untersuchungen sein können. Solche Aussagen lassen sich in eine Argumentation einbringen, man muss dann allerdings den **„Vermutungscharakter“** ausdrücklich formulieren.

Feststellungen betreffen immer nur konkret überprüfbare Einzelfälle und können daher allgemeine Behauptungen nicht direkt begründen bzw. beweisen (da sind bestenfalls Vermutungen möglich!). Anders wird das aber, wenn man mehrere gleich oder ähnlich gelagerte Fälle / Beobachtungen vorliegen hat und nun das diesen Fällen Gemeinsame zusammenfasst (man „abstrahiert" dabei vom Einzelfall) und es als Grund ausformuliert.

So geht man vor, wenn man aus Beobachtungen Feststellungen und aus Feststellungen Begründungen ableiten will:

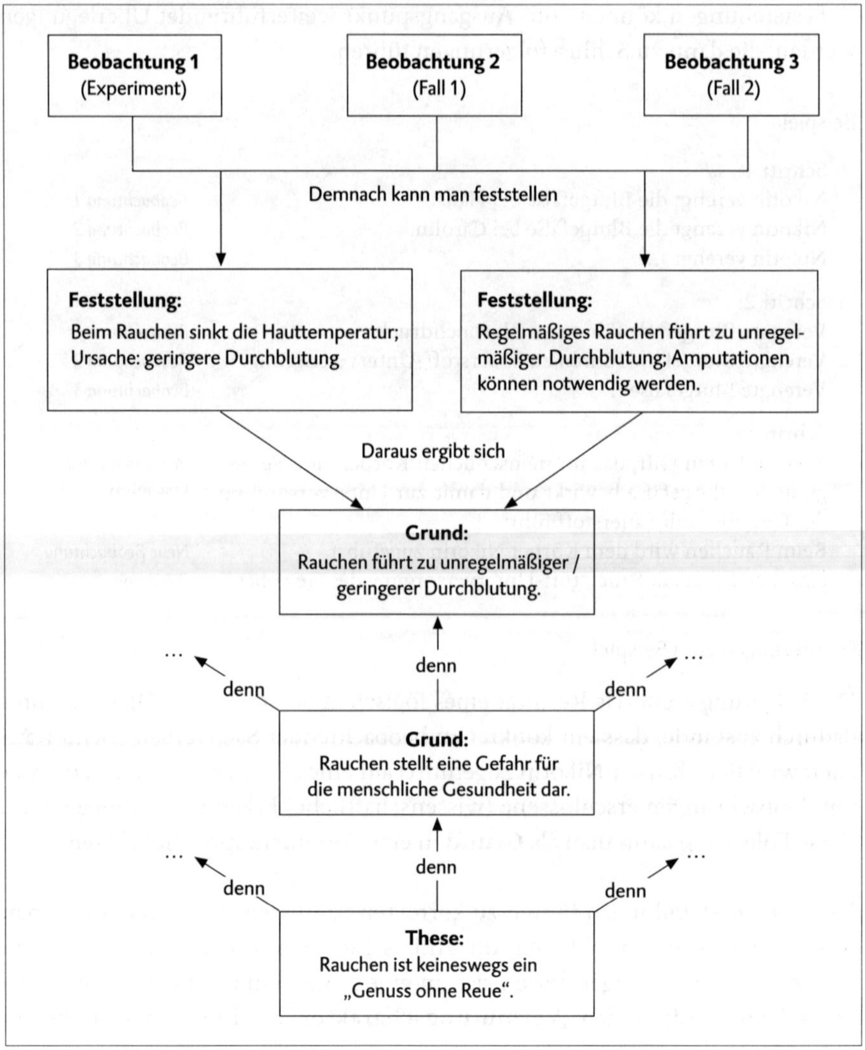

Beispiel

Gewaltursachen in der Schule

Im Bereich der Gewaltprävention befindet sich die Schule in einem schwierigen Spannungsfeld. Es gibt Konsens, dass der weitaus größere Teil des Aggressions- und Gewaltpotenzials, das in der Schule in Erscheinung tritt, „importiert" ist. Aber es gilt als gesichert, dass es auch schulische Faktoren gibt, die Gewalt fördern, beginnend bei einer lieblosen, kalten Architektur und Raumgestaltung über unüberschaubare Größen von Schulklassen und Schulen, über das Lehrer-Schüler-Verhältnis und das Sozialklima bis zu den Unterrichtsmethoden, Bewertungsmaßstäben, Versagenserlebnissen und Ausgrenzungen. Bezogen auf eine Befragung hessischer Schülerinnen und Schüler durch Erziehungswissenschaftler der Universität Bielefeld zwischen 1994 und 1998, ist folgende Bilanz gezogen worden: „Das Gewaltverhalten, das eine Minderheit von Schülern zeigt, hat sowohl schulexterne als auch schulinterne Ursachen. Es ist nicht – wie in der Schulpraxis behauptet wird – ausschließlich importiert, sondern hat auch viele hausgemachte Gründe. Zwar spielen außerschulische Einflüsse hier eine ganz erhebliche Rolle – insbesondere das restriktive Erziehungsklima in der Familie, die Einbindung in aggressive Cliquen und der häufige Konsum von gewalttätigen Filmen. Jugendliche, die in solchen Verhältnissen leben, verhalten sich in der Schule besonders häufig gewalttätig. Doch es gibt daneben auch bedeutsame innerschulische Einflüsse: Ausprägungen der schulischen Umwelt, die Gewaltverhalten verstärken oder gar hervorrufen. "

Die Lage: importiertes und „hausgemachtes" Gewaltpotenzial

Behauptung: Es gibt schulische Faktoren

Beispiele

Quelle: wissenschaftliche Untersuchung

Feststellung (der Quelle): Es gibt externe und interne Faktoren

Beispiele für externe Ursachen

Feststellung

Feststellung

Aus: Wolfgang Redwanz, Schritte gegen Gewalt. Pädagogische Konzepte der Gewaltprävention. In: Bundeszentrale für polit. Bildung (Hrsg.), Informationen zur polit. Bildung Nr. 269, Bonn 2000, S. 4 (Frankfurter Rundschau, 31. 11. 1999)

Erläuterungen zum Beispiel

Der Text geht von der Vermutung aus, es gebe importiertes wie selbst gemachtes Gewaltpotenzial in der Schule. Auch wenn dieser Satz sich auf einen „Konsens" beruft, bleibt er doch vorläufig eine Behauptung, ähnlich wie der folgende Satz eine Behauptung darstellt, obwohl er ausdrücklich formuliert: „Es gilt als gesichert …". Im weiteren Verlauf werden die Behauptungen durch Feststellungen begründet, die auf im Text nicht ausgeführten Beobachtungen (wissenschaftliche Untersuchung) beruhen. Man ist darauf angewiesen, dem Autor zu glauben und die Quelle als vertrauenswürdig zu akzeptieren. Man braucht also nicht immer bis ins letzte Detail alle Beobachtungen, die zu Feststellungen führten, nachzuweisen. Vor allem wenn man sich auf zuverlässige Quellen stützt, kann man sich mit zusammenfassenden Feststellungen zufrieden geben.

Auf den Punkt gebracht

Vierter Schritt auf dem Weg zur Problemlösung:
Feststellen, verallgemeinern, schlussfolgern, begründen

- Feststellungen sind „Ist-Aussagen" über die Wirklichkeit. Sie müssen ebenso nachprüfbar sein wie die Methode, mittels der sie gewonnen wurden (z. B. Statistik ...).
- Feststellungen können Sie treffen aufgrund eigener Beobachtungen oder aufgrund belegter und nachprüfbarer Beobachtungen anderer.
- Aus Feststellungen lassen sich Schlüsse ziehen: Beziehen Sie die konkrete Feststellung auf eine allgemeine Erkenntnis. Das Ergebnis lässt sich in der Argumentation ggf. als Grund für eine These verwenden.
- Mehrere Feststellungen zum selben Problemkreis kann man „auf einen gemeinsamen Nenner bringen", d. h. das allen Gemeinsame verallgemeinernd formulieren. Dabei müssen Sie darauf achten, dass Sie nicht mehr formulieren als das, was für alle gilt.
- Aus Feststellungen lassen sich weiterführende Vermutungen ableiten. Solche Vermutungen können in einer Argumentation verwendet werden, sie müssen aber in der Formulierung als Vermutungen ausgewiesen werden.

3.4 Beweisen, belegen, stützen

Wenn wir einen Standpunkt bezogen haben, uns für eine Lösung oder eine These entschieden haben, so haben wir dafür meist gewichtige Gründe. Diese Gründe können wir offen legen, aber sie sind nicht immer für unsere Partner einsichtig. Oft müssen wir belegen, d. h. in der Wirklichkeit nachweisen, dass es wirklich in konkreten Fällen so ist, wie wir in unserer Begründung allgemein formuliert haben. Wir müssen unsere Begründung stützen, da unsere „Abnehmer" nicht bereit sind, unseren allgemeinen Aussagen einfach zu „glauben".

Mit anderen Worten: Zwar sind wir verpflichtet, unsere Behauptungen zu begründen (und das geht nur auf einer allgemeinen Ebene, Beispiele können nicht begründen, es gibt immer auch Gegenbeispiele!), andererseits aber können wir mit allgemein gehaltenen Aussagen häufig nicht überzeugen. Deshalb müssen wir die beobachtete Wirklichkeit heranziehen, müssen Gewährsleute nennen, wissenschaftliche Erkenntnisse vorbringen usw.

Wir wollen im Folgenden zunächst darstellen, welche verschiedenen Möglichkeiten der **Absicherung eines Arguments** es gibt. Dabei wird es stets darauf ankommen, nicht das Argument bzw. die Begründung zu ersetzen, sondern sie zu „begleiten", sie zu stützen.

Man wird bei der Entwicklung eines Argumentationsblocks so vorgehen, wie wir es oben schon dargestellt haben: Aus Beobachtungen werden Feststellungen abgeleitet, das mehreren Feststellungen Gemeinsame wird als allgemeiner Grund formuliert.

Bei der Darstellung im Rahmen der Argumentation wird man die Reihenfolge umkehren und zunächst die These nennen, dann das Argument folgen lassen und schließlich den Beleg/Beweis bringen.

Übrigens: Bei der Stoffsammlung sind wir an keine Reihenfolge gebunden. Aber Sie sollten sich angewöhnen, wenn ihnen ein Beispiel einfällt, gleich den zugehörigen Grund zu formulieren, und wenn Ihnen ein Grund einfällt, nach einem geeigneten Beispiel zu suchen.

Im **Schema** lässt sich der Zusammenhang so darstellen:

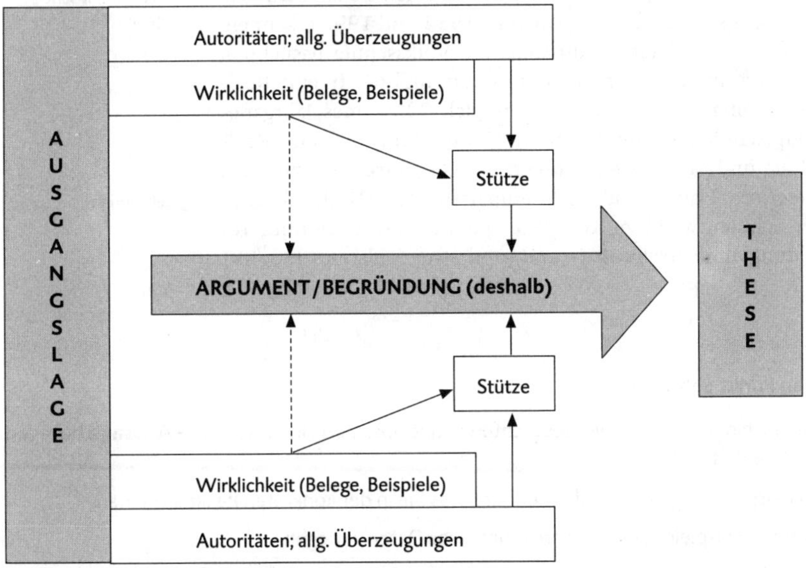

Absicherung durch einen unbestreitbaren Beleg

Die wichtigsten und überzeugendsten Begründungen leitet man immer noch aus Beobachtungen ab, die man in der Wirklichkeit anstellt. Sammelt man mehrere Beobachtungen zu einem Punkt, so erhält man eine „Statistik". Da aber der vorgebrachte Grund bereits losgelöst von den konkret gegebenen empirischen Daten formuliert wird, bedarf er oft des konkreten Nachweises, des Belegs, wenn er beim Adressaten „ankommen" soll.

Beispiele

Es ist falsch, so zu tun, als gebe es das Problem „Gewalt an Schulen“ nicht.	*Behauptung*
Der schulische Alltag belehrt uns eines besseren. Man muss nur genauer hinsehen. Auch an unserer Schule trifft man auf Formen von Gewalt seitens der Schüler.	*Begründung*
So musste gestern ein Schüler ins Krankenhaus gebracht werden, nachdem ihn ein anderer Schüler zusammengeschlagen hatte.	*Stütze: Konkretes Beispiel*
[...] Auch an unserer Schule häufen sich Schüleraktivitäten,	*(Behauptung wie oben)*
die mit Gewalt zu tun haben.	*(Begründung wie oben)*
So musste in der letzten Woche dreimal der Krankenwagen gerufen werden, da Schüler infolge gewaltsamer Einwirkungen anderer Schüler zu Schaden kamen.	*Stütze: Empirische Daten*
In der Bundesrepublik gibt es eine eindeutige Tendenz, Wissen und Bildung mehr Bedeutung zuzumessen.	*Behauptung*
Das lässt sich bereits daran ablesen, dass immer mehr junge Menschen weiterführende Bildungseinrichtungen besuchen.	*Begründung*
So lässt ein Vergleich der statistischen Angaben zu 1952 und 1997 erkennen, dass 1952 79 % eines Jahrgangs die Volksschule besuchten, während nur 13 % auf ein Gymnasium und 6 % in eine Realschule gingen. 1997 waren nur noch 22 % eines Jahrgangs Hauptschüler, während 31 % ein Gymnasium, 26 % eine Realschule und ca. 17 % eine integrierte Gesamtschule bzw. eine integrierte Haupt- und Realschule besuchten.	*Stütze: Statistische Angaben*
(Nach: Jahrbuch der Schulentwicklung 6/1990 und Bundesministerium für Bildung und Forschung: Grund- und Strukturdaten 1998/99)	*Quellenangabe*

Auf den Punkt gebracht

Sie können einen von Ihnen vorgebrachten Grund absichern, indem Sie Ihre **Aussage belegen**. Das bedeutet, dass Sie

- ein Beispiel bringen, das dokumentiert, was Sie in der konkreten Realität meinen,
- mehrere Beispiele, nachprüfbare empirische Daten vorlegen,
- eine Menge aufbereitete Daten (statistische Angaben) vorlegen, die eine übergreifende Aussage zulassen. Diese Daten müssen nachprüfbar sein (Quelle angeben!).

Überprüfen Sie Ihre Argumentation:

- Stimmt der Zusammenhang Beispiel – Beleg – Argument?
- Müssen die Belege selbst wieder (für bestimmte Geltungsbereiche) eingeschränkt werden?
- Wie hoch ist der „Realitätswert“ der Belege? (Halten sie einer Überprüfung stand? Sind sie selbst Behauptungen?)

Absicherung durch eine folgerichtige Begründung

Immer wieder gibt man im Rahmen der Begründung einer These einen Grund an, der eigentlich als Ergebnis eines Denkprozesses, einer logischen Gedankenkette anzusehen ist. Die Zuhörer freilich haben diese Kette nicht präsent, sie wissen nicht, ob wir uns auf eine kausale, eine konsekutive oder eine andere Verkettung einzelner gedanklicher Schritte berufen. Will man also dem Hörer den geäußerten Grund wirklich einsichtig machen, so muss man auch die folgerichtige Begründung mitliefern. Hier gibt es wiederum verschiedene Möglichkeiten, den Grund selbst zu erarbeiten und ihn entsprechend abzusichern:

Man kann aus ähnlich gelagerten Fällen, die offenkundig und einsichtig sind, auf den anstehenden Fall schließen und eine **analoge Kette** bilden.

Beispiele

Der Staat muss Popkonzerte subventionieren und darf sie nicht durch den Einzug von Vergnügungssteuer noch verteuern. Denn der Staat hat es sich zur Aufgabe gemacht, kulturelle Veranstaltungen zu fördern. Der Staat subventioniert Oper und Theater als kulturelle Veranstaltungen bestimmter Bevölkerungsgruppen. Popkonzerte repräsentieren die Kultur eines erheblichen Teils der Bevölkerung. Sie haben damit auch Anspruch auf staatliche Förderung.

Behauptung / Forderung
Begründung
Stütze: Analogieschluss

Bei der Rechtschreibreform hat man mit Recht die Großschreibung beibehalten. Die Großschreibung erleichtert das Lesen. Bei der mündlichen Kommunikation haben wir nonverbale, zusätzliche Elemente (Gestik, Mimik, Intonation), um Eindeutigkeit zu erreichen. Ähnlich stellt die Großschreibung bei der schriftlichen Kommunikation ein Element dar, das für größere Eindeutigkeit sorgt.

Behauptung
Begründung
Stütze: Analogieschluss

Man kann Zusammenhänge von **Ursache und Wirkung** oder die Zusammenhänge von **Grund und Folge** einbeziehen.

Beispiele

Die Landwirtschaft muss auf die Verwendung künstlicher Düngemittel weitgehend verzichten. Es besteht die Gefahr einer Überdüngung und diese schadet der Umwelt. Wird zu stark gedüngt, so gelangen Teile des Düngers in das Grundwasser und werden in die Flüsse geschwemmt, welche damit vergiftet bzw. überdüngt werden.

Behauptung / Forderung
Begründung
Stütze: Darstellung des Wirkungszusammenhangs

Das Züchten bestimmter Hunderassen muss verboten werden.	*Behauptung / Forderung*
Es gibt Hunderassen, die gewissermaßen Kampfmaschinen darstellen und als Waffen gelten können.	*Begründung*
Die Tiere wurden so gezüchtet, dass sie keine natürliche Beißhemmung mehr besitzen. Sie dienen folglich eindeutig dem Zweck des Angriffs.	*Stütze: Darstellung des Wirkungszusammenhangs*

Oft formulieren wir Gründe, die sich von den **Absichten** her rechtfertigen, die wir verfolgen. Dann stehen eben keine eigentlich kausalen Zusammenhänge hinter einem Grund, sondern ein **Zweck,** der erreicht werden soll.

Beispiele

Es war richtig, im Rahmen der Rechtschreibreform auf einer Beibehaltung der Großschreibung zu beharren.	*Behauptung*
Die Großschreibung teilt zusätzliche Informationen mit.	*Begründung*
Will man diese zusätzlichen Informationen als Hilfe für den Leser beibehalten, sollte man die Großschreibung nicht aufgeben.	*Stütze: Angabe des Zwecks*

Es ist dringend erforderlich, auf das Treibmittel FCKW sofort zu verzichten.	*Behauptung / Forderung*
Es ist nachgewiesen, dass FCKW das Ozon, das die Erde als Schutzschicht umgibt, nachhaltig schädigt.	*Begründung*
Will man eine weitere Schädigung der Ozonschicht verhindern, so sind Sofortmaßnahmen unabdingbar.	*Stütze: Angabe des Zweckes*

Auf den Punkt gebracht

Sie können einen Grund absichern, indem Sie darlegen, wie Sie zu diesem Grund gekommen sind, dem Leser/Hörer also die einzelnen Schritte einer **folgerichtigen Begründung** mitteilen:

- Sie können in einem analogen Verfahren auf einen plausiblen ähnlichen Fall verweisen.
- Sie können weiterführende Zusammenhänge ausführen und Gründe und Folgen bzw. Ursachen und Wirkungen darstellen.
- Sie können dem Leser/Hörer eine Begründung dadurch nahe bringen, dass sie ihn über Zwecke und Absichten informieren, die mit dem Grund verbunden sind.

Überprüfen Sie Ihre Argumentation:

- Trifft die Analogie zu? (Ist sie in der Sache begründet oder stellt sie einen Vergleich dar? Werden die Unterschiede gebührend berücksichtigt?)
- Besteht die kausale Beziehung zwischen genannter Ursache und Wirkung eindeutig? Widersprechen andere Tatsachen (z. B. Ausnahmeregelungen)? Hat der als Grund angeführte Umstand noch andere (u. U. negative) „Nebenwirkungen"?
- Leuchtet der angegebene Zweck ein oder ist er selbst begründungsbedürftig?

Absicherung durch Verdeutlichung

Oft wirken Gründe merkwürdig „blass“, leuchten wenig ein, da man sich eigentlich gar nicht vorstellen kann, dass das wirklich so ist. Gelegentlich hat man sogar den Eindruck, das im Grund Vorgetragene stimme kaum mit der Wirklichkeit überein. Solche „Eindrücke“ lassen sich schwer vermeiden, allerdings kann man einiges tun, um sie zu entkräften:

Nicht selten liegen die Ursachen der Zweifel daran, dass die Gründe allgemein formuliert sind und dadurch die Verbindung zur Wirklichkeit kaum mehr erkennen lassen. Wir müssen also unseren Hörern/Lesern diese Verbindung besonders deutlich vor Augen führen. Das vermag nichts besser als das **konkrete Beispiel.** Wohlgemerkt: Das Beispiel kann die Begründung zwar stützen und veranschaulichen, aber nicht ersetzen! Setzt man ein Beispiel als Begründung ein, so riskiert man, dass man sofort durch ein Gegenbeispiel widerlegt wird – und nichts ist damit gewonnen. Beispiel und Gegenbeispiel heben sich gegenseitig auf. Für die Begründung ist damit nichts getan.

Beispiele

Sport ist gesund.	*Behauptung*
Ich treibe seit drei Jahren intensiv Sport und habe seitdem keinen Arzt mehr gebraucht.	*Begründung: Beispiel*
(Aber: Uli ist Leichtathlet und hat bereits drei Bänderdehnungen und eine schlimme Knieverletzung hinter sich ...)	*Infragestellung durch Gegenbeispiel*
Sportunterricht sollte abgeschafft werden.	*Behauptung*
Das Schulfach gefährdet die Gesundheit der Schüler.	*Begründung*
Wenn man beim Turnen vom Hochreck fliegt, ist das nicht ganz ungefährlich.	*Stütze: Beispiel*

Man kann, wenn man das Gemeinte besonders drastisch verdeutlichen will, auch **einen Fall konstruieren** und als Möglichkeit vor Augen führen.

Beispiele

Es ist unsinnig, die Radwanderwege für Mountainbikes zu sperren.	*Behauptung*
Gerade die Mountainbiker sind viel auf dem Fahrrad unterwegs und nutzen diese Wege besonders intensiv.	*Begründung*
Das wäre, wie wenn man die Autobahn für alle Sportwagen sperren würde.	*Stütze: Konstruierter Fall*
Ich halte Allgemeinbildung für weitgehend überflüssig.	*Behauptung*
Für eine bessere Bezahlung genügt es, wenn man sich Fachwissen angeeignet hat.	*Begründung*
Wenn ich ein Steak essen will, muss ich ja auch nicht gleich das ganze Rind kaufen.	*Stütze: Konstruierter Fall*

Diese Möglichkeit lässt sich noch weiter ausbauen, indem man einen **Vergleich** oder ein **Bild** als Stütze zur Verdeutlichung der Begründung anführt.

Beispiele

Es wäre unsinnig, von einem gemeinnützigen Verein Steuern	*Behauptung*
zu verlangen. Bekanntermaßen sind solche Vereine recht arm.	*Begründung*
Und einem Nackten kann man nichts aus der Tasche ziehen.	*Stütze: Bild*
Auf das Rauchen sollte man verzichten. Rauchen stellt ein er-	*Behauptung / Forderung*
hebliches Risiko für die Gesundheit dar. Wer darauf hofft, dass	*Begründung*
es ihn nicht trifft, verhält sich wie jemand, der aus dem Fens-	*Stütze: Vergleich*
ter im 5. Stock springt und hofft, unten werde ein Heuwagen vorbeifahren und eine weiche Landung ermöglichen.	

Auf den Punkt gebracht

Eine etwas blasse, „realitätsfern" wirkende Begründung können Sie absichern, indem Sie

- sie mit einem **Beispielfall** stützen, der das Gemeinte veranschaulicht. Der Fall kann auch konstruiert sein, muss aber dann als „Konstrukt" formuliert sein: … *das wäre, wie wenn* …
- das Gemeinte anhand eines **Bildes** oder eines **Vergleichs** verdeutlichen.

Überprüfen Sie Ihre Argumentation:

- Sind die vorgebrachten Beispiele typisch oder „an den Haaren herbeigezogen"?
- Gibt es widerlegende oder einschränkende Gegenbeispiele?
- Stehen die gewählten Beispiele in direktem Zusammenhang mit dem konkreten Problem?
- Ersetzt das Bild den Gedanken?
- Bei Vergleichen: Stimmt das „tertium comparationis" (Vergleichspunkt)? Ist klar getrennt zwischen Vergleich und Begründung?

Absicherung durch Verweis auf allgemein anerkannte Vorstellungen

Wenn wir begründen, berufen wir uns nicht nur auf Beispiele, Statistiken und Ähnliches. Oft steht hinter all unseren vorgebrachten Gründen eine allgemeine Überzeugung, ein Wert, den die Mehrheit unserer Mitmenschen anerkennt, oder ganz einfach das, was man den „gesunden Menschenverstand" nennt. Solche allgemeinen Überzeugungen haben in **Sprichwörtern** oder in sprichwörtlichen **Redensarten** ihren Niederschlag gefunden. Aber auch allgemeine Verhaltensregeln, **„Gebote"**, stellen solche allgemein anerkannten Normen dar, die als Begründungsstütze aufgerufen werden können.

Die Gebote selbst, die Redensarten und ähnliche Formulierungen sind allerdings zu allgemein gehalten. (Sie stellen in diesem Sinn das Gegenteil der Beispiele dar.) Deshalb kann man sie nicht unmittelbar als Begründungen für (konkretere) Behauptungen vorbringen. Mit anderen Worten: Die vorzubringenden Begründungen stellen in diesem Fall die Bindeglieder zwischen der Behauptung und der allgemeinen Verhaltensregel dar.

Da es sich bei solchen Formulierungen um Aussagen handelt, die sich als allgemeine Überzeugungen geben, müssen sie nicht weiter begründet werden. Aber genau da liegt die Gefahr: Oft werden Sprichwörter und Redensarten benutzt, um nur schwer oder gar nicht zu begründende Forderungen zu rechtfertigen. Solche Rechtfertigungen sind dann meist unangreifbar und gerade das macht sie verdächtig. Deshalb sollte man diese Stützung äußerst sparsam und nur in den Fällen verwenden, die sich auch auf andere Weise begründen lassen!

Beispiele

Es ist unumgänglich, schon möglichst früh in der Schule mit einer Spezialisierung und mit dem Erwerb von Spezialwissen zu beginnen.	*Behauptung*
Mit zunehmendem Alter fällt es immer schwerer, etwas zu lernen.	*Begründung*
So sagt schon das Sprichwort: „Was Hänschen nicht lernt, lernt Hans nimmermehr."	*Stütze: Sprichwort*
Ich lehne den Wehrdienst ab.	*Behauptung*
Denn ich möchte auf keinen Fall in die Lage kommen, jemanden töten zu müssen.	*Begründung*
Für mich gilt das Gebot „Du sollst nicht töten" immer und in jedem Fall.	*Stütze: Gebot*

Auf den Punkt gebracht

Sie können Ihre Begründung absichern, indem Sie

- an allgemein anerkannte **Werte**, **Normen** oder den **„gesunden Menschenverstand"** erinnern und entsprechende Sprichwörter bzw. sprichwörtliche Redensarten anführen.
- allgemein anerkannte **Verhaltensregeln**, etwa die zehn Gebote, als Stütze einsetzen.

Überprüfen Sie Ihre Argumentation:

- Ist das als Wert bzw. allgemeine Überzeugung Zitierte akzeptabel?
- Ist der Zusammenhang mit dem konkreten Fall eindeutig?
- Trifft das Sprichwort, die Redensart zu? (Wessen Interessen dient es?)
- Wie „gesund" ist der angesprochene Menschenverstand?
- Wird die allgemeine (öffentliche) Meinung richtig wiedergegeben oder wird eine „veröffentlichte" Meinung bemüht?

Absicherung durch Berufung auf eine Autorität

Dieses Verfahren ist dem vorausgehenden sehr ähnlich: Es gibt eine übergeordnete Instanz, die die Richtigkeit des vorgebrachten Grundes garantiert. Oben war das die allgemeine Überzeugung, der „Volksmund", der „gesunde Menschenverstand" oder gar Gott. Jetzt beruft man sich auf eine anerkannte Autorität, die Bescheid wissen muss, weil sie eben Autorität im angesprochenen und zu diskutierenden Fall ist. Es sind zwei Versionen zu unterscheiden:

Man beruft sich auf ein Mitglied der **„Dichter-und-Denker-Riege".** Es ist unwichtig, ob der Angesprochene als Fachmann im konkreten Fall anzusehen ist. (Ist er das, umso besser!) Wichtig ist sein Renommee, denn genau das wird als Stütze für den Grund genutzt. Meist zieht man dazu ein „einschlägiges Zitat" heran. Hier wird schon deutlich, dass das Verfahren eng verwandt ist mit der Berufung auf ein Sprichwort, nur dass jetzt eben an die Stelle der „Volksweisheit" ein „Weiser" getreten ist, der entsprechendes Ansehen genießt.

Beispiele

Sportliche Betätigungen sind möglichst einzuschränken.	*Behauptung / Forderung*
Sie bringen ein hohes gesundheitliches Risiko mit sich.	*Begründung*
So forderte schon der große englische Staatsmann Churchill: „No sports!"	*Stütze: Allg. Autorität*
Rauchen ist der Geselligkeit abträglich.	*Behauptung*
Viele Nichtraucher fühlen sich durch den Rauch belästigt.	*Begründung*
Schon Goethe sagte: „Aber es liegt auch im Rauchen eine arge Unhöflichkeit, eine impertinente Ungeselligkeit. Die Raucher verpesten die Luft weit und breit …"	*Stütze: „Dichterwort"*

Wesentlich seriöser aber ist die Berufung auf eine „echte Autorität", also auf eine Person oder Institution, die sich professionell mit dem Problem befasst und z. B. wissenschaftliche Ergebnisse vorgelegt hat. So wird der Rückzug auf eine **Fachautorität,** auf Untersuchungsergebnisse o. Ä. immer als Stütze anzuerkennen sein, wenn die Autorität genau zum zu verhandelnden Thema passt.

Beispiele

Auch sog. „weiche Drogen" müssen verboten bleiben.	*Behauptung / Forderung*
Weiche Drogen sind gefährlich, da sie oft als „Einstiegsdrogen" fungieren.	*Begründung*
Eine Studie des Gesundheitsministeriums hat ergeben, dass durch den Genuss weicher Drogen zwar keine Sucht entsteht, dass aber 95 % der befragten Drogenabhängigen über weiche Drogen zu ihrer Sucht kamen.	*Stütze: Fachautorität*

Der Staat kann auf die Raucher nicht verzichten. Die Raucher zahlen eine Menge Steuern. Im Jahr 1997 nahm der Staat nach Angaben des Finanzministeriums 21,129 Milliarden Mark an Tabaksteuern ein.

Behauptung
Begründung
Stütze: Fachautorität

In beiden Fällen ist auf die Unterscheidung Begründung – Stützung zu achten. Das wird insbesondere wichtig, wenn es um das Heranziehen wissenschaftlicher Ergebnisse geht. Das Basismaterial muss dann erst einmal „ausgewertet“ werden, ehe es als Begründung in eine Argumentation eingebracht wird. Dann aber kann es als Stütze direkt nochmals herangezogen werden.

Auf den Punkt gebracht

Sie können sich zur Absicherung/Stützung einer Begründung auch auf **Autoritäten** berufen:

- Autoritäten, die aufgrund ihres allgemeinen Ansehens als Gewährsleute dienen können. Hier wird man geeignete, vielleicht auch schon bekannte Zitate („Dichterwort“ ...) nutzen.
- Autoritäten, die zur konkreten Frage als Fachinstanzen etwas zu sagen haben. Dabei kann man sich auf wissenschaftliche Untersuchungen oder auf Fachleute berufen. In beiden Fällen muss die als Stützung herangezogene Aussage überprüfbar sein (Quelle angeben!).

Überprüfen Sie Ihre Argumentation:

- Meint die zitierte „Autorität“ Fälle wie den angesprochenen (Kontext des Zitats!)?
- Handelt es sich um eine „einschlägige“ Autorität, die für Ihr Thema überhaupt zuständig ist?

Absicherung durch Aufzeigen des Gegenteils

Haben wir uns bisher beim Versuch, einen Grund zu belegen bzw. zu stützen an der Wirklichkeit orientiert und mit Beispielen gearbeitet, die sich direkt auf den Grund bezogen, so soll nun noch ein Verfahren genannt werden, das nur mittelbar etwas mit der zu verhandelnden Wirklichkeit zu tun hat. Man kann eine Begründung stützen, indem man eine Hypothese aufstellt, mit der man das Gegenteil dessen aufzeigt, was man in der Begründung als richtig betrachtet. Oft ist dieses Verfahren besonders eindringlich, da ja ganz plastisch vor Augen geführt wird, was passieren würde, wenn ...

Allerdings ist der **„Beweis vom Gegenteil her“** ein schwacher Beweis, da sich das „Positive“ nicht immer streng logisch aus dem Negativen herleiten lässt. Dennoch aber ist das Mittel beliebt und wirkungsvoll, sofern es sparsam eingesetzt und nicht zu sehr übertrieben ausformuliert wird.

Beispiel

Die pharmazeutische Forschung kann derzeit auf Tierversuche noch nicht verzichten.	*Behauptung*
Es gibt Präparate, deren Wirkung einerseits nicht berechnet, andererseits aber am Menschen auch nicht ausprobiert werden kann.	*Begründung*
Wenn man z. B. ein Mittel gegen Krebs erproben will, so wäre es unverantwortlich, es gleich am Menschen auszuprobieren, da man einen Menschen erst infizieren müsste, um den Erfolg exakt kontrollieren zu können.	*Stütze: Aufzeigen des Gegenteils*

Eine Variante dieses Verfahrens stellt die **„Verlängerung"** dar. In der Alltagsdiskussion wird diese Verlängerung erkennbar an Formulierungen wie: *„Wenn das so weiterginge, dann …"* Das Mittel stellt allerdings nur dann eine seriöse Stütze dar, wenn die gedankliche Weiterentwicklung die bisherige Entwicklung konsequent fortsetzt, Übertreibungen vermeidet und die Bedingungen nennt, die die weitere Entwicklung bestimmen.

Beispiel

Die Anforderungen im Abitur müssen angehoben werden,	*Behauptung*
denn das gegenwärtige Leistungsprofil ist zu undifferenziert und zu wenig aussagekräftig.	*Begründung*
Wenn die Anforderungen weiter sinken, so werden wir bald das „Abitur für alle" haben. Und das sagt dann zu wenig aus über die Leistungsfähigkeit oder die erworbenen Fertigkeiten des Einzelnen.	*Stütze: Gedankliche „Verlängerung"*

Auf den Punkt gebracht

Sie können eine Begründung absichern, indem Sie eine Hypothese entwerfen, welche

- das **Gegenteil** dessen darstellt, was Sie als richtig empfinden, und so die (negativen) Folgen vor Augen führen, die eintreten, wenn Ihr Grund nicht berücksichtigt wird.
- den kritisierten Zustand, gegen den sich die Argumentation richtet, „**verlängert**" und aufzeigt, was noch alles entstehen kann.

Überprüfen Sie Ihre Argumentation:

- Ist die negative Position die einzige Alternative zur angebotenen positiven Lösung?
- Auf welchen Prämissen bauen negative und positive Alternative auf?
- Ist die Hypothese verifizierbar? Kann sie nachvollzogen werden?
- Ist sie als Hypothese ausgewiesen (Formulierung!) oder wird sie als Grund verwendet?
- Sind die (hypothetischen) Folgerungen folgerichtig?

3.5 Flagge zeigen: einen Standpunkt beziehen und daraus Argumente ableiten

Bisher haben wir Gründe formuliert, die sich aus Erfahrungen, Beobachtungen, Erkenntnissen o. Ä. herleiten ließen. All das ließ sich in der Wirklichkeit nachweisen. Wir konnten Beispiele nennen, Statistiken vorzeigen, Autoritäten aufrufen usw. Wir sind also immer induktiv vorgegangen, indem wir eine Menge von einzelnen Fällen zusammengefasst und so eine allgemeine Aussage gewonnen haben. Nun ist aber auch der umgekehrte Weg denkbar: Man geht von einer allgemeinen Aussage aus und leitet daraus einzelne Argumente ab.

Entscheidungen und ihr Zusammenhang mit einer Wertorientierung

Eine Vielzahl von Entscheidungen treffen wir, ohne genau Gründe angeben zu können, die sich aus irgendwelchen Beobachtungen, aus Gegebenheiten der Wirklichkeit o. Ä. herleiten lassen. Wenn man nachdenkt, so wird man erkennen, dass diese Entscheidungen wohl auch begründet sind, die Gründe aber schwerer darzustellen sind. Es handelt sich oft um Zusammenhänge, die mit dem zu tun haben, was wir als **Werte** ansehen, wie wir uns selbst sehen, wie wir das Leben sehen usw. Diese Argumente leiten wir letztlich von einer **Haltung** ab, die der Entscheidung vorausgeht, die gewissermaßen unserem Leben zugrunde liegt, die bestimmt, wie wir die Welt sehen.

Man könnte in dem Zusammenhang von einem **„deduktiven" Verfahren** sprechen, da man eine **übergeordnete Setzung** annimmt, von der dann Gründe/Argumente abgeleitet werden. Auch dieses Verfahren ist legitim. Es empfiehlt sich aber, die letzte Setzung zu erkennen zu geben, will man sich nicht dem Vorwurf aussetzen, man greife seine Begründung einfach aus der Luft.

Bei der **Absicherung** der Argumente, die auf eine solch deduktive Weise gewonnen wurden, wird man immer wieder auf die **Wertordnung** zu verweisen haben, innerhalb derer man sich bewegt. Wird diese Ordnung anerkannt, werden auch die abgeleiteten Gründe akzeptiert. Wird sie aber infrage gestellt, bleibt nur der Weg, in Form einer hypothetischen Alternative aufzuzeigen, was in konkreten Fällen geschähe, wenn die Bezugsordnung nicht akzeptiert wird. Man kann die eigene Wertsetzung auch in den Zusammenhang eines allgemeinen Wertkonsenses stellen und aufzeigen, inwieweit dieser gefährdet wird, wenn die Argumentation nicht angenommen wird.

Es wird deutlich: In diesen Fällen geht es um eine weltanschauliche (Wert-)Entscheidung, die in letzter Instanz nicht weiter begründbar ist. Allerdings: Sie muss in ihren Konsequenzen aufgezeigt werden und als Ganzes akzeptiert sein.

Beispiel

Sigrid Lapp, Grenzen der Medizin: Spagat zwischen Machbarem und Menschenwürde

Einleitung: Der zentrale Begriff und Beispiele, die das Gegenteil darstellen

Die Würde des Menschen – auch dem Kranken und dem schwer Kranken steht sie zu. Und schon kommen die Fragen: Ist es würdevoll, wenn Schläuche aus Mund, Nase und anderen Körperöffnungen ragen, wenn der ganze Leib verkabelt ist? Wenn man gar nichts mehr selbst tun kann, von Apparaten abhängig ist? Nein, lautet meist die spontane Antwort. Doch was tun angesichts des Todes als einziger Alternative?

Problemrahmen und Grundthese

Ethische Entscheidungen müssen tagtäglich viele hundert Male in Kliniken getroffen werden. Krankenhaus-Alltag bedeutet nicht nur das Umsetzen medizinischer und pflegerischer Kenntnisse, sondern eben auch die Aufgabe, den Patienten als Menschen zu sehen und ihm seine Würde zu bewahren. Eine Aufgabe, die besonders schwer fällt auf den Intensivstationen. Den Willen des Kranken zu respektieren ist oft nicht möglich, weil der Patient nicht mehr ansprechbar ist. „Zu uns kommen nur schwer und schwerst Kranke", weiß Dr. Tilmann Erchinger, Oberarzt und Leiter der Intensivstation des Westpfalz-Klinikums Kaiserslautern, um das Problem, mit dem er und sein Team sich immer wieder auseinander setzen müssen.

Frage nach einer gültigen Wertorientierung bzw. einem Orientierungsrahmen

Die enormen technischen Möglichkeiten – Stichwort Apparatemedizin – führen die Intensivmedizin in ein Grenzgebiet zwischen Leben und Tod und werfen Fragen auf, auf die es keine einfachen Antworten gibt. Fragen etwa nach Behandlungsverzicht oder dem Einstellen einer Therapie. Erchinger: „Bei Menschen, die nur noch mithilfe von Technik überleben, muss überlegt werden: Wo machen wir weiter? Wo beenden wir eine Behandlung?" Schmerzlich wird hier bewusst, dass es keine allgemein gültige, verbindliche Ethik und Moral gibt, an die sich Angehörige, Ärzte und Pfleger halten könnten. Und die Gesetze? „Die sind schwammig", so Erchingers Erkenntnis.

Juristische Orientierung

Dennoch – so lange es das für alle und alles gültige Wertesystem nicht gibt, muss die Medizin sich an die Vorgaben der Justiz halten. Und die Gesetzeslage sieht zum Beispiel vor, dass kein Patient durch die Hand des Arztes sterben darf. „Wir bewegen uns oft in einem beklemmenden Spannungsfeld zwischen Körperverletzung, wenn wir Eingriffe ohne Einwilligung vornehmen, und unterlassener Hilfeleistung. Beides ist verboten – und beides kann zum Tod führen."

Verantwortung bei der Entscheidung

Der Wille des Patienten hat per Paragraphen immer Vorrang. Ist er nicht mehr bei Bewusstsein, so ist es Aufgabe der behandelnden Ärzte, den sog. mutmaßlichen Willen zu erforschen. In solchen Fällen setzt der zuständige Amtsrichter eine Betreuungsperson ein – das kann, muss aber kein Angehöriger sein – und bei einem eventuellen Therapieabbruch, der den Tod des Kranken zur Folge hätte, muss auch der Amtsrichter zustimmen. Erchinger lächelt vielsagend bei dieser letzten Erklärung: „Ich kenne keinen einzigen Fall in ganz Deutschland, wo ein Amtsrichter zugestimmt hätte.“ Sprich: Die Verantwortung lastet letzten Endes auf Arzt, Betreuer und Angehörigen. [...]

Erfahrung

Ständige Gespräche mit den Angehörigen nehmen laut Erchinger einen hohen Stellenwert bei der Entscheidungsfindung ein. Täglich spreche er mit Partnern, Eltern oder Kindern der Schwerkranken und habe dabei festgestellt, dass die Apparatemedizin von diesen gar nicht so sehr verteufelt wird [...]. „Viele Angehörige wünschen ausdrücklich, dass alles, was möglich ist, für den Patienten getan wird.“ Zumal er dafür garantiere, dass kein Betroffener Schmerzen erleiden müsse. „Es wird niemand gequält“, sagt er mit Nachdruck, „wir haben sehr wirksame Schmerzmittel und das Bewusstsein löschende Medikamente.“

Hilfen bei der Entscheidungsfindung

Erfahrung

Doch was ist mit der Lebensqualität, die ja auch ein Stück Würde bedeutet? Die kann für einen Schwerkranken ganz anders aussehen als für gesunde Menschen. [...] „Es ist einfach vermessen, als Gesunder bestimmen zu wollen, wann Leben lebenswert ist und wann nicht mehr“, bringt es der Oberarzt auf den Punkt. Und verweist auf einen weiteren Aspekt: „Wenn die Angehörigen wünschen, dass die Maschinen abgeschaltet werden, geht es manchmal gar nicht um das Beste für den Patienten, sondern für den Angehörigen, der den Anblick nicht mehr ertragen kann.“ Schlimmstenfalls könne es sogar so sein, dass der Wunsch nach „Stecker raus“ von einer Angst um das Erbe herrühre.

Relativierung einzelner Wertbegriffe

Problematische Argumente

Infragestellung der Argumente

Ein weiterer Gedanke Erchingers: „Es hat schon einen faden Beigeschmack, wenn in Zeiten des Zwangs zur Ökonomisierung im Gesundheitswesen angefangen wird, über die Ethik der Intensivmedizin zu diskutieren.“ Da liege der Verdacht nahe, dass die Apparatemedizin deshalb als unmenschlich und unmoralisch verurteilt wird, um eben jene teuren Apparate abstellen und so Kosten sparen zu können. Nicht außer Acht lassen dürfe man schließlich und endlich die Tatsache, dass fünf Prozent der Patienten, die an lebenserhaltenden Maschinen hängen, noch mal zu sich kommen und weiter leben können. „Oder rentieren sich diese fünf Prozent nicht?“ [...]

Indirekter Bezug auf den Grundwert

Hilfe bei der Entscheidungsfindung bietet dem Arzt die Erfahrung. Ansonsten „muss ich immer wieder aufs Neue mit mir ins Gericht gehen“. Offizielle Unterstützung gebe es in der Frage Ethik im Krankenhaus nicht. „Am Westpfalz-Klinikum entsteht aber gerade ein Arbeitskreis Ethik, ein wichtiger Schritt, um künftig kompetente Ansprechpartner zu haben.“

Resümee: Individuelle Entscheidung und Verantwortung

Ausblick

Aus: Die Rheinpfalz vom 3. 2. 2001

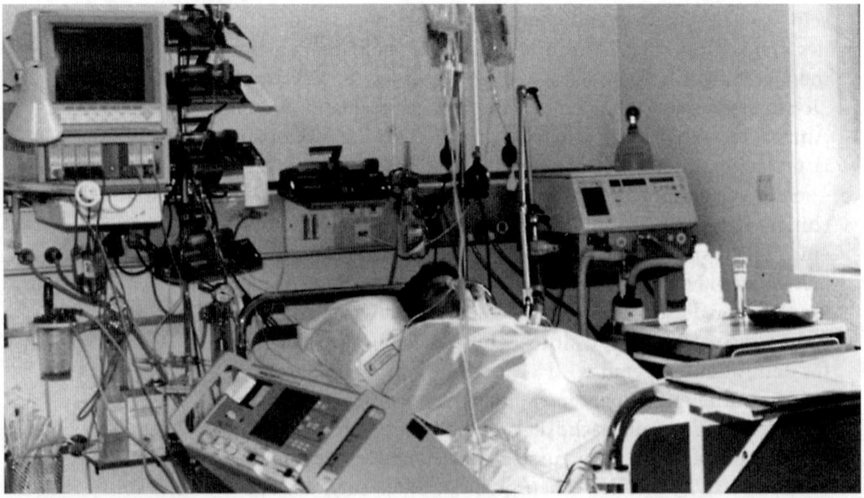

Erläuterungen zum Beispiel

Der Text stellt die Auswertung eines Interviews mit einem Arzt dar. Er lässt die Argumente des Interviewten gut erkennen, aber auch die Rückbesinnung auf den Begriff „Verantwortung", der mit einer „Wertorientierung" in Verbindung steht.

Auf den Punkt gebracht

Wenn Sie in Ihrer Begründung Argumente einbauen, die nicht induktiv von Beobachtungen, Beispielen usw. her gewonnen wurden, sondern sich aus einer **Haltung** oder **Wertentscheidung** ableiten, ist es unumgänglich, die **Gründe** aufzuzeigen. So sollten Sie

- den für Sie maßgeblichen **Wert** knapp darstellen,
- die **Logik** überprüfen, der Sie folgen, wenn Sie Argumente ableiten, und **offene Fragen** bedenken (Beispiel: *Geht man davon aus, dass menschliches Leben grundsätzlich zu schützen ist, ist aktive Sterbehilfe auf jeden Fall abzulehnen.* Logik: Bei einer solchen „Sterbehilfe" wird menschliches Leben ausgelöscht. Offen: Wie lange kann man von „menschlichem" Leben sprechen?),
- den **Gültigkeitsbereich** Ihres Arguments überprüfen und ggf. definitorisch absichern (Beispiel: *Menschenwürde hat auch mit Lebensqualität zu tun. Was Lebensqualität ist, kann nur jeder für sich entscheiden. Es ist daher nicht zulässig, dass ein Gesunder darüber befindet, ob das Leben eines Kranken noch lebenswert ist oder nicht.*),
- die weiter reichenden **Konsequenzen** bedenken, die sich aus Ihrem Argument ergeben.

Die ideologische Fundierung der Gegenargumente offen legen

Oft geben sich – v. a. in politischen Streitfragen – Argumente wissenschaftlich fundiert, obwohl sie die Wissenschaft eigentlich nur dann heranziehen, wenn die Aussagen als Stützen geeignet sind, während andere wissenschaftliche Erkenntnisse, die der zu begründenden These entgegenstehen, unterschlagen werden. In solchen Fällen sollte man, um den eigenen Standpunkt zu rechtfertigen, zum einen die eigene Wertorientierung zu erkennen geben. Dann aber wird man die gegnerischen Argumente auf ihre wissenschaftliche Haltbarkeit und ideologische Begründung hin untersuchen. Besonders wirkungsvoll lässt sich in diesem Zusammenhang eine Darstellung möglicher (oft: offenkundiger, aber eben verschwiegener) negativer Konsequenzen einbauen, die dann selbst im Rahmen der Hintergrundideologie fragwürdig erscheinen und damit die gegnerische Argumentation infrage stellen.

Beispiel

Manfred Lütz, Nur ein Zellklumpen? Von der Schlüsselfrage, wann menschliches Leben beginnt

Die Forschungsergebnisse der Humangenetik sind eindeutig: Der Mensch ist in der befruchteten Eizelle bis in letzte Eigenarten angelegt.

These

Das Leben des Menschen beginnt mit der Verschmelzung von Ei- und Samenzelle. Mit diesem Satz könnte man einen Text über den Stand der Wissenschaft zur Frage nach dem Beginn menschlichen Lebens beginnen – und beenden. Der Satz ist völlig unideologisch. Er ist nüchternes Ergebnis wissenschaftlicher Forschung. […]

Gültigkeit wissenschaftl. Ergebnisse

Darstellung des Grundwertes

Zusammenhang mit konkreter These

Wissenschaftliche Ergebnisse sind von ihrem Wesen her stets nur Zwischenergebnisse und keine endgültigen Einsichten. Dass das Leben des Menschen von seinem Beginn bis zu seinem Tod nicht zur Disposition des Menschen steht, ist eine endgültige Einsicht, die sich für Christen aus ihrem Glauben an den menschgewordenen Schöpfergott ergibt. Ob aber der Beginn im Zeitpunkt der Verschmelzung von Ei- und Samenzelle liegt, ist keine endgültige Einsicht, sondern bloß derzeitiger wissenschaftlicher Stand, der bei guten Argumenten auch falsifizierbar wäre. […]

These und Erkenntnisse der Humangenetik (Wissenschaft)

Solche Argumente gibt es aber nicht. Vielmehr erhärten gerade die neuesten Ergebnisse der Humangenetik die Erkenntnis, dass der Mensch in der befruchteten Eizelle bis in letzte und kleinste Eigenarten angelegt ist. Und dass die anschließende substanzielle Entwicklung durch Außeneinflüsse weit über die Geburt hinaus geprägt und interaktiv moduliert wird. Biologisch gibt es bei dauernden Veränderungen keinerlei Brüche.

Ursachen für eine mögliche Gegenthese

[…] Dass dieser wissenschaftliche Stand heute umstritten ist, hat keine wissenschaftlichen Ursachen, sondern politische beziehungsweise ideologische. Die unter öffentlichem Druck eingeführte Abtreibungsgesetzgebung in den westlichen Ländern schränkt bei einer bestimmten Gruppe von Menschen, nämlich bei ungeborenen Kindern, das Menschenrecht auf Leben ein – zunächst bloß in den ersten drei Monaten. […]

Konsequenzen aus der Wertumorientierung

Alle weiteren „Dammbrüche" am Anfang und am Ende des Lebens, die in letzter Zeit fast monatlich vermeldet werden, sind demgegenüber nichts weiter als die Überflutung von Vorgartenmauern landeinwärts, nachdem der große Deich an der Küste geborsten ist.

Plausible Ableitungen

Es sind nämlich zumeist streng logische und damit völlig plausible Konsequenzen aus dem grundlegenden Tabubruch: Wenn die Drei-Monats-Grenze letztlich keine fundierte Begründung hat, dann können es auch ohne Weiteres sechs Monate sein (USA). Wenn Abtreibung ohnehin de facto erlaubt ist, warum solche Embryonen nicht, anstatt sie zu entsorgen, therapeutisch nutzen? Selbst Parteigänger der Grünen macht es nachdenklich, dass inzwischen Embryonen nach dem deutschen Embryonenschutzgesetz im Reagenzglas besser geschützt sind als im Uterus der Mutter. Wenn die Behinderung des Kindes als Begründung für eine Abtreibung ausreicht, warum dann nicht schon im Reagenzglas die Behinderung feststellen, um die spätere Abtreibung zu vermeiden? Und wenn bei Behinderung des Kindes bis zur Geburt abgetrieben werden kann, warum nicht – einfacher – kurz nach der Geburt töten (Früheuthanasie)?

Zuspitzung der logischen Konsequenzen

Gegenstrategien der Gegenseite:

– Sprachregelung

– Definitorische Veränderungen

Es ist nicht gerecht zu unterstellen, dass den Befürworterinnen der freien Abtreibung diese Konsequenzen keine Gewissensbisse machten. Schon die verschleiernde Verwendung der Sprache, die bewusst dem wissenschaftlichen Stand widerspricht, deutete darauf hin: Man sprach mit Vorliebe von „Schwangerschaftsunterbrechung" und von „werdendem Leben" – beides eine medizinisch absurde Vorstellung –, und man versuchte, ebenso ohne Rücksicht auf den Stand der Wissenschaft, die Definition des Menschen zu verändern, um dadurch nicht mehr Tötung eines Menschen nennen zu müssen, was Tötung eines Menschen ist. […]

Weitere definitorische Versuche

Beispiel Individuum

Aber auch andere Versuche der definitorischen Verschleierung der Tötung ungeborener Kinder wurden und werden unternommen. Die ideologische Absicht entmündigt die Wissenschaft und erfindet immer neue Grenzen, die allesamt streng wissenschaftlich nicht zu halten sind: Man definierte den Menschen im Wortsinne als „Individuum", übersetzte das mit unteilbar und schloss daraus, bis zum Acht-Zellen-Stadium (etwa drei Tage nach Verschmelzung) handle es sich nicht um einen Menschen, da ja bis dahin eine Teilung noch zu Mehrlingen führen könne. Mit dieser Argumentation wäre heute kein Mensch mehr „Individuum", denn man könnte aus einem erwachsenen Menschen demnächst einen neuen Menschen klonen. [...]

Weitere Beispiele für Neudefinitionen

Die Tötungshemmung sank weiter, als gewisse Juristen propagandistisch und wissenschaftswidrig am Anfang des Lebens von „himbeer-ähnlichem Gebilde" sprachen. Man definierte den Menschen über das Gehirn – und stellte Menschen bis zur Entstehung des Gehirns und nach Hirntod mit dem Ziel der Organgewinnung zur Disposition. Man definierte ihn über die Antizipation von Zukunft, um schwer geistig Behinderte und Demente des Tötungsschutzes zu berauben. [...]

Zusammenfassende Bewertung: Alles ideologisch motiviert

All diese Umbiegungen der wissenschaftlichen Realität sind letztlich ideologisch motiviert. Die Überwertigkeit des Gesundheitsbegriffs tut ein Übriges, dass moralische Bedenken gegenüber Maßnahmen, die therapeutisch genutzt werden können, geächtet werden. Wer heilt, hat Recht – dieser alte ärztliche Grundsatz wird totalitär.

Rückkehr zur These

Es ist nicht die Wissenschaft, sondern die Ideologie, die hier triumphiert. Wenn man all diese „ideologischen Scheuklappen" ablegen würde, käme erschütternderweise die Abtreibungsfrage neu zur Debatte. Denn ohne „ideologische Scheuklappen" heißt die Antwort auf die Frage nach dem Beginn des menschlichen Lebens auf dem Stand der neuesten Wissenschaft: Das Leben des Menschen beginnt mit der Verschmelzung von Ei- und Samenzelle. „Basta!"

Aus: Rheinischer Merkur vom 26. 1. 2001

Auf den Punkt gebracht

Manchmal genügt es nicht, nur den eigenen Standort (Wertorientierung) zu erkennen zu geben. Sie werden sich darüber hinaus auch mit **gegnerischen Standpunkten** auseinander zu setzen haben. Wenn „der Gegner" andere Wertorientierungen vorgenommen hat, ohne dies zu erkennen zu geben, stattdessen aber wissenschaftliche Absicherung vortäuscht bzw. seine ideologische Begründung hinter wissenschaftlichen Argumenten versteckt, sollten Sie

- die Wertsetzung und Begründungszusammenhänge der gegnerischen Position offen legen,
- klarstellen, dass die gegnerische Position den Wertkonsens in Frage stellt,
- die negativen Konsequenzen aufzeigen, die sich aus der gegnerischen Position wie aus den gegnerischen Argumenten für die Lebenswirklichkeit und für die Wertsetzungen ergeben,
- mögliche Widersprüche zwischen der gegnerischen Argumentation und ihren zugrunde liegenden Wertsetzungen aufzeigen.

4 Formulieren

Argumentationen orientieren sich an der in Frage stehenden „Sache". Nur dann werden sie als seriöse Argumentationen akzeptiert. Argumente, die sich aus persönlichen Belangen herleiten oder sich unmittelbar auf Personen beziehen, haben in Sachdiskussionen nichts zu suchen. Nun können aber Argumentationen zwar streng sachlich orientiert sein und doch erscheinen sie nicht allzu glaubwürdig. Oder sie machen es den Adressaten schwer zu folgen, ihre Plausibilität nachzuvollziehen. Oft liegt das an der sprachlichen Formulierung.

4.1 Sachlich-argumentative Sprache

Grundsätzlich geht es darum, die Sprachgebung an der Sache selbst zu orientieren und auf alle sprachlichen Elemente zu verzichten, die persönliche Momente ins Spiel bringen können. Dies betrifft insbesondere die Wortwahl, aber auch im Bereich des Satzbaus sollte auf rhetorischen Kapriolen (rhetorische Fragen, offene Sätze usw.) möglichst verzichtet werden.

Verwendung einer Fachsprache

Man sollte streng unterscheiden zwischen dem inhaltlichen Aspekt eines Arguments und der sprachlichen Präsentation: Ein Argument ist auch unabhängig von der Art und Weise gültig, in der es vorgetragen wird. Allerdings kann die Wirkung eines Arguments deutlich beeinflusst werden durch die Art der Präsentation. Eine sprachliche Form, die sich wenig sachlich gibt, die sozusagen „locker vom Hocker" zum Ausdruck bringt, was „Sache" ist, kann schnell auf Ablehnung stoßen. So wird man sich um eine deutlich **sachorientierte Sprachgebung** zu bemühen haben. Argumentation und die in Frage stehende Sache hängen eng zusammen. Schon deshalb sollte sich die Sprache, derer sich die Argumentation bedient, an der Sache orientieren.

Das bedeutet: Die Verwendung von **Fachbegriffen** ist unumgänglich. Besteht die Gefahr, dass die Adressaten nicht so genau Bescheid wissen, sollten die Fachbegriffe erläutert werden. Werden **Bewertungen** vorgenommen, so müssen diese als solche **gekennzeichnet** werden. Dies gilt insbesondere für die Verwendung von bewertenden Adjektiven. Am besten wird es sein, man **begründet** Bewertungen. (Beispiel: *Bildung zu erwerben schafft die besten Voraussetzungen für gesellschaftlichen Aufstieg. Die „besten" insofern, als alle anderen Voraussetzungen von Tagesaktualitäten und einigen unberechenbaren Faktoren abhängen, während Bildung eine fundamentale Qualifikation darstellt ...*)

Beispiel

Ist Bildung noch aktuell? – Bildung und Erfolgsaussichten

These: Bedeutung der Bildung
Vier Gründe im Überblick

Bildung ist in der modernen Gesellschaft die Voraussetzung dafür, gesellschaftliche Chancen wahrzunehmen und soziale Risiken zu minimieren. Mit einem guten Qualifikationsniveau hängen die Chancen auf beruflichen Erfolg und auf Lebensstandard genauso zusammen wie die Chancen auf Selbstbestimmung und Freiheit. Die folgenden Beispiele sollen diese allgemeinen Aussagen etwas konkretisieren:

Erster Grund
Beispiel / Statistik
Ausdehnung d. Grundes

Der Einstieg oder Aufstieg in höhere berufliche Positionen ist immer häufiger an einen Hochschulabschluss gebunden. So hatten zum Beispiel 1997 82 Prozent aller Leitenden Angestellten der deutschen Wirtschaft erfolgreich ein Hochschulstudium abgeschlossen, 36 Prozent waren sogar promoviert, und nur 13 Prozent verfügten nicht über das Abitur. Diese „Akademisierung" vollzieht sich in ähnlicher Form auch in anderen Berufsfeldern sowie in den höheren Ebenen des politischen Bereichs, zum Beispiel in den Parlamenten, in den Parteien und selbst in den Gewerkschaftsführungen.

Zweiter Grund
Statistischer Beleg

Das individuelle „Bildungskapital" lässt sich in der Regel über gesellschaftliche Führungspositionen auch in entsprechend gute Einkommen und einen hohen Lebensstandard umsetzen. Universitätsabsolventen verdienten 1995 mehr als das Doppelte eines Ungelernten und circa 75 Prozent mehr als eine gelernte Fachkraft.

Dritter Grund
Vierter Grund
Zusammenfassung

Eine gute Qualifikation schafft darüber hinaus auch die psychischen Voraussetzungen für ein höheres Maß an individueller Lebensgestaltung und Lebensstilisierung, ein Herauslösen aus überkommenen Traditionen und Bindungen, an einer Lebensführung nach eigenen Wünschen und Vorstellungen. Die viel zitierte Individualisierung des Lebens in der Moderne vollzieht sich daher vor allem im Umfeld akademischer Milieus [...]

Aus: Rainer Geißler, Bildungsexpansion und Bildungschancen. In: Bundeszentrale für politische Bildung (Hrsg.), Informationen zur politischen Bildung Nr. 269, Bonn 2000, S. 42 (fachsprachliche Elemente hervorgehoben)

Auf den Punkt gebracht

Bemühen Sie sich um eine **sachorientierte Sprache**:

- Verwenden Sie Fachbegriffe.
- Beschränken Sie sich möglichst auf die Verwendung charakterisierender Adjektive.
- Bewertungen (Adjektive!) sollten Sie kenntlich machen oder noch besser: begründen.

Darstellung logischer Beziehungen

Darüber hinaus sollten bei der Formulierung die in der Sprache vorhandenen Möglichkeiten genutzt werden, logische, aber auch argumentative Zusammenhänge hervorzuheben. Insbesondere die kausalen, finalen, konsekutiven und konditionalen Beziehungen sollten sprachlich erkennbar gemacht werden.

Das bedeutet: **Begründungszusammenhänge** müssen sprachlich ausgewiesen werden: In der Regel wird man hier Kausalsätze (Hauptsatz-Nebensatz-Verbindung) oder Hauptsatz-Hauptsatz-Reihungen verwenden, wobei im ersten Fall die Konjunktion, im zweiten Fall Konjunktion oder satzverbindendes Adverb (denn, daher) über den kausalen Zusammenhang informieren.

Gerade in argumentativen Zusammenhängen wird man oft konditionale Gefüge verwenden. Da sollte man allerdings vorsichtig sein: Wenn-dann-Gefüge täuschen bisweilen logische Zusammenhänge nur vor. Deshalb sollte man sich darauf beschränken, logische Folgerungen in einem Wenn-dann-Gefüge zum Ausdruck zu bringen, oder aber man gibt in einem solchen Gefüge ein stützendes Beispiel bzw. zeigt eine Konsequenz für bestimmte Fälle auf.

Vorsicht: Oft findet man kausale Formulierungen, die eigentlich einen finalen Zusammenhang darstellen, es wird also eine Absicht als Grund genannt.

Beispiele

Der Vorschlag wird sich kaum realisieren lassen, da man für ihn wohl keine Mehrheit finden wird.	*Kausale Beziehung (Hauptsatz–Nebensatz)*
Man wird für den Vorschlag keine Mehrheit finden. Deshalb wird er wohl nicht realisiert.	*Kausale Beziehung (Hauptsatz–Hauptsatz)*
Der Vorschlag wird wohl nicht realisiert. Der Grund: Es wird sich kaum eine Mehrheit finden, die dafür ist. (Die Ursache ist darin zu sehen, dass …; dahinter steht die Tatsache, dass …)	*Eigens thematisierte kausale Beziehung*
Sollte der gegnerische Vorschlag Zustimmung finden, dann wird das noch nicht abzuschätzende Folgen haben.	*Konditionale Beziehung*
Viele Schüler streben das Abitur an, weil sie studieren wollen.	*Kausale Formulierung (aber: finaler Zs.hang!)*

Auf den Punkt gebracht

- Stellen Sie die logischen Zusammenhänge sprachlich dar.
- Insbesondere kausale, finale und konditionale Beziehungen sollten durch entsprechende Konjunktionen und Adverbien auch sprachlich zum Ausdruck gebracht werden.

4.2 Einleitung

Aufgabe der Einleitung ist es, eine Beziehung herzustellen zwischen dem Thema, das behandelt werden soll, und dem Adressaten, an den sich die Behandlung richtet. Diese Beziehung kann auf vielfältige Arten und Weisen hergestellt werden. Welche der Möglichkeiten konkret ausgewählt wird, ist von Fall zu Fall zu entscheiden.

Dabei spielen bestimmte Gesichtspunkte eine Rolle:
- Gibt es schon Berührungspunkte zwischen dem Horizont des Adressaten und dem Problemhorizont?
- Wie aktuell ist das Problem grundsätzlich?
- Stellt sich das Problem unserem Adressaten überhaupt als Problem?
- Kommt der Adressat klar mit den Begriffen, die verwendet werden sollen? Oder muss man erst sicherstellen, dass sie eindeutig verstanden werden?

Entsprechend ergeben sich verschiedene Möglichkeiten, die Einleitung zu gestalten. Bisweilen wird man einzelne Möglichkeiten koppeln. Man sollte aber in jedem Fall darauf achten, dass die Einleitung nicht überlang wird.

Persönliches Erleben

Möchte man mit einem allgemein interessierenden Problem vertraut machen, so wird das besonders eindringlich wirken, wenn die eigene Betroffenheit vorgestellt wird, wenn man also aufzeigt, wie man selbst mit dem anfallenden Problem konfrontiert wird. Ein solches Verfahren hat große Vorteile: Es zeigt die konkrete Wirklichkeit, es lässt die persönliche Betroffenheit erkennen, es kann ggf. zur Identifikation des Lesers mit der Situation des Autors führen.

Die Gefahren sind damit eigentlich schon genannt: Die persönliche Betroffenheit kann den Blick verschleiern, wenn es um eine objektive und sachorientierte Beurteilung geht. Sie kann Voreingenommenheit erzeugen oder sie kann von vornherein Ablehnung bewirken.

Beispiel

Wie oft habe ich gerade dann, wenn mein kleiner Bruder mal wieder einen Streit vom Zaun gebrochen hatte und ich versuchte, mich zu wehren, zu hören bekommen: „Der Klügere gibt nach. Sei friedlich!“ Und jedes Mal musste ich zusehen, wie der Kleine grinsend abzog. War ich nun wirklich der Klügere, oder war ich am Ende der Dumme? Was ist grundsätzlich zu halten von dieser Redensart? …

Einleitung: Persönliches Erleben

(Thema: Ist Nachgiebigkeit ein Zeichen von Klugheit?)

Aktuelles Beispiel, Nachricht zum Thema

Das eigene Erlebnis als Einstieg bringt die Gefahr mit sich, dass das Problem als ein auf den persönlichen Bereich zugeschnittenes Problem erscheint. Bringt man dagegen ein aktuelles Beispiel von öffentlichem Interesse, eine Nachricht, die mit dem Problem in Zusammenhang steht, so bietet sich eher die Möglichkeit, das allgemeine Interesse zu wecken und nachzuweisen, dass auch unabhängig vom eigenen Interesse das Problem aktuell ist.

Beispiele

Anfang letzten Jahres überraschte mich mein Friseur mit neuen Ladenöffnungszeiten: In Zukunft könne ich auch am Montag und abends nach 18 Uhr zum Haareschneiden kommen. Auf meine Frage, worauf diese kundenfreundliche Regelung zurückzuführen sei, entgegnete seine Auszubildende: „Das ist die Globalisierung. Auch wir sind dem internationalen Wettbewerb ausgesetzt und müssen um Kunden werben.“ Anekdoten dieser Art und die in den Medien geführte Diskussion belegen, dass sich viele Menschen Gedanken um die Globalisierung machen. …

Einleitung: Aktuelles Beispiel

(Thema: Gesellschaftliche Auswirkungen internationaler Wirtschaftsentwicklungen)

Die Vereinten Nationen haben das Jahr 2001 zum „Jahr der Freiwilligen“ ausgerufen. Damit wird wohl etwas in den Mittelpunkt des Interesses gerückt, was in Deutschland als „ehrenamtliche Tätigkeit“ schon lange einen Großteil des öffentlichen Lebens bestimmt. Was hat es mit dieser ehrenamtlichen Tätigkeit auf sich? …

Einleitung: Aktuelle Nachricht

(Thema: Das Ehrenamt und das bürgerliche Engagement)

Statistische Angaben zum Thema, Volksmeinung, Sprichwort / Redensart

Auch im gerade vorgestellten Fall bleibt es beim aktuellen Beispiel, bei der Nachricht, während die allgemeine Gültigkeit noch offen ist. Diese allgemeine Gültigkeit kann man in den Vordergrund stellen, wenn man sich auf statistische Ergebnisse, auf Volksmeinung, ein Sprichwort oder eine Redensart beruft.

Beispiele

„Der Stress an unseren Schulen ist keine Schülererfindung, sondern Wirklichkeit. Zu diesem Ergebnis kam die Aktion *Humane Schule* bei einer Umfrage unter 1 100 Schülern. Als geradezu niederschmetternd empfand die Aktion die Tatsache, dass nur 8 % der befragten Schüler angaben, niemals Angst vor Klassenarbeiten zu haben.“ So schreibt die XY-Zeitung. Der Leser wird sich nun fragen: …

Einleitung: Statistische Angaben

(Thema: Schulstress – Traum(a) oder Wirklichkeit?)

Jeder dritte Bundesbürger über 14 Jahren ist nach eigenen Angaben ehrenamtlich engagiert, nicht wenige üben mehrere solche Tätigkeiten aus. Das ist das Ergebnis der ersten bundesweiten Befragung aus dem Jahr 1999 im Auftrag des Bundesfamilienministeriums. 40% dieses Engagements spielen sich im sozialen und politischen Bereich ab. Dabei werden im Durchschnitt 15 Stunden im Monat für ehrenamtliche Arbeit aufgebracht. Bleibt die Frage: Lohnt sich das alles überhaupt? ...

Einleitung: Statistische Angaben

(Thema: Das Ehrenamt – eine „öffentliche Angelegenheit"?)

„Handwerk hat goldenen Boden!", so sagt der Vater meines Freundes immer, wenn wir über unsere Berufswünsche und -pläne sprechen. Wir stehen beide kurz vor dem Abitur und uns stellt sich die Frage: ...

Einleitung: Volksmeinung/Redensart

(Thema: Beruf oder Studium nach dem Abitur?)

Außen liegende Beispiele und nahe liegende Gegenbeispiele

Ein Problem lässt sich besonders gut dadurch profilieren, dass man „die Umgebung" eingrenzt, Gegenbeispiele anführt und so deutlich macht, welche Richtung man zu verfolgen gedenkt. Die „außen liegenden" Beispiele (Wie machen es die anderen?) sowie die Gegenbeispiele grenzen gewissermaßen ein freies Feld ab, innerhalb dessen die eigene Position anzusiedeln ist.

Beispiel

In den USA ist ehrenamtliche Arbeit Ehrensache. Kaum einer, der sich nicht freiwillig engagiert, kaum ein Feld, in dem das nicht möglich wäre. Bei uns in Deutschland dagegen macht sich der „Ohnemichel" – eine karikaturistische Zusammenziehung des „Ohne mich" und des „deutschen Michel" – immer mehr breit, jene Figur, die sich raus hält aus allem, die bestenfalls gegen Bezahlung antritt. Die Frage nach dem Ehrenamt. ...

Einleitung: Außen liegendes Beispiel und Gegenbeispiel

(Thema: Die Bedeutung des Ehrenamtes in Deutschland)

Überblick über die geschichtliche Entwicklung

Ein Überblick über einzelne Positionen, die es im Verlauf der Geschichte bezogen auf das Problem gab, vermag besonders deutlich vor Augen zu führen, dass das Problem nicht erst heute aktuell ist. Gleichzeitig wird durch eine solche historische Einleitung ein weiter Problemlösungsrahmen gespannt, der allerdings gelegentlich auch polemisch gefüllt sein kann, insofern man jeweils bedenkliche Problemlösungen anführt. Nimmt man diesen Weg, so ist es empfehlenswert, solche Beispiele aus der Geschichte auszuwählen, die gegebenenfalls beim Leser Erinnerungen wachrufen oder als doch schon, zum Teil zumindest, bekannt vorausgesetzt werden können.

Beispiel

Markus Clauer, Nein zum Sprachschutz per Gesetz

Einleitung: Historische Entwicklung (Thema: Sprachschutz per Gesetz?)

Beispiele für das Gegenteil

Heinrich Hoffmann, Erfinder des „Struwwelpeter", hat es ja schon vor 150 Jahren gewusst: „Niemand wird leichter deutscher Staatsbürger als ein fremdes Wort." An Überfremdung ist das Deutsche trotzdem bisher noch nicht gestorben. Es lebt wie verrückt im Reim-dich-oder-ich-fress-dich des deutschen Hip-Hop. Krankenkarteien werden selbst in Japan oft auf Deutsch geführt, im Internet nimmt der Deutsch-Anteil gegenüber dem Englischen zu. Und auch das gute deutsche Wort „Leitkultur" gibt es ja noch. Die in bester deutscher Überlegenheits-Diktion formulierte Beschimpfung „Schimpansendeutsch" hat sich ebenfalls gerettet. Der Vorsitzende des Vereins deutsche Sprache, Walter Kramer, gebraucht sie gerne für Leute, die Kids sagen statt Kinder. Und dieser ganz ohne Einbürgerungsverfahren davongekommene Satz hat sich gehalten, ganz ohne Gesetz: Am deutschen Wesen soll die Welt genesen.

Historische Situation: Latein als Amtssprache

Historische Situation: Französisch als „Konversationssprache"

Historische Situation: „Sprachschützer" ist weltfremd

Im Heiligen Römischen Reich Deutscher Nation war die Sprache übrigens Lateinisch. Und über alles reden, über was man – pardon! – partout nicht schweigen wollte, konnte man auf Deutsch ohnehin ungefähr erst seit dem 18. Jahrhundert. Da war allerdings gerade auch Französisch sehr, na ja, en vogue. Und Goethe und Schiller nannten den notorischen Eindeutscher Heinrich von Campe (Motto: durchduften statt parfümieren) wegen seiner Manie „Waschfrau" und „Pedant". Nennen wir Berlins obersten Sprachschützer Eckart Werthebach doch der Einfachheit halber und wegen der Tatsache, dass Sprache eine Nummer zu groß für Paragraphen und elementares Englisch nicht mehr als die Verkehrssprache der Welt ist, einfach nur weltfremd heutzutage. Wo doch schon die Deutsche Klassik wegfällt als Anknüpfungspunkt für sein gesetzlich zu verordnendes Sprach-Reinheitsgebot.

Historische Situation: Nationalsozialismus und Verwendung von Fremdwörtern

Gegenwart: „Deutsch" als Wirtschaftssprache bedroht

Historische Situation: Deutsch als Sprache der Wissenschaft

Bleiben die Herren Hitler und Goebbels, die in den 30er-Jahren des vergangenen Jahrhunderts ein paar Jahre arische Prinzipien an den germanischen Sprachstil anlegen wollten, ab 1941 „dann aber doch wohl lieber weiter Propaganda und Fanatismus" sagten, wie Gerhard Stickel vom Institut für Deutsche Sprache in Mannheim etwas spitz anmerkt. Der Mann muss es ja wissen. Er hält das Deutsche ganz nebenbei bemerkt gegenwärtig trotz der Invasionen aus dem Amerikanischen für „gut in Schuss" – wenngleich für eine bedrohte Art. In der Wirtschaftssprache zum Beispiel. Oder in der Wissenschaft. Aber – sorry – sorry! Wer im 19. Jahrhundert etwas werden wollte in der Wissenschaft, war „gezwungen, ein halbes Dutzend mal mehr Bücher in Deutsch als in Englisch oder Französisch zu lesen", schrieb Thomas Huxley 1869.

Grund des Phänomens

Lady Chatterley studierte in Deutschland. Noch zu Beginn des 20. Jahrhunderts war das Deutsche die Wissenschaftssprache überhaupt. Aber wegen der Bedeutung der Wissenschaft in Deutschland und nicht wegen der Geltung deutscher Sprach-Gesetze. Tempora mutantur, wie man auf gut Deutsch sagt.

Heutige Situation

Heute publizieren die deutschen Wissenschaftler ihre Aufsätze lieber gleich auf Englisch. Selber schuld.

Historische Ursache

In der Zeit des Nationalsozialismus emigrierten viele der besten Köpfe, die meisten in englischsprachige Länder. Und mit ihnen wanderte die Welt der Wissenschaft aus der deutschen Sprache aus. Wer wollte es ihnen verbieten? Wer will Daimler-Chrysler – wie spricht man das aus? – reinreden, wenn auf den Fluren schwäbisches Englisch gesprochen wird?

Ergebnis: Sprache hat Hang zur Anarchie

Sprache hat ohnehin den Hang zur Anarchie. Und zur Anverwandlung. Der schöne Begriff Handy ist made in Germany. In Dingen der Sprache herrscht die Macht des Machens. Die Straße regiert. Deshalb darf auch die für die Öffentlichkeit bestimmte Sprache von Behörden und Medien keine anderen Gesetze haben.

Aus: Die Rheinpfalz vom 9. 2. 2001

Sprachpanscher bei der Arbeit

Begriffe klären, Problembereich abgrenzen

Wir können nicht immer damit rechnen, dass unsere Leser die Begriffe, die im Rahmen des Themaproblems eine wichtige Rolle spielen, auch kennen bzw. die jeweiligen Begriffsumfänge und -inhalte so einschätzen, wie wir das tun. Deshalb wird man in der Einleitung oft im Zusammenhang mit anderen Möglichkeiten eine Begriffsabgrenzung vornehmen bzw. den Bereich, in dem man das Problem angesiedelt sieht, etwas deutlicher umreißen.

Beispiel

Wenn heute über die Zukunft des Ehrenamtes diskutiert wird, hat der Begriff der Bürgergesellschaft eine zentrale Bedeutung. Es geht vor allem um die neue Freude am selbstverantwortlichen Handeln, um die neue Lust am Mitreden und Mitmachen und damit auch um eine Neubestimmung der Aufgaben von Staat und Gesellschaft. Nicht zuletzt deshalb hat die Diskussion um das bürgerschaftliche Engagement gerade auf politischer Ebene Konjunktur.

Einleitung: Begriffsklärung (Thema: Bürgerschaftliches Engagement – wünschenswert oder gefährlich?)

Auf den Punkt gebracht

Aufgabe der Einleitung ist es, den Leser zum Themaproblem hinzuführen bzw. ihm klar zu machen, dass es Beziehungen zwischen seinem Lebenshorizont und dem anstehenden Problem gibt. Dafür sollten Sie dem Leser nachweisen, dass

- das Problem für ihn aktuell ist,
- auch seine Belange betroffen sein können,
- es sich auf jeden Fall um eine „fragwürdige" Angelegenheit handelt.

Bei der **Gestaltung der Einleitung** bieten sich verschiedene Möglichkeiten an:

- Man umreißt ein persönliches Erlebnis.
- Man teilt eine aktuelle Nachricht mit.
- Man zitiert eine Statistik, ein Umfrageergebnis oder ein Sprichwort.
- Man führt das Gegenteil kurz aus.
- Man umreißt geschichtliche Positionen oder die geschichtliche Entwicklung des Problems.
- Man grenzt den Problemhorizont ab bzw. gibt einschlägige Begriffserläuterungen.

All diese Möglichkeiten können Sie jeweils für sich einsetzen. Es ist aber möglich und gelegentlich auch äußerst sinnvoll, sie zu **koppeln**. So wird man z. B. öfter die Begriffserläuterung einbauen, auch wenn man schon eine andere Einleitung vorausgehen lässt.

Manche Einleitungen klingen etwas stereotyp und schulmäßig. Das sollte Sie nicht zu sehr stören. Wenn die Einleitung auf das Thema hinführt bzw. in die Themafrage mündet, so schützen Sie sich zumindest davor, am Thema vorbei zu schreiben.

Oft ist es mit der Einleitung selbst nicht getan. Als Orientierungshilfe für den Leser kann man zwischen Einleitung und Hauptteil in einem knappen Einschub das **Programm ankündigen**, das man auszuführen gedenkt. (Beispiel: *... Im Folgenden werde ich zunächst die gegenwärtige Lage beschreiben, ehe ich die meiner Meinung nach Erfolg versprechende Lösung aufzeige sowie die erforderlichen Veränderungen und sich ergebenden Konsequenzen nenne ...*) Auch den einzelnen Großabschnitten kann man entsprechende Ankündigungen voranstellen.

4.3 Überleitungen

Oft leuchten die einzelnen vorgebrachten Argumente jedes für sich schon ein, aber sie stehen eben recht unverbunden nebeneinander und machen den Eindruck, als hätten sie eigentlich nichts miteinander zu tun.

Natürlich kann man Argumente einfach aneinander reihen. Das beeinträchtigt nicht ihre Gültigkeit. Es genügt zunächst, wenn man neue Argumentationsteile dadurch kennzeichnet, dass man eine neue Zeile („Abschnitt") beginnt. Unter Wirkungsaspekten ist es jedoch besser, man verbindet die Argumente miteinander, soweit das möglich bzw. sinnvoll erscheint. Diese Verbindungen können einfach reihend sein. Besser ist allerdings, man überlegt, welches Verhältnis zwischen den einzelnen Argumenten bzw. Argumentationsblöcken besteht, und bringt dann dieses Verhältnis auch in der sprachlichen Verbindung zum Ausdruck. Der Text wirkt dann flüssiger und die Argumentation weniger zusammenhanglos. Es lassen sich unterscheiden:

Reihung

Beide Argumentationsteile sind gleichwertig. Die Überleitungen reihen die Argumentationsteile aneinander, beispielsweise:

- zunächst einmal, an erster Stelle wäre zu nennen, vor allem sollte man
- dann aber auch, ferner, ein weiteres, und auch, nicht minder zu beachten, nicht weniger wichtig ist
- darüber hinaus bleibt auch zu bedenken, weiterhin, noch ein ähnlicher Punkt ist anzuführen, ein weiterer Gesichtspunkt gehört hierher
- ebenfalls, ebenso, außerdem noch, hinzu kommt, eng damit verknüpft ist, dabei muss auch bedacht werden
- ähnlich steht es um, nicht anders ist es mit
- nicht zuletzt, nicht zu vergessen, auch daran sei erinnert, dass
- zu guter Letzt, schließlich sei daran erinnert, dass, zum Schluss sei noch genannt, als letztes Argument sei angeführt, dass

Beispiel

Zunächst einmal ist zu bedenken, dass Schulfahrten, zumal wenn sie ins Ausland führen, nicht ganz billig sind. Dann aber muss man auch berücksichtigen, dass je nach Art der Fahrt noch weitere Ausgaben für Kleidung usw. hinzukommen, ferner wird noch Taschengeld anstehen sowie eine gewisse Reserve für zusätzliche Verpflegung. Nicht zuletzt kommen dann noch Kosten für …

Überleitungen: Reihung

Gegensatz

Beide Argumentationsteile widersprechen sich. Die Überleitungen betonen die Gegensätze, beispielsweise:

- einerseits ... andererseits, demgegenüber
- dem steht aber entgegen, es darf jedoch auch nicht übersehen werden, dass
- trotz all dieser Gründe darf nicht vergessen werden, dass
- wie aber verhält es sich dagegen mit

Beispiel

Die Kostenfrage spricht also alles in allem deutlich gegen Schulfahrten ins Ausland. Dem steht freilich ein großer Nutzen in mehrfacher Hinsicht gegenüber. Nicht nur, dass ...

Überleitungen: Gegensatz

Steigerung

Ein Argumentationsteil wird höher bewertet als ein anderer. Die Überleitungen signalisieren eine Steigerung oder fassen zusammen, beispielsweise:

- schwieriger wird es schon mit, gewichtiger ist da schon
- eine Steigerung der Schwierigkeiten ergibt sich, bedeutsamer aber ist
- besonders wichtig erscheint mir, von außerordentlicher Wichtigkeit ist
- aus all dem ist zu ersehen, dass; all das führt zu der Überzeugung, dass
- nach meiner Ansicht kann das alles also nur bedeuten:
- somit ist als wesentliches Ergebnis festzuhalten:

Beispiel

Wir sprachen schon von einzelnen wichtigen positiven Aspekten der Klassenfahrt. Als besonders wichtiger Gesichtspunkt ist der „Bildungswert" einer Klassenfahrt hervorzuheben. Gerade auf einer solchen Fahrt wird vieles von dem, was sonst nur theoretisch erfahren wird, praktisch erlebt.

Überleitungen: Steigerung

Auf den Punkt gebracht

- Überleitungen zwischen einzelnen Argumenten/Argumentationsteilen stellen sicher, dass der Leser Zusammenhänge im Rahmen der Argumentation nachvollziehen kann, er den Text flüssig lesen kann und dass die einzelnen Aspekte nicht isoliert jeweils für sich stehen.
- Überleitungen können Argumentationsteile aneinander reihen, Gegensätze betonen, eine Steigerung signalisieren oder Argumentationen zusammenfassen und abschließen.

4.4 Schluss

Am Ende einer Argumentation scheint es sinnvoll, einen „Schlussstrich" zu ziehen und „zusammenzuzählen", d. h. das Resultat darzustellen, das sich als Fazit aus der vorausgehenden Argumentation ergibt. Dieses Fazit kann in einer **Zusammenfassung** der tragenden Argumente bestehen und die wichtigsten Argumente hervorheben. Es ist aber auch möglich, die sich ergebende **Lösung** vorzustellen und die tragenden Gründe im Überblick zusammenzufassen. Je nach Themafrage kann der Schluss auch die **Entscheidung** bringen als logische Konsequenz aus der Gewichtung der verschiedenen Argumentationsreihen.

Man wird hier darauf zu achten haben, dass der Schluss auch tatsächlich die vorausgehende Argumentation berücksichtigt und nicht die vorgebrachten Argumente einfach übergeht und eine eigene Entscheidung bringt bzw. zu einem Ergebnis kommt, das sich nicht aus der vorausgehenden Argumentation ergibt.

Der Schluss darf also nicht im Gegensatz stehen zur bisherigen Argumentation. Es ist auch nicht Aufgabe des Schlusses, zusätzliche Argumente vorzubringen. Wohl aber kann man ein **Resümee** ziehen und dabei die besonders wichtigen Argumentationsteile zusammenfassen und akzentuieren, also eine Gewichtung vornehmen, die in die **Forderung bzw. Lösung** mündet.

Dabei sollte man nochmals überprüfen, ob der Schluss in direktem Zusammenhang mit dem Themaproblem steht. Lässt sich der Schluss als Antwort auf die Themafrage lesen, kann man sicher sein, dass man im Rahmen des Themas gearbeitet und das Thema nicht verfehlt hat. Es hat sich übrigens als recht praktikabel erwiesen, nach einer ausgearbeiteten Gliederung mit der Ausarbeitung des Schlusses, wie er sich aus der Gliederung ergibt, zu beginnen. Nun kann man noch frühzeitig überprüfen, wie weit man im Rahmen des Themas geblieben ist, und ggf. bei der weiteren Ausarbeitung gegensteuern.

Beispiel

Im Gegensatz zur Forderung einer Partei, die Ausländer nach Hause zu schicken, fordert nun eine andere Partei, den in Deutschland lebenden Ausländern zumindest auf kommunaler Ebene das Wahlrecht zuzugestehen.

Einleitung

I. Demokratische Grundprinzipien und ihre Folgen

1. Deutschland braucht die Ausländer; muss ihnen auch Mitspracherecht zugestehen
2. Demokratie fordert bei Pflichten auch Rechte, wenn es um die eigenen Belange geht
3. Ausländer wurden gerufen, sind nun hier, dürfen nicht als Menschen zweiter Wahl behandelt werden

Hauptteil (Gliederung)

4. Gerade im kommunalen Bereich geht es besonders um ihre Belange, deshalb auch Beteiligung bei der Wahl der Interessensvertreter

II. Gesichtspunkte der Integration

1. Hohe Verweildauer (viele schon länger an einem Ort als manche Deutsche)
2. Durch Wahlrecht stärkere Identifikation mit der „neuen / zweiten Heimat"
3. Wahlrecht hebt das Gefühl des „Fremdseins" auf, macht Staat zu „meinem Staat"

Ich bin der Meinung, es wäre trotz all der vorgebrachten Argumente falsch, den Ausländern ein Wahlrecht einzuräumen. Denn sie bleiben am Ende doch nur Gäste, die möglichst bald wieder in ihre Heimat zurück wollen, denen also das, was hier geschieht, im Grunde immer mehr oder weniger egal ist, die höchstens eine Stadt überfremden bzw. die Interessen der deutschen Bewohner zurücktreten lassen.

falscher Schluss (kein Zusammenhang mit den Ergebnissen der vorausgehenden Argumentation! überraschend u. unmotiviert, erscheint damit willkürlich!)

Angesichts dieser Überlegungen kann die Frage nach einem kommunalen Wahlrecht für Ausländer nur bejaht werden, besonders wenn man die demokratischen Grundprinzipien ernst nimmt und Wert darauf legt, die ausländischen Mitbürger zu integrieren. Voraussetzung dafür ist aber, dass die ausländischen Mitbürger diese demokratischen Grundprinzipien selbst achten und beachten und dass sie die Integration selbst wollen.

richtiger Schluss (Lösung, Zusammenfassung der Argumente, Voraussetzungen / Konsequenzen)

Auf den Punkt gebracht

Stellen Sie im Schluss das Resultat dar, das sich aus der vorausgehenden Argumentation ergibt. Sie können dabei

- ein **Fazit** ziehen, das die entscheidenden Argumente berücksichtigt,
- in einem **Resümee** die ausschlaggebende Argumentation zusammenfassen,
- ein **Urteil** abgeben, wie es sich aus der Gewichtung der einzelnen Argumentationen ergibt,
- eine abschließende **Forderung** erheben,
- eine sinnvolle **Lösung** anbieten, wie sie sich aus den vorausgehenden Erörterungen ergibt, und auch die Folgerungen und Konsequenzen darstellen, die damit verbunden sind.

Achten Sie darauf, dass Sie im Schluss nicht

- neue Argumente oder neue Gesichtspunkte zur Sprache bringen,
- eine Entscheidung, die in keinem Zusammenhang mit der Argumentation steht, vortragen,
- die Argumentation zu ausführlich wiederholen (nur wichtige Argumente wiederholen!).

Linear erörtern

Ursprünglich kommt der Begriff „erörtern" aus der Sprache des Rechts und bedeutet dort „(eine strittige Sache) verhandeln". Im Mittelhochdeutschen gibt es das Wort „örtern", welches „genau untersuchen" bedeutet. Streng genommen geht es also darum, die zu einer Sache oder Problemlage möglichen Argumente und Gesichtspunkte zusammenzutragen, gegeneinander zu halten und vielleicht auch zu entscheiden.

Heute hat sich eine Begriffserweiterung durchgesetzt. Man versteht unter „erörtern" auch „etwas gründlich durchdenken" (es muss sich also nicht unbedingt um Strittiges oder gar Gegensätzliches handeln), die einzelnen Aspekte einer Problemlage ins Auge fassen und reflektieren. Bisweilen wird der Begriff auch gebraucht im Sinne von „erläutern", „ausführlich und gründlich darlegen". Die Begriffserweiterung erscheint berechtigt, denn bei solchen Erläuterungen geht es um komplexe Sachverhalte, die analytisch und argumentativ bearbeitet werden.

1 Sachverhalte

Nicht immer versteht man also unter „erörtern" ein Sich-Auseinandersetzen, eine Beschäftigung mit gegensätzlichen Positionen. Oft bedeutet „erörtern" nichts anderes, als einen Sachverhalt klären, komplexe Zusammenhänge offen legen, einen Zustand erläutern o. Ä. Freilich ist das nicht immer etwas, das offenkundig und für alle direkt nachvollziehbar ist. So etwas braucht kaum weiter erläutert werden. Erläuterungen sind notwendig, wenn Sachfragen geklärt, über eine Sache weiter nachgedacht, sie unter verschiedenen Gesichtspunkten beleuchtet werden soll.

Bei der Durchleuchtung des in Frage stehenden Sachverhalts wird man zunächst die wesentlichen Tatsachen darstellen, die den Sachverhalt ausmachen, dann sollte man aber auch verschiedene Gesichtspunkte suchen, unter denen der Sachverhalt betrachtet werden kann (Beispiel: *ökonomische, ökologische, politische … Gesichtspunkte).* Kommt man so unter bestimmten Gesichtspunkten zu bestimmten (unterschiedlichen) Bewertungen, sollten diese Bewertungen nicht nur durch die Wortwahl zum Ausdruck gebracht werden, sondern auch als Wertungen gekennzeichnet und begründet sein.

1.1 Sachverhalte analysieren

Ehe man einen Sachverhalt selbst darstellen kann, muss genauer festgestellt werden, um was alles es geht, d. h. man muss nach den Faktoren suchen, die am Sachverhalt beteiligt sind, nach den einzelnen Teilen, die ihn konstituieren, sowie nach den Teilaspekten, die die Gesamtsicht ausmachen. Dabei wird immer wieder zu fragen sein nach dem, was ist, was (vermutlich) Ursache ist und was als Folge zu erwarten ist. Man wird aber auch nach möglichen Alternativen, Veränderungswünschen und -möglichkeiten/-notwendigkeiten suchen.

Bei der Analyse eines Sachverhalts wird man sich nicht nur auf die unmittelbare Gegenwart und den Sachverhalt, wie er gegenwärtig in Erscheinung tritt, beschränken. Häufig ist es angebracht, auf die Geschichte zurückzugreifen und frühere Positionen und Sichtweisen in die Darstellung einzubeziehen.

Sollte die Gefahr bestehen, dass der Sachverhalt als solcher nicht ganz klar wird bzw. dass mehrere Betrachtungsweisen notwendig werden oder gar verschiedene Begriffsinhalte zu verschiedenen Sehweisen ein und derselben Sache führten, so wird man nicht darum herumkommen, bestimmte Begriffe kontrastiv zu erläutern und dann definitorisch festzulegen.

Ein weiterer Analysegesichtspunkt ist in der Einbettung des konkret zu erläuternden Sachverhalts in größere, erweiterte Zusammenhänge zu sehen.

Beispiel

Jugendliche und Leistungssport im Bereich Leichtathletik

Die Situation: Fehlender Nachwuchs und behauptete Ursachen

In letzter Zeit häufen sich die Klagen der Verantwortlichen in den Verbänden über fehlenden Nachwuchs, der bereit ist, sich ganz dem Leistungssport zu widmen. Man ist geneigt, hier etwas vorschnell die Schuld bei den Jugendlichen zu suchen und ihnen fehlende Leistungsbereitschaft, Faulheit u. Ä. zu unterstellen. Sind aber nun wirklich die Jugendlichen schuld? Fehlt es ihnen an Leistungsbereitschaft? Wollen sie sich nicht mehr quälen, wie das Generationen vor ihnen getan haben?

Erster Aspekt: Konflikt mit der Schule durch hohen Zeitaufwand

Treibt ein Jugendlicher Leistungssport, so hat er einen großen Trainingsaufwand, um gute Leistungen zu erbringen und seine meist sehr hoch gesteckten Ziele zu erreichen. Der Aufwand steigert sich noch, je älter der Jugendliche wird. Zugleich wachsen auch die Anforderungen, die die Schule an ihn stellt. Denn besonders in der Oberstufe muss er gute Leistungen bringen, um zu einem akzeptablen Abiturschnitt zu kommen. Die Probleme entstehen nun, weil ein Tag eben nur 24 Stunden hat. Dadurch, dass besonders in der Oberstufe viel Unterricht auf den Nachmittag fällt, ist geregeltes oder zeitgebundenes Training nur noch selten möglich, weil es ja auch noch Hausaufgaben gibt. Also fällt entweder eine Trainingseinheit oder der Schlaf den Hausaufgaben zum Opfer.

Zweiter Aspekt: Kein Entgegenkommen seitens der Schule

Nun stellt sich die Frage: Warum geben so viele Jugendliche den Leistungssport auf? Ein Grund wurde schon genannt: Die Zeitbegrenzung durch die Schule. Aber oft erfährt der junge Athlet auch kein Entgegenkommen seitens der Schule, wenn er beispielsweise einmal wegen eines wichtigen Wettkampfes von Hausaufgaben befreit werden möchte.

Dritter Aspekt: Lange Fahrzeiten aufgrund weiter Wege

Ein weiterer Grund sind die weiten Wege, die ein Jugendlicher zu bewältigen hat, wenn er nicht in der Nähe geeigneter Sportstätten, sondern „auf dem Land" wohnt. Aufgrund der langen Fahrzeiten überlegt sich ein junger Sportler schon mal, ob er sportlich einen Gang zurückschalten und wieder zum Dorfverein zurückkehren, oder ob er weiter akzeptieren soll, dass ihm für Schule oder Ausbildung zu wenig Zeit bleibt.

Vierter Aspekt: Fehlende Motivation

Mancher Athlet gibt den Leistungssport auch auf, weil ihm aufgrund fehlender Erfolgserlebnisse die Motivation zum Weitermachen fehlt bzw. weil er keine Perspektiven mehr sieht. Sichtungslehrgänge werden meist erst am Ende der B-Jugend durchgeführt. Ansonsten steht der junge Sportler oft alleine da.

Erster Lösungsvorschlag: Richtige Förderung und Motivation

Einige der hier aufgezeigten Probleme sind aber keineswegs unlösbar. Für eine sinnvolle Nachwuchsförderung muss der Leichtathletikverband frühzeitig auf den Sportler zugehen und den Athleten nicht erst im Alter von 16 / 17 Jahren übernehmen, wenn eigentlich schon alles gelaufen ist. Der DLV müsste viel früher mit Sichtungen beginnen (im Basketball beginnen die Sichtungen auf Landesebene mit 12 Jahren), öfter ein Stützpunkttraining anbieten und mehr Ländervergleichskämpfe veranstalten. Wenn man dem Heimtrainer schon die ganze Arbeit überlässt, sollte er auch eine größere finanzielle Unterstützung erhalten, so dass er sich weiter- und fortbilden kann. Auch sollten mehr hauptamtliche Trainer eingesetzt werden.

Zweiter Lösungsvorschlag: Errichtung von Sportschulen

Eine Lösung des Problems Schule – Leistungssport wären Jugendsportschulen, wie es sie früher in der DDR gab. Bei uns gibt es nur sehr wenige Sportgymnasien. Dort kommt man auch nur aus Eigeninitiative hin, wenn man darüber hinaus schon in der Spitze seiner Altersklasse ist. Der DLV könnte Sportgymnasien ins Leben rufen bzw. darauf hinwirken, dass solche Einrichtungen gegründet werden. Da würden dann für die Jugendlichen nicht nur die vielen Stunden Fahrzeit wegfallen, sondern es könnten auch genügend sportartspezifisch professionelle Trainer verpflichtet werden, die sich intensiver mit den auszubildenden jungen Athleten befassen könnten. Außerdem könnten Lehrer, Erzieher und Trainer besser zusammenarbeiten, vielleicht sogar Doppelfunktionen übernehmen.

An solchen Sportgymnasien könnte eine saisonbedingte Gewichtsverteilung vorgenommen werden, so dass z. B. weniger Hausaufgaben zu machen sind, wenn sich Wettkämpfe häufen. Schule und Leistungssport müssen sich keineswegs ausschließen, sie können sich vielmehr sinnvoll ergänzen, wenn nur genügend Verständnis aufgebracht wird.

Erläuterungen zum Beispiel

Der Textausschnitt behandelt nur einen Teilbereich des Gesamtthemas. Er geht der Frage nach: Warum geben viele Jugendliche den Leistungssport auf? Dabei beschreibt er die Situation unter den Aspekten

- Leistungssport und Trainingsaufwand / Zeitaufwand,
- fehlendes Entgegenkommen seitens der Schule,
- weite Wege zu geeigneten Sportstätten,
- fehlende Motivation (durch Erfolge usw.).

Aus der Situationsbeschreibung werden direkt Lösungswege abgeleitet, die einzelne der beschriebenen Aspekte in den Mittelpunkt stellen:

- richtige Förderung und Motivation durch Sichtung und Wettkämpfe,
- Errichtung geeigneter (Sport-)Schulen.

Auf den Punkt gebracht

Es empfiehlt, sich bei der Erörterung eines Sachverhalts mit der Sachverhaltsanalyse einzusetzen. Dabei sollten Sie, soweit dies möglich ist, **Einzelaspekte des Gesamtkomplexes isolieren** und bei der Erläuterung dieser Einzelaspekte in einem Dreischritt vorgehen:

- Was ist?
- Welche einzelnen Teile sind besonders wichtig?
- Wie hängen diese Teile zusammen?

Darüber hinaus werden Sie auch darlegen müssen:

- Welches sind vermutlich die Ursachen? Mit welchen Folgen ist zu rechnen?
- Wie könnte es besser sein? Was müsste geändert werden?
- Welche (Entstehungs-)Geschichte hat der Sachverhalt?
- In welchem größeren Zusammenhang steht der Sachverhalt?

Sollten Sie zu Bewertungen und Beurteilungen der Einzelaspekte kommen, so müssen Sie diese **Urteile begründen**.

1.2 Sachverhalte klären

Während die Analyse eines Sachverhalts darauf ausgerichtet ist, den komplexen Sachverhalt zu zerlegen, um so die einzelnen Teile besser durchleuchten zu können, geht es bei der Klärung des Sachverhalts um den umgekehrten Prozess: Die einzelnen Teile müssen wieder zum Gesamtsachverhalt zusammengefügt werden. Es soll dabei „klargemacht" werden, was da alles vorhanden ist und mitwirkt, vor allem aber: wie die einzelnen Teile zusammenwirken.

Bei der Klärung eines Sachverhalts wird man also die einzelnen Teilbereiche, in die man den Sachverhalt zerlegt hatte, genauer durchleuchten und nach den Konstituenten und Hintergründen fragen. Auch die Beziehungen zwischen den einzelnen Teilen wird man darstellen. So wird man die wesentlichen Teile eines Sachverhalts zusammenstellen und aufzeigen, welchen Beitrag zum Gesamtkomplex der einzelne Teil liefert.

Natürlich wird man sich auch da auf wesentliche Gesichtspunkte konzentrieren und weniger Wichtiges – wenn überhaupt – nur kurz behandeln. Klären kann man einen komplexen Sachverhalt allerdings nur dann, wenn man ihn von mehreren Gesichtspunkten her betrachtet. Ansonsten läuft man Gefahr, Wichtiges zu übersehen oder durch einseitige „Beleuchtung" falsch einzuschätzen. Deshalb sind Analyse und Klärung eng aufeinander zu beziehen. Die im Rahmen der Analyse als wichtig herausgearbeiteten Gesichtspunkte sollten im Rahmen der Klärung ausgeführt und miteinander verknüpft werden.

Nun wird es möglich, Gewichtungen zu begründen und so zu erkennen zu geben, wie man insgesamt dem zu erörternden Gesamtkomplex gegenübersteht.

Beispiel

Bettina Schardt, Welchen Sinn haben Schulpartnerschaften?

Situation: Es gibt viele Schulpartnerschaften

Es gibt heute wohl keine Stadt in der Bundesrepublik, die keine Partnerstädte im benachbarten oder auch im weiter entfernten Ausland hat. Oft entstehen zwischen den Schulen dieser Städte Partnerschaften. Aber auch ohne die „Schirmherrschaft" der Städte bemühen sich mehr und mehr Schulen darum, mit gleichartigen Schulen im Ausland in Kontakt zu treten und eine Partnerschaft einzugehen. Welchen Sinn sieht man nun in einer solchen Partnerschaft? Welche Vorteile versprechen sich die Schulen davon?

Schulpartnerschaft und Schüleraustausch

Zunächst einmal werden durch sie Städtepartnerschaften vertieft oder gar überhaupt erst mit „Inhalt" gefüllt, weil es so zu regelmäßigen persönlichen Kontakten etwa durch Schüleraustausch kommt. Der Schüleraustausch nun hat viele positive Aspekte. Die Schüler bekommen dadurch neue Motivation, sich mit der fremden Sprache des jeweiligen Landes zu beschäftigen. Der sonst so trockene Sprachunterricht erscheint jetzt in einem neuen Licht und kann seine Bedeutung in der Praxis nachweisen. Für manche Schüler ist der in Aussicht gestellte Austausch der entscheidende Anlass, sich für das Erlernen einer Sprache zu entscheiden.

Schulpartnerschaft dient der Völkerverständigung

Die Schulpartnerschaft dient aber auch und vor allem der Völkerverständigung. Die Schüler lernen die Mentalität des Partnerlandes kennen. Gleichzeitig aber lernen sie auch das vielleicht etwas andere Denken verstehen. Missverständnisse, wie sie in früheren Zeiten benutzt werden konnten, um ganze Völker aufzuhetzen und in Kriege zu treiben, könnten so vermieden werden. Zwar wären solche Kontakte auch auf privater Basis möglich, doch werden sie durch eine Institutionalisierung über eine Schulpartnerschaft wesentlich erleichtert bzw. gefördert. Durch persönliche Kontakte werden Pauschalurteile („Alle Franzosen sind …“) abgebaut bzw. vermieden. Gerade das aber sollte Auftrag der Erziehung in der Schule sein. Zwar könnte die Schule versuchen, diesem Auftrag auch durch theoretisches Lernen gerecht zu werden. Praktische, persönliche Erfahrung aber führt schneller und unmittelbarer, sicher auch nachhaltiger, zu den erwünschten Einsichten. Der Einzelne gewinnt durch Schulpartnerschaften, die sich in konkreten Begegnungen realisieren, neue Freunde und Bekannte, für deren vielleicht etwas andere Lebensweise er mehr und mehr Verständnis entwickelt. Ein solches Verständnis aber ist die Voraussetzung für einen Abbau von Vorurteilen.

Persönliche Kontakte bauen Vorurteile ab

Partnerschaften schaffen Klima der Freundschaft und verhindern Kriege

Nicht zuletzt leisten solche Partnerschaften einen wichtigen Beitrag zur Verhinderung von Kriegen. So hat man es z. B. durch eine Vielzahl von Partnerschaften geschafft, das alte Bild vom „Erbfeind Frankreich“ abzubauen und ein Klima zu schaffen, das durch eine freundschaftliche Grundstimmung geprägt wird. Allein dieses Argument sollte schon ausreichen als Rechtfertigung möglichst vieler Schulpartnerschaften.

Erläuterungen zum Beispiel

Der „Sachverhalt Schulpartnerschaft" wird hier unter folgenden Teilaspekten beleuchtet:

- Schulpartnerschaft füllt Städtepartnerschaft mit „Inhalt".
- Sie fördert den Schüleraustausch und die damit verbundenen positiven Momente.
- Sie dient ganz konkret der Begegnung und damit der Völkerverständigung.
- Sie leistet einen wichtigen Beitrag zum Abbau von Vorurteilen.
- Sie schafft ein Klima der Freundschaft und verhindert damit eine „feindliche Einstellung".

Die aufgeführten Aspekte stehen alle in einem inneren Zusammenhang, sie bedingen und fördern sich gegenseitig.

Auf den Punkt gebracht

Wenn Sie einen Sachverhalt klären wollen, gehen Sie am besten so vor:

- Klären Sie die **wesentlichen Themabegriffe** und fragen Sie nach den Beziehungen, die zwischen diesen Begriffen bestehen. (Beispiel: *Schulpartnerschaft – Beitrag zur Völkerverständigung)*
- Tragen Sie die **wesentlichen Tatsachen** zusammen, die mit diesen Begriffen zu tun haben. Wenn Sie für die Beschreibung weitere (Fach-)Begriffe brauchen, so verwenden Sie diese. Achten Sie aber darauf, dass Sie auch diese klären!
- Oft ist es sinnvoll, **historische Gesichtspunkte** (Was war früher? Wie hat sich etwas bis heute entwickelt? Was war daran beteiligt? Was hat sich geändert?) zur Erklärung einzelner Begriffe und Phänomene / Teile heranzuziehen.

Beachten Sie bei der Klärung eines Sachverhalts darüber hinaus:

- Aus der Klärung eines Sachverhalts ergeben sich in aller Regel Perspektiven für die Zukunft. Dabei werden einzelne Momente des geklärten Sachverhalts herausgegriffen und nach ihrer Tragfähigkeit für Zukünftiges befragt und entsprechend bewertet.
- Schließlich lässt sich dann aus einer solchen Bewertung die Frage nach Konsequenzen, möglichen Alternativen und möglichen Forderungen entwickeln.
- Bei der Klärung eines Sachverhalts ist es nicht Ihre Aufgabe, eine endgültige Gewichtung der verschiedenen Gesichtspunkte vorzunehmen. Sie können aber sehr wohl in einem „Wenn-dann-Schema" Forderungen erheben, Konsequenzen darstellen und dergleichen.
- Die so dargestellten Konsequenzen müssen nicht eigens begründet werden. Ihre Begründung muss sich vielmehr direkt aus der vorausgehenden Klärung des Sachverhalts ergeben.

2 Mit Material arbeiten

Zwar wird man bei der Erörterung eines Sachverhalts, einer Problemlage oft vom eigenen Erleben und dem ausgehen können, was man selbst an einschlägigen Informationen besitzt, doch würde eine Beschränkung auf diesen Informationsstand zu einer äußerst subjektiven Darstellung führen und nur in den seltensten Fällen der Problemlage gerecht werden. Wenn man z. B. das Problem „Gewalt auf dem Schulhof" erörtern möchte, so kann man zwar das eigene Erleben, die eigene Schule usw. heranziehen, will man aber zu einer umfassenden Darstellung der Problemlage kommen, wird es notwendig, auch Material einzubeziehen, das Auskunft gibt über die Lage auf anderen Schulhöfen und über die Einschätzungen der Lage durch andere, die an anderen Schulen Erfahrungen gesammelt haben. So bedeutet das Heranziehen von Material immer auch eine **Verbreiterung der Basis,** auf der eine Sachlage erörtert wird.

Man kann nun zwei verschiedene Arten von Material unterscheiden:

- Zum einen wird man Material heranziehen, das sich mit der **Sache selbst** beschäftigt (in unserem Fall: An wie vielen Schulen kamen in welchem Zeitraum welche Arten von Gewaltanwendung vor?). Diese Art von Material hat immer mit der Sachlage selbst, mit näheren Umständen, beteiligten Faktoren usw. zu tun. Es ermöglicht, die Sachlage wirklichkeitsbezogen zu erläutern. Hierher gehören Statistiken, Berichte o. Ä.
- Eine zweite Art von Material enthält **Meinungen zu einer Problemlage,** gibt **Einschätzungen** wieder und **Beurteilungen**. (In unserem Fall könnte z. B. eine Umfrage unter den Schülern einer Schule Auskunft darüber geben, wie Schüler das Problem „Gewalt auf dem Schulhof" beurteilen, wie weit sie etwa Angst haben usw. Es könnten aber auch Einschätzungen durch Lehrer erfasst werden o. Ä.) Schließlich gehören hierher auch Einschätzungen und Kommentare von Fachleuten und solchen, die sich dafür halten.

2.1 Material sichten

Zunächst wird man nach den **verschiedenen Arten** von Material zu unterscheiden haben und entsprechend ordnen. Auf die Unterscheidung sollte man dann auch bei der späteren Erörterung Wert legen. So ist es schon von Bedeutung, ob man sich auf Meinungsumfragen oder auf statistische Erfassungen verlässt. (Beispiel: *Eine Umfrage unter Lehrern einer Schule brachte das Ergebnis: Nach Einschätzung von 95 % der Befragten stellt sich an ihrer Schule das Problem*

„Gewalt auf dem Schulhof" nicht. Eine Umfrage unter den Eltern der Schüler der Orientierungsstufe ergab, dass im Durchschnitt pro Tag bei 120 Schülern insgesamt 5 Schüler zu Hause von Prügeleien berichten, in die sie verwickelt waren.)

Nach der grundlegenden Zuordnung werden die einzelnen Materialien nach **Sachthemen** gruppiert. Dabei wird man Wichtiges von weniger Wichtigem zu unterscheiden haben. Die hier genannten „Sachthemen" können sehr wohl als übergeordnete Gesichtspunkte einer späteren Gliederung dienen.

Nun sollte der direkte **Themenbezug** genauer überprüft werden. Alles, was nicht direkt mit dem Thema zu tun hat, wird ausgeschieden. Man kann den Themenbezug überprüfen, indem man das Thema als Frage formuliert. Das anstehende Material muss dann als (Teil-)Antwort zur Themafrage „passen".

Mit dieser Überprüfung lässt sich eine erste **Bewertung** des Materials verbinden. Dabei ist die Grundfrage zu stellen: Was und wie viel trägt das Material zur Beantwortung der Themafrage bei? Bei Statistiken wird man genauer zu überprüfen haben, auf welcher (Befragungs-)Basis sie erstellt wurden und vor allem, was ihr genaues Thema ist. Selbstverständlich sollte eine Statistik aus einer „relevanten" Menge von Teilaussagen entstanden sein. Die Befragten sollten darüber hinaus mit der Sachlage zu tun haben.

Beispiel

Gewaltursachen in der Schule (siehe S. 31)

Auf den Punkt gebracht

Die Konzentration auf die eigene Erfahrung/Sichtweise bei der Erörterung eines Problems birgt die Gefahr einer allzu subjektiven Darstellung. Deshalb sollten Sie immer, soweit dies möglich ist, Material heranziehen. Dabei sollten Sie sich sowohl auf Material stützen, das der **Sache selbst** gilt, als auch auf Material, das **Meinungen/Einschätzungen anderer** enthält.

Wenn Sie mit Material arbeiten, sollten Sie zunächst das gesamte zur Verfügung stehende **Material sichten**, das bedeutet:

- Unterscheiden Sie nach sach- und meinungsbezogenem Material.
- Gliedern Sie das zu erörternde Thema nach Teilaspekten und ordnen Sie diesen Aspekten die Materialien zu.
- Überprüfen Sie den konkreten Themenbezug der Materialien.
- Prüfen Sie die Glaubwürdigkeit (Befragungsbasis?) bzw. Vertrauenswürdigkeit (Quelle?) des Materials.

2.2 Material auswählen

Oft steht für die Klärung einer Sachlage recht verschiedenartiges Material zur Verfügung. Nur in den seltensten Fällen wird man das gesamte Material berücksichtigen können. Man ist also gezwungen auszuwählen. Bei der Auswahl sind verschiedene Gesichtspunkte zu berücksichtigen:

- Das Material soll möglichst unmittelbar mit der anstehenden **Problemlage** zu tun haben.
- Soweit es möglich ist, sollte man vermeiden, nur auf ein einheitliches Material zuzugreifen. **Vielfältiges und verschiedenartiges Material** trägt wesentlich dazu bei, dass man bei der Beleuchtung eines Problems auch mehrere Perspektiven beachtet und nicht allzu einseitig wird.
- Man sollte die **Herkunft des Materials** beachten. Es steht außer Zweifel, dass die einzelnen Quellen mehr oder weniger vertrauenswürdig sind. Viele Angaben und Materialsammlungen sind interessegeleitet. Manche Aussagen, v. a. Kommentare, sind nicht immer getragen von besonderer Sachkenntnis. Wenn Einseitigkeit aufgrund einer bestimmten Interessenslage zu vermuten ist, wenn beispielsweise der Einzelhandelsverband einer Stadt eine Statistik über die Nutzung der Fußgängerzone veröffentlicht, ist also besondere Vorsicht angebracht.

Bei der Auswahl empfiehlt sich folgendes Verfahren: Aus dem vorliegenden Material werden Gesichtspunkte entwickelt, die mit dem Thema zusammenhängen. Dann wird man die Materialteile auswählen und den einzelnen Gesichtspunkten zuordnen, die besonders geeignet sind, diese Gesichtspunkte zu verdeutlichen, abzusichern, auszuführen usw. Viele Statistiken sind recht komplex und behandeln mehr als den speziellen Gesichtspunkt, den wir im konkreten Fall gerade benötigen. Da gilt es entsprechend auszuwählen und die Teile herauszulösen, die für den konkreten Fall besonders wichtig sind. Oft ist es auch möglich, eine Sparte, die besonders evident ist, genauer auszuarbeiten und die übrigen Bereiche, die dann parallel liegen, pauschal abzuhandeln.

Bisweilen wird man auch Texte auswerten, die selbst auf Material zurückgegriffen und dieses verwertet haben. In diesem Fall kann man die in den Texten vorhandenen allgemeinen Aussagen verwerten, aber auch die Materialteile, die dort eingebunden sind, herauslösen und selbst verwerten. (Dabei ist allerdings wiederum Vorsicht angebracht!)

Beispiel

Ist Bildung noch aktuell? – Bildung und Erfolgsaussichten (siehe S. 51)

Auf den Punkt gebracht

Wählen Sie aus dem Material, das Ihnen zur Verfügung steht, geeignete Teilstücke aus:

- Achten Sie darauf, dass das Material direkt mit der anstehenden Problemlage zu tun hat.
- Achten Sie darauf, dass Sie möglichst vielfältiges Material benutzen.
- Achten Sie bei der Benutzung von „Meinungsmaterial" darauf, dass sie Material benutzen, das mehrere Standpunkte erkennen lässt.
- Beachten Sie die Herkunft und Vertrauenswürdigkeit des Materials. (Aussagen von Fachleuten, von Meinungsforschern, von wissenschaftlichen Instituten und dergleichen sind ggf. höher zu bewerten als „Durchschnittsaussagen".)
- Wenn Sie einzelne Gesichtspunkte des Materials auswählen, achten Sie darauf, dass Sie bei der Auswahl und beim Weglassen nicht die Originalaussage verfälschen.

2.3 Material auswerten

Wenn es um die Auswertung von Material geht, gilt zunächst eine grundlegende Unterscheidung: Es gibt Material, das einen **Zustand** erfasst, und Material, das eine **Entwicklung** erkennen lässt. In beiden Fällen finden sich oft grafische Darstellungen, bei der Zustandserfassung meist Kuchen- oder Säulendiagramme, bei Entwicklungsverläufen häufig Kurvendiagramme. Beide Formen stellen einzelne Teile vergleichend nebeneinander.

Bei der Auswertung von **Grafiken** wird immer zu fragen sein:

- Was ist das Thema der Grafik? Welche Aussagen kann man machen?
- Welche Besonderheiten fallen sofort ins Auge?
- Welche Entwicklung ist erkennbar?
- Welche Bewertung ergibt sich aus der Grafik?
- Welche Folgerungen lassen sich aus der Grafik ableiten?

Formulierungsvorschläge: *Thema der Grafik ist …, Besonders auffällig sind …, Vergleicht man die einzelnen Angaben, so wird eine sprunghafte Entwicklung erkennbar …, Beachtet man die Tendenz, die sich im letzten Zeitabschnitt abzeichnet, so steht zu erwarten …*

Behandelt man eine **Statistik,** so wird man fragen:

- Was ist das Thema der Statistik?
- Wo liegen die Extremwerte? Was fällt besonders auf?
- Welche Schlüsse legt die Statistik nahe?

Das Resultat solcher Fragen sollte jeweils für sich ausformuliert werden. Anschließend wird man eine Gesamtaussage formulieren, die das Auffällige hervorhebt, Folgerungen zieht und vor allem pointiert zuspitzt.

Formulierungsvorschläge: *Die Statistik lässt eindeutig erkennen, dass …, Die Statistik legt den Schluss nahe …, Aus der Statistik geht klar hervor, dass …*

Soll Material ausgewertet werden, das einen **Zustand** beschreibt, ist zu fragen:

- Was charakterisiert den Zustand?
- Gibt es Besonderheiten / Extremwerte?
- Sind Zusammenhänge erkennbar bzw. zu vermuten?
- Sind Ursachen erkennbar bzw. zu vermuten?

Bei der Auswertung von Material, das einen **Verlauf** charakterisiert, wird man sich insbesondere um Start- und Endpositionen, aber auch um charakteristische Zwischenstände zu kümmern haben. Vor allem aber wird man nach erkennbaren Tendenzen, Richtungen und möglichen Prognosen fragen.

Bilden **Texte** das Material, müssen sie auf ihre Grundaussagen reduziert werden. Am besten ist es, sie in Abschnitte zu gliedern und den Inhalt eines jeden Abschnitts in einem Satz zusammenzufassen. Dann wählt man die Teile aus, die zur (Er-)Klärung des je anstehenden Problems beitragen können.

Beispiel

Rechtsextremismus an Schulen

Bei einer Umfrage belegten Rückmeldungen einzelner Schulen Vorfälle mit rechtsextremistischem Hintergrund. So berichtet eine Hauptschule:

Umfrage belegt Rechtsextremismus an Schulen

„Rechtsextreme / neonazistische Aktivitäten:

Bericht einer Schule: Vorfälle 1

1. Im Schuljahr 1998/99 gab es an unserer Schule eine kleine Gruppe, die durch ihr Äußeres (Springerstiefel, Bomberjacken, Tragen von Symbolen) auffiel und provozierte. Nach der Schulentlassung trat diese Gruppe nicht mehr in Erscheinung. Zur Zeit sind der Schule keine weiteren Aktivitäten bekannt.
2. Zu gewalttätigen Auseinandersetzungen kam es in der Schule nicht. Außerhalb der Schule gab es Reibereien und auch Schlägereien zwischen Mitgliedern dieser Gruppe und albanischen Schülern und Aussiedlerkindern.

Vorfälle 2

Zu 1.: Schulleitung und Lehrer führten Gespräche, um die Schüler dazu zu bewegen, ihre Gesinnung und auch ihr Äußeres zu ändern. Das Tragen von unerlaubten Symbolen wurde verboten. Die Eltern wurden informiert und um Unterstützung gebeten.

Maßnahmen 1

Zu 2.: Wenn die Schule von geplanten Aktionen erfuhr, wurde die Polizei informiert, um Eskalationen zu verhindern. Die Schulleitung arbeitet in einem Arbeitskreis ‚Gewaltprävention' mit, bei dem Informationen ausgetauscht und Maßnahmen auf Verbandsgemeindeebene koordiniert werden."

Maßnahmen 2

Diese sachliche, nüchterne Beantwortung gibt Wesentliches zur Situation der Schulen wider: Rechtsextremismus tritt auch in Schulen in Erscheinung, am häufigsten durch entsprechendes „Outfit" und das Tragen rechtsextremistischer Symbole, Letzteres entweder provokativ offen oder etwas unscheinbarer auf Schulranzen und Schreibmäppchen. In Einzelfällen kommt es auch zur Nutzung schulischer PC, um rechtsextremistische Inhalte zu suchen, zum Abspielen und Mitsingen rechtsextremistischer Songs, zum Hitlergruß und zum Zeigen verbotener Flaggen und zum Mitbringen von Propagandamaterial. Letzteres sind strafrechtlich relevante Propagandadelikte, die von Schulen rasch unterbunden werden können. [...]

Themenbezogene Auswertung des Berichts: Erscheinungsformen rechtsextremistischer Tendenzen

Ausweitung / Einbeziehung anderer Berichte / Quellen

Aus: Bundeszentrale für politische Bildung (Hrsg.), Informationen zur politischen Bildung Nr. 269, Bonn 2000, S. 15

Auf den Punkt gebracht

Bei der **Auswertung von Material** sollten Sie insbesondere drei Aspekte beachten:

- Beschreiben Sie möglichst genau: Was sagt das Material? (Thema? Besonderheiten? Erkennbare Entwicklungen, Tendenzen, Zusammenhänge?)
- Fragen Sie nach erkennbaren bzw. zu vermutenden Ursachen und Hintergründen.
- Fragen Sie nach ableitbaren Prognosen, Folgerungen und notwendigen Forderungen.

Stehen Ihnen als Material ausformulierte Texte zur Verfügung, so sollten Sie diese auf ihre **Kernaussagen** reduzieren und zusammenfassen, oder aber **charakteristische Zitate** auswählen. (Der Sinn darf sich allerdings durch diese Auswahl nicht verändern!)

3 Sachgerecht gliedern

Wenn man einen komplexen Sachverhalt darstellt oder gar erläutert, so sollte man seine Gedanken schon im Interesse einer **leichteren Verstehbarkeit** geordnet vortragen. Dabei ist das Prinzip, nach dem man die Gedanken ordnet, erst von sekundärer Bedeutung. Wichtig ist, dass man überhaupt Ordnung in die Ausführungen bringt.

Ganz gleich, nach welchem Prinzip man ordnet, immer sollte man
- übergeordnete Gesichtspunkte suchen, denen man die einzelnen Gedanken zuordnen kann;
- darauf achten, dass man das gesamte Problemfeld erfasst hat – ist das nicht der Fall, wird man weitere (übergeordnete) Gesichtspunkte suchen müssen;
- darauf achten, dass der Allgemeinheitsgrad der übergeordneten Gesichtspunkte in etwa gleich ist;
- darauf achten, dass man zu jedem übergeordneten Gesichtspunkt mehr als einen Unterpunkt ausführt.

Natürlich wird man sich um eine leserbezogene, aber auch sachorientierte Hinführung zum Problemhorizont bemühen. Dabei können anschauliche Beispiele gute Dienste leisten.

Auch für die Klärung der wichtigen Begriffe wird man eigene Abschnitte am Beginn des Hauptteils vorsehen.

Im Übrigen sollte für den Leser auch im ausgearbeiteten Text die Gliederung noch erkennbar sein. So wird für ihn die Gedankenführung übersichtlicher und leichter nachvollziehbar. Deshalb sollte man bei der Ausarbeitung den Beginn eines neuen Gedankens markieren, indem man einen neuen Abschnitt beginnt.

3.1 Sachlogische Zusammenhänge

Die sachlogischen Zusammenhänge sind wohl die wichtigsten Momente, die beim Gliedern zu berücksichtigen sind. Das leuchtet ein, wenn man sich klar macht, dass es eben in vielen Fällen notwendig ist, bestimmte Dinge einer Sachlage zu kennen und zu verstehen, ehe man andere Teile verstehen kann. So kann man eine Folge als Folge nur begreifen, wenn vorher von der Ursache die Rede gewesen ist. Gleiches gilt für den Zusammenhang von Grundlagen und davon abgeleiteten Phänomenen. So wird es nötig, die Wirkung von CO_2 im Zusammenhang mit Wärmestrahlen zu erläutern, ehe man über den Treibhauseffekt sprechen kann.

Hier sind **verschiedene Arten von Zusammenhängen** zu unterscheiden:

- **Teil – Ganzes:** Das Ganze wird verstehbar, wenn die Teile und ihr Funktionszusammenhang begriffen werden. Dies gilt nicht nur für Maschinen, sondern auch für soziale Phänomene. Bei der Darstellung wird es problematisch: Stellt man zuerst nur die Teile dar, wird es schwierig, ihre Funktion im Ganzen zu erfassen. Stellt man das Ganze dar, wird es, da die Teile nicht alle bekannt sind, nicht recht verstehbar. So wird man sich bemühen, zunächst das Ganze zu umreißen, dann die einzelnen Teile an ihrem funktionalen Ort darzustellen und sie in das Ganze wieder zurückzubinden, indem man ihr Ineinandergreifen erläutert. Beim Thema „Parlament – Ausschüsse“ beispielsweise wird man zunächst das Parlament in groben Zügen umreißen, dann die Notwendigkeit von Fachausschüssen darlegen und sich den einzelnen Ausschüssen, etwa dem Verteidigungsausschuss, zuwenden. Die Zusammensetzung und Aufgaben der Ausschüsse werden erläutert, die Ausschüsse werden „in Arbeit“ vorgeführt und dann rückgebunden an das Parlament. (An diesem Beispiel wird eine besondere Möglichkeit der Darstellung deutlich: Man führt ein Musterbeispiel im Durchlauf durch die einzelnen Teile vor.)

- **Ursache – Folge:** Dieser Zusammenhang ist oft der entscheidende bei der Darlegung von Problemlagen. Entsprechend oft ist er eben auch strittig. Ehe man von Ursachen spricht, sollte man sich vergewissern, ob es sich tatsächlich und überprüfbar um Ursachen handelt.

- **Bedingung – Folge:** Gerade wenn es um Prognosen geht, wird man sich um diesen Zusammenhang zu kümmern haben. Als Gliederungsprinzip eignet sich dieser Zusammenhang besonders dann, wenn man eine Häufung negativer Gegebenheiten befürchtet und vor den Folgen warnen möchte, aber auch bei optimistischen Prognosen und deren Voraussetzungen.

- **Grund – Folge:** Besonders in den Teilargumentationen wird man diesen Zusammenhang als Gliederungsprinzip verwenden.

Beispiel

Renate Schmidt / Karin Radermacher,
Bildung sichert Zukunftschancen und Arbeitsplätze

[…] Bildung und Qualifikation, Innovation und Technologie entscheiden über unsere wirtschaftliche und soziale Zukunft. Sie sind der Schlüssel für die Sicherung des Standortes Deutschland. Die Wettbewerbsfähigkeit der Wirtschaft in einem rohstoffarmen Land wie Deutschland hängt vor allem von einem hohen Qualifikationsniveau ab.

Einleitung: Grundthese – Bildung als Schlüssel für die Zukunft in einem rohstoffarmen Land

Neue Anforderungen der Dienstleistungs- und Informationsgesellschaft

Am Ende dieses Jahrhunderts geht es nicht mehr um die übliche Anpassung des Bildungssystems an eine sich kontinuierlich weiter entwickelnde Gesellschaft wie einst beim Übergang von der Agrar- zur Industriegesellschaft. Der Quantensprung zur Dienstleistungs- u. Informationsgesellschaft bringt tief greifende Veränderungen mit sich, die grundlegende Neuorientierungen erfordern.

Neben Fachkompetenz: fachübergreifende Schlüsselqualifikationen

Das heutige Bildungssystem ist für diese qualitativ neuen Anforderungen nur unzureichend gerüstet. In diesem Zusammenhang gewinnen – neben der Fachkompetenz – vor allem fachübergreifende Schlüsselqualifikationen an entscheidender Bedeutung. Um langfristig Arbeitsplätze zu schaffen und zu sichern, um Jugendliche für das nächste Jahrhundert fit zu machen, bedarf es einer zukunftssichernden Bildungspolitik. Beschäftigung und Bildung müssen aufeinander abgestimmt werden. [...]

Die Entwicklung der Industriegesellschaft stößt gegenwärtig an ihre Grenzen – etwa bei den Ressourcen wie Umwelt, Verkehr und Transport. Konventionelles Wachstum stellt den Wohlstand der Zukunft nicht länger sicher. Gleichzeitig vollzieht sich eine Globalisierung der Märkte sowie eine Beschleunigung des technologischen Wandels.

Globalisierung der Märkte fordert verstärkten Einsatz der Informationstechnologien

Die zunehmende Globalisierung der Märkte und die dringend notwendige effizientere Nutzung der Ressourcen erfordern den verstärkten Einsatz von Informationstechnologien, um international wettbewerbsfähig zu sein. Die dritte industrielle Revolution wird die Dienstleistungsgesellschaft in eine Informationsgesellschaft verwandeln. [...]

Daraus folgt: Besondere Bedeutung der Multimedia-Technologien

Beleg

Die Multimedia-Technologien werden den Arbeitsmarkt nachhaltig beeinflussen und erhebliche Strukturveränderungen bewirken. Bereits im Jahr 2000 kann nur noch ein Drittel der Arbeitnehmerinnen und Arbeitnehmer ihren Beruf ohne Computeranwendung ausüben.

Prognose

Folge

Folgerung: Bestimmte Voraussetzungen müssen gegeben sein

In der Informationsgesellschaft werden völlig neue Dienstleistungsangebote und Berufsbilder entstehen – etwa auf den Gebieten der Fernberatung, der Telekooperation und der Telearbeit. Daraus folgt der Übergang zu qualitativ neuer Arbeitsteilung und neuem Wachstum. Dies erfordert Wissen und Information all derer, die künftig im Alltag damit umzugehen haben. [...]

Zusammenfassung und Bewertung

Die Komplexität und Geschwindigkeit dieser Entwicklung ist atemberaubend und stellt die entscheidende wirtschaftliche und soziale Herausforderung für die industrielle Welt an der Schwelle zum 21. Jahrhundert dar. Erworbenes Wissen veraltet immer schneller. Die gesellschaftlichen Veränderungen erfordern lebenslanges Lernen. [...]

Beim Übergang zur Informationsgesellschaft kommt der Bildung eine Schlüsselstellung zu. Die Kompetenz zur Wissensverarbeitung und die Selektion der wesentlichen Informationen gewinnen an Bedeutung. [...]

Bedeutung der Bildung in dem skizzierten Prozess

Notwendig ist eine Qualifizierungsoffensive für moderne Medienberufe ebenso wie eine Flexibilisierung der Ausbildung durch ein Bausteinsystem, das Teilqualifikationen zulässt und spätere Aufbau- und Anschlussqualifikationen ermöglicht.

Forderung: Qualifizierungsoffensive

Eine wichtige Voraussetzung ist die rasche Ausstattung der Schulen mit Computern. [...] Die zunehmende Bedeutung von Bildung, Aus- und Weiterbildung ist für die Sicherung qualifizierter Nachwuchskräfte ebenso unbestritten wie die langfristige Bedeutung der „Zukunftsinvestition" Bildung. [...]

Geforderte Voraussetzung

Zukunft braucht eine innovative Bildungs- und Forschungspolitik. Dies ist nur mit Veränderungen in der Berufsausbildung, in der Berufsqualifikation und in der Weiterbildung zu leisten. [...] Die SPD-Landtagsfraktion fordert eine Renaissance der Bildungspolitik und eine Bildungsoffensive, die auch darauf abzielt, die zukünftige Informationsgesellschaft demokratisch und sozial zu gestalten. Schulen müssen für den alltäglichen Umgang mit der Informationsgesellschaft ebenso wie auf neue zukunftsorientierte Arbeitsplätze vorbereiten. Im Mittelpunkt muss ein verantwortungsvoller und qualifizierter Umgang mit den neuen Medien stehen. [...]

Zusammenfassende Wiederholung: Bedeutung der Bildung

Folgerung: Forderung der Partei nach Bildungsoffensive

Folgerung: Aufgabenzuweisung an Schulen

Aus: www.bayernspd.de/job3.htm#T1

Auf den Punkt gebracht

Als Grundprinzip bei der Gliederung der Erörterung einer Sachlage bzw. eines Problemfeldes sollten Sie die **Sachzusammenhänge** selbst betrachten. Das bedeutet:

- Führen Sie in der Einleitung zum Problemfeld hin. Sie können dabei von einem konkreten Fall ausgehen (Muster: *Neulich ging folgende Meldung durch die Presse ...*).
- Stellen Sie zunächst den Problemrahmen dar, um so für das Folgende eine Orientierung zu geben. Beginnen Sie daher den Hauptteil Ihrer Erläuterung, indem Sie den zentralen Sachverhalt selbst klären.
- Ordnen Sie die Teilgesichtspunkte, die sie ausführen wollen, entsprechend den Zusammenhängen, die sich von der in Frage stehenden Sache her ergeben. Wählen Sie die wichtigsten Gesichtspunkte aus, unter denen Sie den Sachverhalt beleuchten. Stellen Sie diese Gesichtspunkte sowie das Ergebnis der jeweiligen Betrachtungsweise dar.
- Beim Untergliedern der Gesichtspunkte können Sie nach Wichtigkeit anordnen. Stellen Sie diese Gewichtungen plausibel dar und begründen Sie sie einsichtig. Stellen Sie immer wieder den Zusammenhang zum Gesamtrahmen sicher.

3.2 Darstellungslogische Notwendigkeiten

Bei der Erörterung eines Sachverhalts kann man auf zwei ganz verschiedene Weisen vorgehen. Entsprechend werden die Ausführungen zu gliedern sein.

Steigerndes Verfahren

Einmal kann man über die Einleitung zum Thema hinführen, die zentralen Begriffe fixieren und klären und dann schrittweise die einzelnen Gesichtspunkte des Problems darstellen. Diese wird man nach dem Prinzip der Steigerung (das Wichtigste am Schluss) anordnen. Die Darlegung führt zum Ergebnis, welches im Schluss gewissermaßen im Überblick zusammengefasst wird. Man spricht in diesem Zusammenhang vom steigernden oder hinführenden Verfahren.

Gliederungsschema:

A) Einleitung: Hinführung zum Thema; Aufzeigen der Aktualität; Verdeutlichen des Kontexts: konkreter Fall; Frage; Beispiel; allgemeine Meinung

B) Hauptteil

- I. Die in Frage stehende Sache / Sachlage
  1. Klärung der einschlägigen Begriffe
  2. Klärung der Sache: Wie ist sie beschaffen?
  3. Klärung der Reichweite: Wer ist betroffen?
  4. Zusammenhänge: Ursachen und Folgen
- II. Erster übergeordneter Gesichtspunkt (Beispiel: *Ökonomischer Aspekt*)
  1. Erste Gruppe von Gegebenheiten, Gründen usw. (Hinweis: zunächst allgemein formulieren, dann durch Beispiele, Material … belegen)
  2. Zweite Gruppe von Gegebenheiten, Gründen …
  3. …
- III. Zweiter übergeordneter Gesichtspunkt (Beispiel: *Ökologischer Aspekt*)
  1. Erste Gruppe …
  2. …
- IV. Dritter übergeordneter Gesichtspunkt (Beispiel: *Aspekt menschenwürdige Lebensgestaltung*)
  1. Erste Gruppe …
  2. …
- V. … (Hinweis: Die übergeordneten Gesichtspunkte II. bis V. werden nach dem Prinzip der Steigerung angeordnet.)

C) Schluss:

1. Zusammenfassendes Fazit
2. Zusammenfassende Bewertung

Beispiel

Suchtvorbeugung als Problem der Schule?

Begriffserklärung: Was ist Suchtprävention? Was will sie?

Allgemeine Zielsetzung

Suchtprävention will Suchtproblemen zuvorkommen. Ebenso vielfältig wie die Entstehungsbedingungen und Erscheinungsformen von Sucht sind auch die möglichen Ansätze für sinnvolle Prävention. Im Zentrum einer ursachenorientierten Prävention steht nicht ein Suchtmittel, sondern das menschliche Verhalten. Zwei Wege stehen offen, darauf Einfluss zu nehmen: Das frühzeitige Erkennen und Verändern suchtfördernder Bedingungen (Risikofaktoren) auf der einen Seite und die Stärkung von Gesundheitsbewusstsein und Abwehrkräften (Schutzfaktoren) auf der anderen. Im Vordergrund steht heute das Bestreben, die individuellen Ressourcen und Abwehrkräfte zu stärken, aber auch die strukturellen Bedingungen von Gesundheit genauer wahrzunehmen und zu verbessern. Wer seine Lebenskompetenzen entwickeln kann und die Möglichkeiten sieht, in der Gesellschaft seinen Platz und sinnvolle berufliche Perspektiven zu finden, ist weniger gefährdet. [...]

Suchtvorbeugung als pädagogische Aufgabe

Erweiterter Suchtbegriff

Suchtprävention als Aufgabe der ganzen Schule

Suchtvorbeugung ist eine pädagogische Aufgabe und damit Teil einer fächerübergreifenden Gesundheitsförderung. (Nützliches und informatives) Wissen zu vermitteln, ist in diesem Sinne nur ein kleiner Bereich dieser Aufgaben, Wissen über Drogen, so nötig und wichtig es ist, ein noch kleinerer. Umfassende Prävention erfordert einen breit gefassten Suchtbegriff. Sie hat frühzeitig einzusetzen. Lange bevor abhängiges Verhalten in Erscheinung tritt. [...] Suchtprävention so verstanden ist mehr als ein Unterrichtsthema: Sie betrifft die ganze Schule: Alle Beteiligten und ihre Struktur.

Chancen und Notwendigkeit der schulischen Prävention

Besondere Möglichkeiten der Schule

Die Chancen: Wo liegen die Möglichkeiten schulischer Suchtprävention? Warum soll sich, ja muss sich die Schule damit befassen? Die Bedeutung von Prävention wird insgesamt immer größer, weil wir die Folgekosten von Sucht kennen, die Kostenexplosion im Gesundheitswesen ein Dauerbrenner ist und wir um die begrenzte Wirkung von Strafe und Verbot wissen. Schulische Suchtprävention nimmt innerhalb der Prävention einen speziellen Platz ein, weil sie:

- die einzige Institution in unserer Gesellschaft ist, die alle Kinder und Jugendlichen erfasst,
- ein wichtiges Bindeglied und Übergang zwischen Familie und Gesellschaft ist,
- nicht nur einen Unterrichts-, sondern auch einen pädagogischen Auftrag hat,
- eine „Lebenswelt“ der Heranwachsenden ist, weil sie darin viel Zeit verbringen,
- als eine Institution der Gesellschaft und als zweitwichtigster Ort der Sozialisation verpflichtet ist, mit ihren Mitteln

und Möglichkeiten einen Beitrag zur Lösung bedeutender gesellschaftlicher Probleme beizutragen.

Wenn die Schule diesen Auftrag nicht mit übernimmt, überlässt sie das Feld den Gleichaltrigen […], den Massenmedien und der Straße. Außerdem: Eine Schule, die sich dem Thema echt und ehrlich annimmt, wird oft zu einer Institution, in der sich auch die Lehrpersonen wohler fühlen, weil sie dabei an sich und im Team arbeiten. […]

Was geschieht, wenn die Schule sich zurückzieht?

Positiver Aspekt

Fazit: Die Schule soll sich der Suchtprävention als einer ihrer Aufgaben annehmen.

Fazit

Aus: www.sucht-praevention.ch

Auf den Punkt gebracht

Sie können eine lineare Erörterung so aufbauen, dass Sie nach der Einleitung schrittweise die einzelnen Teilaspekte des Themas vorführen und dabei steigernd zum Ergebnis hinführen.

Entwickelndes Verfahren

Eine zweite Möglichkeit bietet sich, wenn man zunächst das Gesamtergebnis darstellt und dann die einzelnen Aspekte vorführt, die dieses Ergebnis rechtfertigen. Man gibt also zuerst die Gesamtposition bekannt und legt danach die Gesichtspunkte dar, die diese Position erläutern. So erklärt bzw. entfaltet man die eigene Position, so dass sie am Schluss dem Leser einleuchtet. Man spricht hier vom entwickelnden oder entfaltenden Verfahren.

Gliederungsschema:

A) Einleitung: Hinführung zum Thema; Aufzeigen der Aktualität; Verdeutlichen des Kontexts: konkreter Fall; Frage; Beispiel; allgemeine Meinung

B) Hauptteil
   - I. Die in Frage stehende Sach(lag)e: Das Problem auf den Punkt gebracht
     1. Klärung der einschlägigen Begriffe
     2. Klärung der Sache: Wie ist sie beschaffen?
     3. Klärung der Reichweite: Wer ist betroffen?
     4. Zusammenhänge: Ursachen und Folgen
     5. Die Problemlage auf den Punkt gebracht
   - II. Erster übergeordneter Gesichtspunkt: weitere Ausführung von I,2
     1. Erste Gruppe von Gegebenheiten, Gründen usw. (Hinweis: zunächst allgemein formulieren, dann durch Beispiele, Material … belegen)
     2. Zweite Gruppe von Gegebenheiten, Gründen …
     3. …
   - III. Zweiter übergeordneter Gesichtspunkt: weitere Ausführung von I,3
     1. Erste Gruppe …
     2. …
   - IV. Dritter übergeordneter Gesichtspunkt: weitere Ausführung von I,4
     1. Erste Gruppe …
     2. …
   - V. Weitere wichtige Aspekte (Hinweis: Die übergeordneten Gesichtspunkte II. bis V. werden jeweils direkt auf I. bezogen. Sie sind im Grunde austauschbar in der Reihenfolge, es sei denn, man orientiert sich an sachlogischen Zusammenhängen.)

C) Schluss
   1. Zusammenfassendes Fazit
   2. Zusammenfassende Bewertung

Beispiel

Bettina Schardt, „Umweltschutz fängt zu Hause an!“
Erläutern Sie den Slogan.

Es ist nicht ganz einfach, klar abzugrenzen, was unter Umweltschutz zu verstehen ist. Wir können vielleicht so viel sagen: Umweltschutz bedeutet, die menschliche Lebenswelt – und dazu gehört auch die Natur – so zu gestalten bzw. von Störungen so frei zu halten, dass sie für den Menschen ein angenehmer Lebensraum sein kann und bleibt. Der Begriff beschränkt sich also nicht auf den Bereich „Naturschutz“. Er betrifft vielmehr auch die Bereiche, die von der Zivilisation gestaltet wurden.

Einleitung: Begriffsabgrenzung und -definition

Hinführung zum Themaproblem
Phänomene, die als Beispiele dienen können
Suche nach Schuldigen
Der Slogan und seine Bedeutung: Jeder ist „beteiligt“

Es gibt heute wohl kaum noch jemanden, der bestreitet, dass Umweltschutz notwendig ist. Saurer Regen, verschmutzte Luft, verdreckte Flüsse, Waldsterben usw. stellen die Notwendigkeit eines verstärkten Umweltschutzes einem jeden vor Augen. Jeder ist auch schnell bereit, Schuldige auszumachen, die dann als Prügelknaben herhalten müssen. Die Industrie, die aus reinem Gewinnstreben das Grundwasser verseucht, wird angegriffen, Kraftwerke, die mit ihren Abgasen die Luft verschmutzen, möchte man am liebsten gleich ganz abschalten. Immer sind es die andern, sind es anonyme Gruppen, die als „Hauptschuldige“ angegriffen werden. Kaum jemand kommt auf die Idee, selbst mitschuldig zu sein, bei der Suche nach Alternativen bei sich selbst anzufangen, den ersten Schritt zu tun. Genau hier setzt der Slogan an. Er will darauf aufmerksam machen, dass jeder aufgefordert ist, beim Umweltschutz mitzuwirken, dass jeder seinen Teil dazu beitragen kann, dass die Umwelt weniger belastet wird, dass letztlich jeder mit verantwortlich ist für den Schutz der Lebenswelt.

Ausführung: Beispiel 1: Folgen (allgemeine Aussage)
Beispiel 2: Folgen (allgemeine Aussage)
Beispielbereich 3
Ausführung eines konkreten Beispiels: allgemeine Folgen
Ausführung eines weiteren konkreten Beispiels: allgemeine Folgen
Beispielbereich 4

So kann z. B. die Hausfrau, indem sie nur halb so viel Waschmittel wie üblich benutzt und auf eine „superreine“ Wäsche verzichtet, viel dazu beitragen, dass die Flüsse wieder sauberer werden und dass Kläranlagen nicht „umkippen“. Durch Senken der Raumtemperatur in den Wohnungen um ein bis zwei Grad lassen sich riesige Mengen an Energie einsparen; Energie, die auf Kosten der Umwelt gewonnen und in Wärme umgesetzt werden muss. Bedenkt man ferner, wie viel Müll unnötigerweise „produziert“ wird, dann wird klar, dass gerade in diesem Bereich der Einzelne einen wichtigen Beitrag zum Umweltschutz bzw. zur Entlastung der Umwelt leisten könnte. Verzichtet man z. B. beim Einkauf auf allzu aufwändige Verpackungen, so hat man nicht nur Abfall vermieden, sondern auch Produktionsenergie eingespart, die für die Herstellung solcher Verpackungen notwendig wäre. Offenkundig wird die Einsparung von Energie bei der Wiederverwendung von Mehrwegflaschen. Das berühmte „ex und hopp“ führt hier nicht nur zu einer enormen Steigerung der Abfallproduktion, sondern auch zu einer erheblichen Steigerung des Energieeinsatzes bei der Produktion solcher Einweg-Verpackungen. Auch im Bereich der Fortbewegung lässt sich nicht nur Energie sparen, indem man auf öffentliche Verkehrsmittel oder das Fahrrad umsteigt, es wird vielmehr auch die Umweltbelastung durch Abgase reduziert, bzw. sie lässt sich ganz vermeiden.

Beispielbereich 5
Beispiel, Folgen

Eine Belastung der Umwelt aber stellt nicht nur die Emission von Schadstoffen dar. Auch die unkontrollierte bzw. übermäßige Emission von Schall belastet die Umwelt. Dass sich der Lärm von Düsenflugzeugen gesundheitsschädigend auswirkt, ist inzwischen wohl unbestritten. Ebenso stört der Verkehrslärm das Wohlbefinden der Betroffenen. Aber auch das Moped, mit dem man im Stand mehrmals Gas gibt, erzeugt Lärm, die Stereoanlage, die zu weit aufgedreht ist, kann anderen auf die Nerven gehen, und nachmittägliche Rasenmäherorgien haben schon manchem Ruhebedürftigen den letzten Nerv getötet.

Beispiel, Folgen

Es wird also deutlich, dass Fragen des Umweltschutzes nicht nur die Industrie angehen, sondern gerade von jedem Einzelnen im täglichen Leben eigentlich ununterbrochen mitbedacht werden sollten. Man müsste geradezu so weit kommen, dass auch der Einzelne keine Entscheidung mehr trifft, ohne dass gewissermaßen „automatisch" die Belange eines sinnvollen Umweltschutzes mit berücksichtigt werden.

Zusammenfassung und Folgerung

Auf den Punkt gebracht

Sie können bei der Gliederung Ihrer Darstellung auch so vorgehen, dass Sie

- nach der Hinführung und ersten Begriffsklärung die Problemlage gleich auf den Punkt bringen und dann erst
- die einzelnen Gesichtspunkte darstellen, die Ihre Position im Detail erläutern bzw. erklären oder begründen.
- Auch in diesem Fall werden Sie am Schluss nochmals ein knappes Resümee ziehen und die Folgerung/Forderung, die sich ergibt, zusammenfassend herleiten.

4 Standpunkte und Entscheidungen begründen

Bei der linearen Erörterung kann es um die Darstellung und Begründung einer Entscheidung, einer Empfehlung, einer Forderung gehen. Dazu muss man
- die Sachlage selbst präzise und einsichtig darstellen,
- die wesentlichen Tatsachen nennen, die mit der Sachlage zu tun haben,
- die erweiterten Zusammenhänge offen legen, innerhalb derer die Sachlage zu verstehen und zu beurteilen ist,
- Ursachen und Zusammenhänge erforschen,
- Bewertungen gegebenenfalls vornehmen und begründen,
- tragende Gründe darlegen und dabei unterscheiden zwischen sachbezogenen Gründen und Schwerpunktsetzungen, die in der persönlichen Haltung bzw. Auffassung begründet sind,
- die Folgen und Konsequenzen der Entscheidung bzw. Forderung in die Betrachtung einbeziehen.

Im Einzelnen werden wir mehrere Formen der Darstellung zu unterscheiden haben. Das liegt daran, dass zum einen Entscheidungen selbst einfacherer oder komplexer Natur sein können, dass zum andern aber auch schon im Rahmen der Entscheidungsbegründung man sich entweder darauf beschränkt, die eigenen Gründe vorzubringen, oder aber schon einzelne Gegengründe aufnimmt.

4.1 Stringenter Argumentationsaufbau

Beim Aufbau einer Argumentation bzw. Begründung sollte man darauf achten, dass die gedanklichen Zusammenhänge nachvollziehbar bleiben. Darüber hinaus sollte immer der Bezug der Einzelargumente zum Thema deutlich bleiben.

Einfache Entscheidung / Sachlage

Die einfachste Version der Begründung eines Standpunktes ist wohl darin zu sehen, dass man den Standpunkt zu erkennen gibt und dann die Gründe nennt, die ihn rechtfertigen. Dabei kann man sich einer einfachen Aufzählung bedienen oder aber entsprechend den schon erörterten Aspekten (siehe S. 80, 82 f.) anordnen. Bei der Begründung des Standpunkts gibt es folgende Möglichkeiten:
- Man stellt dar, wie man zu dem Standpunkt gekommen ist. Hier können beispielsweise historische Fakten und Entwicklungen eine Rolle spielen.
- Man führt Überlegungen vor, die Einzelaspekte des Standpunkts betreffen.
- Man führt vor, was geschähe, würde der Standpunkt aufgegeben.
- Man zeigt, welche positiven Folgen sich aus dem Standpunkt herleiten.

Beispiel

Eckhart Werthebach, Wir brauchen ein Sprachschutzgesetz

Der Gesetzgeber hat aus guten Gründen geregelt, dass die Gerichts- und Amtssprache Deutsch ist. Damit schützt er die Rechte des Bürgers und gewährleistet eine klare Kommunikation zwischen Bürger und Staat. Es gibt also bereits Sprachschutzregeln, deren Existenz rechtsstaatlich geboten ist. Aus dem Gleichbehandlungsgrundsatz des Artikels 3 GG folgt, dass niemand wegen seiner Sprache benachteiligt werden darf. Die weitgehende Preisgabe der deutschen Sprache, insbesondere im Bereich der Dienstleistungen und Produktwerbung, benachteiligt allerdings den nur deutschsprachigen Verbraucher massiv. Dies gilt verstärkt für viele Bürger der neuen Länder, die nicht mit der englischen Sprache groß geworden sind. Bisherige Bemühungen, die Zukunftsfähigkeit der deutschen Sprache unterhalb des gesetzgeberischen Handelns zu sichern, sind erkennbar fruchtlos geblieben. Die Bewahrung unseres höchsten Kulturguts, der Sprache, kann offenbar in einer Zeit der klaren Dominanz ökonomischer Interessen nicht der Gesellschaft allein überlassen bleiben. Sprache ist wahrlich mehr als nur ein Kostenfaktor. Nur eine Sprache, die ihre Allgemeingültigkeit behält, bleibt ein taugliches Kommunikations- und Identifikationsmittel. Daher sollte ein Sprachschutzgesetz zum einen bereits bestehende Regelungen zusammenfassen. Zum anderen sollte es Grundlage für eine Institution werden, welche die Lebendigkeit und Zukunftsfähigkeit unserer Sprache sichert. Damit wäre – auch ohne unsinnige Verbote – ein Zeichen gesetzt, um einen gesellschaftlichen Bewusstseinswandel herbeizuführen, der auch für den Fortbestand der Kulturnation Deutschland bedeutend ist.

Rahmen und Anknüpfung: bisheriger Sprachschutz durch Gesetz

Gegenwärtige Situation: Abweichung vom Recht durch Benutzung der englischen Sprache

Bisherige Versuche der Rettung sind gescheitert

Gründe: ökonomische Interessen

Gründe für aktiven und wirksamen Schutz

Dimensionen des geforderten Gesetzes

Folgen

Der Verfasser ist Innensenator von Berlin.
Aus: Focus 8/2001 vom 19. 2. 2001, S. 196

Erläuterungen zum Beispiel

Der Autor des Textes gibt zunächst den Rahmen an und erläutert, wie sich die Situation bisher darstellt, ehe er aufzeigt, warum bisherige Rettungsversuche scheiterten. Anschließend nennt er die für ihn wesentlichen Gründe, die er in den Rahmen einbindet, den er zu Beginn abgesteckt hat. So muss er dann diesen Rahmen etwas differenzieren und die Dimensionen seiner Forderung angeben. Schließlich nennt er die allgemeine Konsequenz, die er sich erhofft.

Auf den Punkt gebracht

In vielen Fällen, in denen knapp eine Entscheidung und deren Begründung dargelegt werden muss, genügt eine Gliederung nach folgendem Schema:

- Beschreibung der **Sachlage** → So ist es.
- Darstellung der **Hintergründe, Ursachen und Zusammenhänge** → Deshalb ist es so.
- Darstellung der **Wirkungen** → Das könnte geschehen.
- Darstellung der **Überlegungen** → Das ist zu tun, zu wünschen, zu fordern.

Komplexe Entscheidung/Forderung

Wenn die Entscheidung bzw. Forderung selbst komplexerer Natur ist, so empfiehlt es sich, sie zu zerlegen und die einzelnen Teilforderungen – sei es als Thesen, sei es als explizite Forderungen oder als Notwendigkeiten – darzustellen. Folgendes **Gliederungsschema** bietet sich an:

1 Zur Sachlage
1.1 Begriffsklärung, Darstellung der Beschaffenheit
1.2 Ursachen
1.3 Wirkungen, die zu beobachten bzw. zu erwarten sind
1.4 Mögliche/erwartbare Ergebnisse
2 Zerlegung der komplexen Sachlage
2.1 Erster Aspekt
2.1.1 Beschreibung/Nennung der These …
2.1.2 Begründung
2.1.3 Möglicher Ausblick
2.2 Zweiter Aspekt
2.2.1 Beschreibung/Nennung der These …
2.2.2 Begründung
2.3 …
3 Zusammenfassende Würdigung
3.1 Zusammenfassung
3.2 Möglicher Ausblick, Folgen, Konsequenzen
3.3 Forderungen im Überblick

Bewertungen wird man ggf. vornehmen sowohl im Rahmen von 1.3, 1.4, aber auch im Rahmen der einzelnen Aspekte (2.1, 2.2 …). Dabei sollte man die Bewertungen klar als solche zu erkennen geben und unterscheiden zwischen von der Sache her sich ergebenden Bewertungen und persönlichen Bewertungen.

Beispiel

Roman Herzog, Globale Verantwortungsgemeinschaft

Komplexe Kernfrage: Wo bleibt die Politik angesichts globaler Wirtschaftsprozesse?

Wenn […] Kapital und Investitionen nur noch Faktorpreisen über den Globus hinterherjagen, dann stellt sich die Frage, ob da überhaupt noch etwas für Politik, Gesellschaft und Kultur übrig bleibt. Oder verfallen sie zu einer Restgröße globaler Wirtschaftsprozesse? […]

Komplexe These / Forderung als Antwort

Wir haben eine gute Chance, die Zügel wieder in die Hand zu nehmen, wenn wir auch die Politik globalisieren, und mit Politik meine ich Politik im weitesten Sinne, die die Bereiche der Wirtschaft, Gesellschaft und Kultur mit einschließt. Im Zustand der Globalität haben alle diese Politikbereiche unweigerlich auch außenpolitische Dimensionen. […]

Bisherige Ansätze und Versuche

Neben den nationalen Regierungen hatten schon lange zahllose transnationale Akteure in Wirtschaft und Gesellschaft, Wissenschaft und Kultur, Technik und Ökologie damit begonnen, ihre Anliegen und Botschaften global zu vertreten. CNN, das Rote Kreuz, […] das Internet und Greenpeace, von den Weltkonzernen ganz abgesehen, werden heute dezentral und ungesteuert außenpolitisch wirksam. […]

Gesamtzielsetzung

Zufrieden werden wir nur sein können, wenn wir von der nationalen Interessenpolitik der vergangenen Jahrhunderte in eine Ära globaler Verantwortungspolitik gelangen. […]

Mögliche Folgen

Eine präventive Außenpolitik würde Krisen durch das Bewusstmachen gemeinsamer Interessen zuvorkommen und sie nicht erst dann zu heilen versuchen, wenn sie bereits ausgebrochen sind. Sie würde zu verstärkter internationaler Koordinierung und zur Verdichtung des Geflechts der globalen Kooperation führen. Acht solcher Maximen möchte ich hier nennen. […]

Ankündigung von acht Maximen / Forderungen / Thesen

1. Aspekt: Globale Verbreitung der Demokratie

– Begründung

– Dokumentation

– Konsequenzen des Gegenteils

Erstens sollte jeder außenpolitische Akteur es als seine Verantwortung betrachten, die globale Verbreitung von Demokratie als Friedensstrategie zu unterstützen – denn der Kant'sche Satz, dass Demokratien untereinander keinen Krieg führen, mag zwar nicht hundertprozentig richtig sein, er wurde seit 1945 in Europa aber eindrucksvoll bestätigt und hat seit den siebziger Jahren auch in Afrika, Asien und Lateinamerika zentrale Bedeutung gewonnen. Ohne Demokratie kann es keinen dauerhaften Frieden geben, weder nach außen noch im Inneren.

2. Aspekt: Schutz der fundamentalen Menschenrechte; Grund

Zweitens möchte ich dafür werben, den Schutz der fundamentalen Menschenrechte als weltweiten Mindeststandard durchzusetzen, denn er ist der erste Schritt zur Demokratie. […]

3. Aspekt: Schluss mit Nationalismus; Grund

Drittens müssen wir dem Nationalismus, dem Wettrüsten und der hergebrachten Machtpolitik abschwören. Sie alle entspringen Denkweisen aus dem 19. Jahrhundert, die wir in Europa schon weitgehend überwunden haben. […]

Meine vierte Maxime ist es, die gerade überwundene ideologische Konfrontation des Kalten Krieges nicht etwa durch Szenarien globaler Kulturkriege zu ersetzen. [...]

4. Aspekt: Keine globalen Kulturkriege

Mit meiner fünften Maxime möchte ich dafür werben, in der globalisierten Weltwirtschaft auf die Politik des „Beggar thy neighbour" zu verzichten. Abwertungswettläufe, Sozialdumping und Protektionismus haben sich als untaugliche Versuche erwiesen, seine eigenen Probleme zu Lasten der Handelspartner zu lösen. [...]

5. Aspekt: Keine wirtschaftlichen Lösungen auf Kosten anderer

Wir sollten, sechstens, aktiv eine Strategie der Kommunikation als Mittel der Vertrauensbildung verfolgen. [...]

6. Aspekt: Kommunikation schafft Vertrauen

Als siebte Maxime schlage ich globales, kulturübergreifendes Lernen und Forschen bei der Lösung sachlicher Probleme vor. Wir brauchen eine globale Lern- und Forschungsgemeinschaft, um der globalen Natur der großen Herausforderungen unserer Zeit gerecht werden zu können. Denken Sie an die Stabilisierung der Weltwirtschaft, die Wiederherstellung des ökologischen Gleichgewichts oder an die Bekämpfung des internationalen Verbrechens. [...]

7. Aspekt: Globale Lern- und Forschungsgemeinschaft

– Dimensionen an Beispielen

Mit meiner achten und letzten Maxime möchte ich schließlich zur verbesserten Nutzung bereits vorhandener Instrumente internationaler und interregionaler Kooperation auffordern. Dabei denke ich besonders an die regionale Integration oberhalb des Nationalstaats. Ich denke hier natürlich an die Europäische Union, die mit dem Euro gerade einen entscheidenden Schritt der Integration getan hat, der gleichzeitig das globale Währungssystem einschneidend verändern wird. [...]

8. Aspekt: Verbesserte Nutzung vorhandener Instrumente

Roman Herzog, der Verfasser dieses Textes, war von 1994 bis 1999 deutscher Bundespräsident.
Aus: Frankfurter Allgemeine Zeitung vom 29. 1. 1999

Erläuterungen zum Beispiel

Der Text stellt eine Kürzung dar. Rand- und Nebenbemerkungen, weitere Einzelbeispiele usw. sind hier weggelassen. Damit tritt die Argumentationsstruktur umso deutlicher zutage:

Nachdem die Kernfrage in ihrer Komplexität genannt und als Antwort eine komplexe These entwickelt wurde, wird deren Dimension anhand bisheriger Anwendungsversuche dokumentiert, ehe schließlich eine Gesamtzielsetzung entworfen wird.

Diese Zielsetzung ist wiederum komplexer Natur. Sie wird aber einsichtig begründet, indem ihre positiven Folgen in Beispielen vorgeführt werden. Die Komplexität wird dann aufgelöst, indem acht Maximen genannt werden, die einzelne Aspekte des Gesamtkomplexes als Forderungen umfassen. Die einzelnen Aspekte werden benannt und auf verschiedene Arten und Weisen begründet. Einmal werden Gründe genannt, die sich von der Sache her ergeben, dann werden Dokumente vorgeführt, aber auch Konsequenzen des jeweiligen Gegenteils werden im Text angeführt.

Besonders beachtenswert erscheint in diesem Zusammenhang, dass der zuletzt genannte, achte Aspekt wiederum in die Dokumentation einmündet, mit der die bisherigen Ansätze und Versuche des Texteingangs vorgestellt wurden.

Auf den Punkt gebracht

Ist die Entscheidung bzw. die Sachlage, auf der eine Entscheidung beruht, oder die Forderung komplexer Natur, so sollten Sie

- die Sachlage in ihrer Gesamtheit und ihrer Einbettung in die wichtigsten Zusammenhänge darstellen, dann aber
- sich darum bemühen, die komplexe Sachlage in einzelne Teilaspekte zu zerlegen,
- diesen Teilaspekten dann Teilforderungen bzw. Teilthesen zuordnen,
- diese Teile jeweils für sich ausführen,
- am Ende eine Zusammenfassung formulieren, die in einen Ausblick mündet.

4.2 Aufnahme von Gegengründen

In vielen Fällen wird man sich nicht darauf beschränken, nur die eigene Begründung darzustellen. Oft ergibt es sich fast von selbst, dass man auch auf Gegengründe eingeht, ohne dass diesen allzu viel Gewicht beigemessen wird. (Ist dies der Fall, so handelt es sich nicht mehr um eine „lineare Erörterung“. Darauf werden wir später – siehe S. 99 ff. und S. 123 ff. – eingehen.)

„Rhetorische“ Verwendung von Gegengründen

Oft ist man geneigt, von einem „vereinfachten“ Gegenteil bzw. Gegenstandpunkt aus **den eigenen Standpunkt** zu **profilieren,** sei es, dass man schon in der Einleitung einen Gegenstandpunkt umreißt, sei es, dass man im Verlauf der eigenen Argumentation aus Profilierungsgründen Gegenargumente einbezieht. Die Gegengründe werden in solchen Fällen nicht eigentlich ernst genommen, sie dienen häufig nur der Hinführung, dem Wecken von Interesse oder einfach nur als (Negativ-)Folie, vor der sich die eigenen Argumente dann umso schärfer abheben. Oder aber solche Argumente werden aufgenommen, um zu zeigen, dass man selbst durchaus auch mit einigem nicht einverstanden ist, im Übrigen aber all das doch wenig bedeutet gegenüber den eigenen positiven Gründen.

Beispiel

Gerhard Stickel, Wir brauchen kein Sprachschutzgesetz

Auch ich ärgere mich über den Gebrauch mancher Anglizismen, wenn damit eine besondere Produktqualität oder Weltläufigkeit vorgetäuscht werden soll. Und ich werde zornig, wenn ich ratlose ältere Menschen englischen oder pseudoenglischen Imponierwörtern ausgesetzt sehe.	*Argumente der Gegenseite, denen man selbst zustimmt*
Aber deshalb Bestimmungen, die den Gebrauch bestimmter Wörter verbieten und andere Wörter verbindlich vorschreiben?	*Grenzen der Gegenseite*
Ein Sprachschutzgesetz hat es weder im wilhelminischen Kaiserreich noch während der Nazi-Zeit gegeben.	*Historisches Argument*
Zu fragen ist auch, wer oder was mit einem solchen Gesetz vor wem oder wovor geschützt werden soll.	*Begriffsanalyse – Fragen*
Die deutsche Sprache ist ja kein „Lebewesen oder Bauwerk“, das man vor Krankheiten oder Angriffen schützen könnte.	*Aufzeigen des sich ergebenden Widerspruchs:*
Sie gehört weder dem Staat noch anderen Institutionen. Wenn sie überhaupt jemandem gehört, dann allen Menschen, die deutsch sprechen und schreiben.	*– Frage nach Besitzer*
Sie vor Anglizismen zu schützen hätte keinen Sinn, denn Wörter tun nichts. Man könnte sie allenfalls vor Menschen schützen, die Anglizismen gebrauchen.	*– Frage nach „Schutz“*
Das hieße aber die deutsche Sprache vor ihren Eigentümern zu schützen, nämlich den deutschsprachigen Menschen, die Anglizismen verwenden.	*Der Widerspruch*
Die Weiterentwicklung der deutschen Sprache im vielsprachigen Europa und ein kultivierter Gebrauch des Deutschen sind nicht umsonst zu haben.	*Eigene These und Forderung*
Sie erfordern intensive Sprachforschung, gründliche Spracherziehung und aufmerksame Sprachkritik	*Implikationen der Forderung*
bis hin zur Alltagseinstellung möglichst vieler Menschen, dass man sich nicht jeden sprachlichen Unfug gefallen lassen muss. Ein Gesetz braucht es dazu nicht.	*Ziel des Gegners wird auch ohne Forderung des Gegners erreicht*

Der Verfasser ist Direktor des Instituts für deutsche Sprache.
Aus: Focus 8/2001 vom 19. 2. 2001, S. 196

Erläuterungen zum Beispiel

Der Autor identifiziert sich zunächst mit einzelnen Argumenten der Gegenseite, stellt aber dann die Gesamtargumentation und die Gesamtforderung der Gegenseite in Frage. Ein erstes Argument bezieht er aus der Tatsache, dass selbst historische Phasen, in denen die Forderung hätte wichtig sein müssen, sich dieser verschlossen hatten. Den Kern seiner eigenen Position gibt er im Rahmen einer Begriffsklärung und den daraus abgeleiteten Überlegungen zu erkennen. Aus der Begriffsanalyse heraus zeigt er Widersprüche auf, die die Forderung der Gegenseite angeblich enthält. Am Ende entwirft er eine eigene These und stellt Forderungen auf, die eher geeignet sind, das vom Gegner geforderte Ziel zu erreichen.

Eine weitere Möglichkeit, gegnerische Argumente aufzunehmen, ist darin zu sehen, mit ihrer Hilfe den **Geltungsbereich der eigenen Position und der eigenen Gründe abzugrenzen.** Die gegnerischen Argumente werden so gewissermaßen „ins Abseits" gestellt, denn sie gelten ja nicht in dem Bereich, innerhalb dessen man sich selbst bewegt.

Beispiel

Karin Dauscher, Ja zum Sprachschutz per Gesetz

Die Strategie des Gegners: Diffamierung

Teilweise Übernahme der gegnerischen Position

Beispiel, das dem Gegner recht gibt

Nichts ist einfacher, als die sich abzeichnende Gemeinschaft der Sprachschützer in die Ecke der dumpf-deutschen Ewig-Gestrigen zu stecken: ein CDU-Mann und jetzt auch noch die „Bild-Zeitung". Für die Angehörigen der Fun-(Spaß)-Generation ein gefundenes Fressen, sich erst gar nicht mit dem Problem zu beschäftigen und ihr verächtliches „forget it" (vergiss es) auszurufen. Um ehrlich zu sein, ganz Unrecht haben sie damit nicht. Denn den strengsten unter den harten Kämpfern – um nicht das entlehnte Wort „Fundamentalisten" zu gebrauchen – wäre es durchaus zuzutrauen, ein Lied wie „Life is a Roller Coaster" („Das Leben ist eine Achterbahn") im Radio zu verbieten und durch „Hoch auf dem gelben Wagen" zu ersetzen. Verzeihung, liebe Leserinnen und Leser der älteren Generation, es ist sicher ein schönes Lied, aber den jüngeren gefällt es meist nicht so gut.

Erstes Resultat: Wie darf die eigene Forderung nicht lauten?

Also, der Weg zu einem Sprachschutzgesetz darf nicht so verlaufen, dass alle anderen Sprachen bei uns von jetzt an am Rande bleiben. Von deutschen Mauern jedwelcher Art sollten wir doch die Nase voll haben.

Eigene These / Forderung und Begründung

Aber ein Schutz muss dennoch sein. Und weil es nicht mehr anders geht, mit Staatsgewalt. Denn die Sprache ist in erster Linie ein Mittel der Verständigung. Und die klappt schon heute zu oft nicht mehr in der Gesellschaft, als dass es deren Vertreter, die Politiker, einfach länger hinnehmen könnten.

Beispiel, das zeigt: die Forderung ist notwendig

Ein Kleinaktionär beispielsweise liest im Geschäftsbericht seines Unternehmens, das hauptsächlich mit Strom, Gas und Wasser handelt und früher mal als Verbundunternehmen bezeichnet wurde, dass die Neuausrichtung des Multi-Utility-Konzerns eine Verstärkung des Facility-Managements und des Contractings erfordert. Ach ja. Würde er lesen, „das Vielfach-Leistung-bringende Unternehmen verstärkt die Hausmeistertätigkeit (wahlweise: Betreuung von Anlagen und Gebäuden) und die Beschaffung, Wartung und Betreuung fremder Anlagen", könnte er sich vermutlich immer noch kein deutlicheres Bild machen, wüsste aber vielleicht eher, ob er die Aktien wirklich halten wollte.

Konsequenz der Forderung, vorgeführt am Beispielfall

Könnte dieser von den englischen Begriffen so verwirrte Aktionär vor Gericht unter Berufung auf das Sprachschutzgesetz gegen das Unternehmen klagen, würden sich die Verantwortlichen sicher bei der Wortfindung etwas mehr anstrengen. Gegen unverständliche Gebrauchsanweisungen sollen Verbraucher ja künftig schon durch das erweiterte Produkthaftungsgesetz geschützt werden – ein Zeichen, dass das schwierige Feld der Verständlichkeit durchaus vor Gericht behandelt werden kann.

Zweites Beispiel: neuer Bereich

Doch nicht nur in der Welt der Wirtschaft lauern die Verständigungsfallen: Ein Patient, dessen Bauchschmerzen vom Arzt als Appendizitis erklärt werden, könnte denken, dass er nach zu großem Appetit zu viel gegessen hätte, in Wirklichkeit aber ist sein Blinddarm entzündet. Eine gesetzliche Verpflichtung, sich in öffentlichen Räumen so verständlich auszudrücken, dass Laien den Inhalt des Gesagten verstehen, ist notwendig.

Ableitung: allgemeine Forderung

Probleme, die die Forderung mit sich bringt:

Erstes Beispiel

Natürlich lauern unendlich viele Fallstricke in einem solchen Gesetz. Der erste ist die Formulierung selbst. Denn geübte Sprachbürokraten schaffen es locker, die deutsche Sprache derart zu vergewaltigen, dass den Zuhörern am liebsten das Blut aus den Ohren spritzen würde. Verständlichkeit ist nicht nur durch den Gebrauch fremder Wörter gefährdet. Was wäre außerdem, wenn ein in Angola geborener und mit deutschem Pass ausgestatteter junger Mann Anzeige gegen einen Dialekt sprechenden bayerischen Beamten erstatten wollte …? Aber das ist Sache der Politiker, die das Gesetz in deutscher Sprache verabschieden müssen.

Zweites Beispiel

Aufgabenzuweisung

Aus: Die Rheinpfalz vom 9. 2. 2001

Erläuterungen zum Beispiel

Die Autorin nimmt zunächst das Verfahren ihrer Gegner aufs Korn und weist diesen Diffamierung nach. Sie stimmt den Gegnern in Teilen zu und zeigt ein Beispiel, das diese Zustimmung rechtfertigt. Sie erreicht damit eine erste Eingrenzung der eigenen Position, indem sie aufzeigt, wie diese Position auf keinen Fall aussehen darf. Dann aber entwirft sie die eigene These und bringt auch den zentralen Grund zur Sprache.

Auf den Punkt gebracht

Wenn Sie Ihren Standpunkt darstellen, gleichzeitig aber auch zu erkennen geben wollen, dass Sie sich sehr wohl auch mit **denkbaren Gegengründen** beschäftigt haben, so bieten sich Ihnen folgende Möglichkeiten:

- Gehen Sie vom (möglicherweise vereinfachten) Gegenstandpunkt aus und entwerfen Sie demgegenüber Ihren eigenen Standpunkt als positive Alternative.
- Im weiteren Verlauf Ihrer Argumentation können Sie an einzelnen Stellen wiederum auf einzelne Gegenargumente verweisen, ohne diese allzu ernst zu nehmen. Sie können diese Argumente gewissermaßen als „negative Folie" benutzen, vor der Sie Ihre eigenen Argumente konturieren. (Hinweis: Achten Sie darauf, dass Sie keine „Unsinnsargumente" formulieren, nur um die eigene Argumentation umso positiver erscheinen zu lassen.)
- Sie können aber auch die negativen Argumente und Gründe vorführen, um zu zeigen, welche Bereiche Sie in Ihrer Argumentation nicht berücksichtigen. Sie können so Ihren Bereich gewissermaßen negativ abgrenzen.

Ansätze einer Auseinandersetzung

Man möchte in bestimmten Fällen zeigen, dass man sehr wohl auch die Argumente einer möglichen Gegenseite sieht und bedacht hat, allerdings steht die Absicht im Vordergrund, den eigenen Standpunkt in besonderer Weise vorzustellen und die Gegenseite nicht allzu ausführlich zu behandeln.

Beispiel

Bettina Schardt, „Im Verein ist Sport am schönsten!"
Nehmen Sie Stellung zu dem Slogan.

Einleitung: Der Slogan in der Öffentlichkeit

1 Wer hat ihn nicht schon auf bunten Plakaten gesehen, den Slogan, mit dem der Deutsche Sportbund Werbung macht für seine Vereine und versucht, neue Mitglieder zu werben. „Sport ist im Verein am schönsten" bringt in knapper Form die vie-

len positiven Aspekte „auf den Punkt". Aber was macht nun eigentlich den Weg in einen Sportverein so attraktiv?

Erster Grund
Beispiele

Zunächst sind hier wohl die Übungsleiter und Trainer zu nennen, die in den Vereinen in vielen Sparten und Sportarten Übungsstunden abhalten. Sie zeigen den Sportlern, wie eine Übung korrekt ausgeführt wird oder wie man ein Spiel richtig spielt. Sie haben oft regelrechte Trainingsprogramme, so dass eine Trainingsstunde nie langweilig wird und der Spaß erhalten bleibt, wenn es manchmal auch recht anstrengend zugeht.

Gründe der Gegenseite:
Erster Grund
Zweiter Grund
Dritter Grund

Hier allerdings wird mancher sagen, es sei ihm zu anstrengend, oder man könnte daran erinnern, dass doch ein gewisser Zwang entsteht, wenn der Besuch von Trainingsstunden zur Regel wird. Auch die Unterordnung unter die Anweisungen des Übungsleiters oder Trainers könnte man als unangebrachte Beschränkung auffassen.

Eigene Gründe, die schwerer wiegen:
Erster Grund
Zweiter Grund
Dritter Grund

Dem steht dann aber gegenüber, dass die Gefahr, Fehler zu machen oder gar sich zu verletzen oder seine Gesundheit zu gefährden, viel größer ist, wenn man gewissermaßen auf eigene Faust und ohne fachmännische Kontrolle lostobt. Auch wird ein solches „selbst gestricktes" Trainingsprogramm schnell langweilig, da ganz einfach die Abwechslung fehlt. Nicht zuletzt aber ist es bestimmt angenehmer und auch weniger langweilig, in einer Gruppe mit Gleichgesinnten zusammen eine Übung durchzuführen, durch den Wald zu joggen oder auch zu schwimmen, als sich allein über die Runden zu quälen.

Grund der Gegenseite
Einschränkung dieses Grundes

Allerdings sind gerade solche Freizeit-Sport-Gruppen oft so groß, dass der Übungsleiter kaum noch Zeit hat, sich um den Einzelnen und seine „Wehwehchen" zu kümmern. Doch scheint mir eine solche unzureichende Betreuung immer noch besser als gar keine. Wenigstens das Programm ist dann noch so gestaltet, dass es nicht schadet.

Neue Begründungsreihe

Für Mannschaftssportler ist es eigentlich gar keine Frage: Sie brauchen die Gleichgesinnten und die finden sie im Verein. Erst in letzter Zeit sind die sog. „Thekenmannschaften" entstanden, lockere Gruppierungen außerhalb der „offiziellen" Vereine. Aber auch für solche Mannschaften empfiehlt es sich, sich einem Verein anzuschließen. Nicht nur, dass damit die Frage nach dem Sportgelände leichter zu klären ist. Auch versicherungsrechtliche und letztlich auch fachliche Probleme lassen sich so aus der Welt schaffen. Für „Neulinge" ist es ohnehin am besten, sie suchen im Verein Zugang zu einer neuen Sportart. Eine „Hobby-Mannschaft" würde sie wohl kaum aufnehmen.

Gegengrund /-aspekt
Eigener Grund

Als ein Manko kann man es vielleicht ansehen, dass man im Verein an bestimmte Zeiten etwas starr gebunden ist. Aber eine solche Regulierung ist wohl dann unumgänglich, wenn mehrere Leute zusammenkommen wollen.

Manche Leute lassen sich durch bisweilen etwas hohe, wenn nicht gar überhöhte Vereinsbeiträge davon abhalten, einem Verein beizutreten. Da ist es empfehlenswert, sich zunächst einmal umzusehen und sich einen „normalen“ Verein auszusuchen, „Exklusivität“, die durch Beiträge hergestellt wird, muss nicht für die Qualität des ausgeübten Sports sprechen. Natürlich kosten Anlagen und Organisation eine Menge Geld, das zum Teil zumindest von den Mitgliedern aufgebracht werden muss. Aber man sollte da einfach einmal rechnen, was vergleichbare Betätigungen kosten würden, wenn man sie im privat bewirtschafteten Bereich ausüben würde, wenn also z. B. eine Basketball-Mannschaft eine private Halle mieten würde usw. Auch die Trainer und Übungsleiter müssen ja schließlich bezahlt werden. Bedenkt man, was private Trainerstunden kosten, so wird einem klar, dass der Vereinsbeitrag eine recht kostengünstige Angelegenheit ist. Schließlich müssen auch die Geräte finanziert werden. Es gibt Sportgeräte, die sich ein Einzelner fast gar nicht leisten kann. Ein Ruderboot kostet z. B. zwischen 3 000 und 30 000 Mark. Da ist es schon billiger, über die Zahlung eines Vereinsbeitrags Zugang zu solch teuren und für den Privatmann fast unerschwinglichen Sportgeräten zu erhalten. So wird deutlich, dass selbst die „Kostenfrage“, die zunächst gegen den Vereinsbeitritt sprach, zu einem Argument für den Eintritt in einen Verein wird.

Grund der Gegenseite
Zusammenhänge
Grund der Gegenseite
Einschränkung der Gültigkeit – Empfehlung
Hintergründe und Zusammenhänge des gegnerischen Grundes
Alternative Probleme und Folgen
Umkehrung des Grundes spricht für die eigene Seite
Beispiel
Zusammenfassende Würdigung der letzten Auseinandersetzung

Denkt man noch daran, dass es einfach angenehmer ist und mehr Spaß macht, wenn man mit anderen etwas zusammen tut, die sich ähnlich anstrengen, die ähnlich denken wie man selbst, die vielleicht auch mal keuchen oder auf den Trainer fluchen, die aber am Ende genauso zufrieden sind wie man selbst, so kann man eigentlich nur den Slogan bestätigen: Sport ist wirklich im Verein (mit anderen) am schönsten.

Letzter Grund
Zusammenfassung

Erläuterungen zum Beispiel

In der Einleitung wird der Slogan so vorgestellt, wie er in der Öffentlichkeit begegnet. Dann wird der erste und auf den ersten Blick wichtigste Grund genannt, der von der Sache her einleuchtet. In diesem Zusammenhang werden dann erste Gründe der Gegenseite vorgeführt, ehe die eigenen Gründe entgegengehalten werden.

Besonders zu beachten ist dabei, dass die Gründe und Gegengründe sich nicht aufheben. (Insofern ist der Begriff „Gegengrund" etwas irreführend.) Beide Gründe sind vielmehr in sich berechtigt und richtig. Es kommt nun darauf an, welchen dieser Gründe man schwerer gewichtet. (Beispiel: *Gegengrund: Manchen fällt die Unterordnung unter einen Übungsleiter schwer. Sie empfinden das als eine unangebrachte Beschränkung. Dem steht gegenüber: Die Gefahr, Fehler zu machen oder sich zu verletzen.* Beide Gründe sind in sich stimmig. Eine Entscheidung ist abhängig von der Gewichtung, die man vornimmt.)

Bei einzelnen Gründen der Gegenseite werden deren Zusammenhänge offen gelegt. (Beispiel: *Hohe Vereinsbeiträge.* Hier zeigt der Text zum einen, was man tun kann, um überhöhten Beiträgen aus dem Weg zu gehen. Zum andern zeigt er, wie privatwirtschaftliche Alternativen aussähen, und legt offen, was alles finanziert wird. Schließlich wird der Aspekt „Beitrag" ins Positive gewandelt und für die eigene Seite ins Feld geführt.)

Auf den Punkt gebracht

Oft wird es so sein, dass Sie Ihre eigenen Argumente zwar darlegen, aber auch schon in einzelnen Teilen Argumente der Gegenseite berücksichtigen wollen. Zwar werden Sie keine ausführliche Pro-Contra-Argumentation durchführen, aber Sie wollen doch zeigen, dass Sie sich auch mit **Argumenten der Gegenseite** beschäftigt haben und diese ernst nehmen.

In diesen Fällen bietet sich die Möglichkeit, an einzelnen Stellen der Argumentation solche Gegenargumente und -gründe aufzunehmen. Dann aber können Sie zeigen,

- dass die Argumente der Gegenseite sich nach einigem Nachdenken entkräften lassen bzw. sich sogar ins Gegenteil verkehren,
- dass die Gründe der Gegenseite zwar berechtigt sind, Ihre eigenen Gründe aber doch schwerer wiegen.

Hinweis: Formulieren Sie Gegengründe realistisch und nicht unsinnig. Mit anderen Worten: Auch die Argumente der Gegenseite sind ernst zu nehmen!

Auseinandersetzung und Kompromiss

Oft sieht man sich mit einem Problem konfrontiert, für das man eigentlich bald eine Lösung gefunden hat. Schnell allerdings stellt sich dann heraus, dass andere für dasselbe Problem andere Lösungen haben. Hier kommt es zu Konflikten, die ihre Ursachen in der Regel in den **gegensätzlichen Interessen** haben, die zwangsläufig auch zu gegensätzlichen Lösungsvorschlägen führen. Will man seine Interessen nicht ganz aufgeben, so wird man sich mit denen auseinander setzen müssen, die andere Interessen verfolgen. Natürlich wird es nur in den seltensten Fällen gelingen, die anderen so deutlich zu überzeugen, dass sie ihre Interessen völlig aufgeben und unserem Lösungsvorschlag bedingungslos zustimmen. Man wird **Zugeständnisse** machen müssen, wenn man einiges von dem retten will, was einem am Herzen liegt. Man darf dann allerdings auch von der Gegenseite Zugeständnisse erwarten.

Lösungen, die von beiden Seiten Zugeständnisse fordern, die aber gleichzeitig anstreben, die Interessen beider Seiten weitestgehend zu berücksichtigen, nennt man **„Kompromisse"**. Von einem „faulen Kompromiss" spricht man, wenn eine Lösung sich zwar als Kompromiss ausgibt, in Wirklichkeit aber die Interessen einer Partei zu wenig oder nur zum Schein berücksichtigt.

1 Problemlage

Will man die eigenen Interessen sachgerecht vertreten und vielleicht auch durchsetzen, so ist es erforderlich, diese genauer zu identifizieren, d. h., die Problemlage in all ihren Dimensionen und Facetten in den Blick zu nehmen. Man muss das Problem durchschauen, die Lage analysieren und dabei feststellen, welche einzelnen Aspekte das Gesamtproblem enthält.

1.1 Das Problem durchschauen und analysieren

Ein Problem wird vor allem dadurch zum Problem, dass es zunächst nicht durchschaut wird. Man weiß nicht so genau, was da alles zusammenhängt, man weiß nur, dass man „irgendwie" betroffen ist. Um nun die Problemlage durchschauen zu können, wird man sie beschreiben, also **konkret feststellen: Was ist?**

Diese Frage wiederum ist so komplex, dass man sie in Teilfragen auflösen sollte:

- Wer ist beteiligt?
- Wer ist betroffen?
- Worum wird gestritten?
- Welche Standpunkte werden vertreten?
- Wer verfolgt welche Absichten und Ziele?

Beispiel

Christian Gruber, Wozu eigentlich Geisteswissenschaften?

„Habe nun, ach! Philosophie, / Juristerei und Medizin, / Und leider auch Theologie / Durchaus studiert, mit heißem Bemühn. / Da steh' ich nun, ich armer Tor, / Und bin so klug als wie zuvor!" Klar, der da spricht, ist Goethes Universalgenie Faust. Aber wer weiß das noch? Leiteten in den 50er-Jahren selbst Mathematikprofessoren ihre Vorlesungen mit Zitaten von Philosophen wie Heidegger oder Versen von Heine ein, war das Phänomen des „Belesenen" in der gehobenen Gesellschaft – gerade in der Wirtschaft – weit verbreitet, so schert sich im heutigen Deutschland kaum noch jemand um diesen bildungsbürgerlichen Begriff von Kultur. Statt dessen: Anything goes. Guter Geschmack ist kein Thema, nicht einmal für die Talkshows. Allenfalls literarisches Kasperletheater wird noch im Quartett gespielt.

Einleitung: Literarisches Beispiel

Scharfe Konturierung der gegenwärtigen Situation: Vergleich früher – heute

Die Gründe für das langsame Verschwinden eines gemeinsamen kulturellen Hintergrunds sind vielfältig. So hat das Buch seine Monopolstellung als Informationsträger verloren. Mit dem Siegeszug der elektronischen Medien musste das Wort auf der Strecke bleiben: Komplexe Sprachgebilde und differenzierte wissenschaftliche Analysen lassen sich in kein Fernsehformat pressen oder fürs Autoradio aufpolieren. Gleichzeitig beschleunigt der Wissenszuwachs auf ein Tempo, bei dem nicht einmal der universelle Geist eines Faust mithalten könnte. Die Informationsinflation zwingt den Forscher in Nischen, in denen ihm wenig Zeit bleibt, in die Welt hinauszuspähen, will er die neuesten Entwicklungen im eigenen Fachgebiet nicht verpassen.

Gründe f. d. Verschwinden eines gemeinsamen kulturellen Hintergrunds:

- *Buch hat Monopolstellung verloren*
- *Sprache wird neuen Medien angepasst*
- *Informationsflut*

Den Geisteswissenschaften hat das nicht gut getan. Die Literaturwissenschaftler zerfließen angesichts der Gedankenflut, die ihnen ihre Einseitigkeit vor Augen führt, in Selbstmitleid: dekonstruktivistischer Weltschmerz allerorten, dass Wahrheit und Sinn von Texten auf den Müllhaufen der Geschichte gehören. Die Sozialwissenschaften, allen voran die Soziologie, erstarren in statistischen Spielereien oder propagieren gesellschaftliche Entwicklungen, die in ihrer Konkretheit und Wahr-

Folgen für die Geisteswissenschaft:

- *Bewusstwerdung der Einseitigkeit*
- *Dekonstruktivismus lehnt Sinnfrage ab*
- *Sozialwissenschaften auf Statistik verengt*

scheinlichkeit ungefähr auf einer Stufe mit den Prophezeiungen des Nostradamus stehen. Und bei den Philosophen ersetzen Sprachkritik und Logeleien das Nachdenken über den Menschen. Folge: Die Erkenntnisse der Geisteswissenschaften und das Wohl und Wehe der Gesellschaft driften auseinander.

– Philosophie: nur Sprachspielereien

Fazit: Auseinanderdriften von Geisteswissenschaften u. Gesellschaft

Während die wirtschaftliche Verwertbarkeit von naturwissenschaftlichen Forschungsergebnissen intensiv vorangetrieben wird, müssen sich die Geisteswissenschaften fragen lassen: Was hat die Allgemeinheit (die schließlich für die Universitäten aufkommt) von einer Gedichtinterpretation oder einer Theorie des sozialen Wandels? [...]

Frage der Verwertbarkeit

Da ein Kulturbegriff zurückgedrängt worden ist, der Bildung als Persönlichkeitsentwicklung begreift, werden diese Stimmen immer lauter. Mit gravierenden Auswirkungen: Den geisteswissenschaftlichen Lehrstühlen wird seit Jahren das Personal gestrichen. Um so erstaunlicher, dass humanistische Fächer beliebt sind wie nie und regen Zulauf von Studienanfängern haben: Über ein Fünftel der Studenten wählten 1999 Sprach- und Kulturwissenschaften. Also doch Bildungshunger?

Bildungsbegriff zurückgedrängt;
Folge: Infragestellung der Geisteswissenschaften

Wirklichkeit spricht dagegen

Ja und nein. Denn andererseits ist die Quote der Studienabbrecher in den Geisteswissenschaften vergleichsweise hoch. Bei den Germanisten zum Beispiel machen 60 Prozent der Studenten keinen Abschluss. Das hängt zusammen mit der Verschiebung des Kulturbegriffs und der Wissensexplosion. Professoren und Dozenten – allesamt hoch qualifizierte Experten, keine Lehrer – sind nicht in der Lage, an ihrem Fach interessierten Hochschulanfängern Grundlagen zu vermitteln. Vielmehr verlangt das deutsche Studium Spezialisierung. Den Überblick über die eigene Disziplin möge sich bitte schön jeder selbst aneignen. Bücher gibt es genug. Doch welche sind die richtigen?

Infragestellung: Studienabbrecher

Gründe des Phänomens:

- *Verschiebung des Kulturbegriffes*
- *keine Grundlagenvermittlung*
- *keine Orientierungshilfe*

Allein gelassen mit ihren Träumen vom Sich-Bilden, als anonyme Masse in Hörsälen und Seminarräumen zusammengepfercht, beginnt der Frust unter den Studenten früh. Und da sich ohne gute Grundlagen auch schlecht diskutieren lässt, geraten die meisten Lehrangebote an der Universität zu Debattierclubs, in denen Halbwissen gegen Halbwissen steht – geleitet von gelangweilten Dozenten, die lieber an ihrem Forschungsprojekt weiterarbeiten würden, statt die Zeit mit Lehre zu verplempern. Der wissenschaftliche Nachwuchs, der in diesem Klima gedeiht, muss extrem anpassungsfähig sein: Nur wer sich in den Forschungsbunker des Professors zwängt, hat eine Chance, als wissenschaftliche Hilfskraft einen Einstieg an der Uni zu finden. Das heißt: Expertenrhetorik vom ersten Semester an. [...]

Genaue Beschreibung: „Ist“ der Geisteswissenschaften an der Uni:

- *Studenten allein gelassen*
- *keine Grundlagen*
- *Halbwissen*
- *Dozenten forschen lieber*
- *Zwang zu extremer Anpassung*

Womit wir wieder beim Problem der gesellschaftlichen Vermittlung von Bildung wären. Wenn die Geisteswissenschaften schon an den Hochschulen nicht gezwungen sind, dem Ein-

Übertragung Universität – Gesellschaft:

zelnen ihre Ergebnisse näher zu bringen, dann haben sie es erst recht nicht nötig, dem Volk die Bedeutung ihres Denkens begreifbar zu machen. Ein Dünkel, der selbst den Kollegen aus der Wissenschaft gegenüber gepflegt wird: Welcher Soziologe gibt sich mit einem Physiker, welcher Germanist mit einem Biologen ab? Und umgekehrt.

– Dünkel
– keine angemessene Vermittlung von Bildung

Dabei wäre es gerade das fächerübergreifende Arbeiten, das die Spezialisten aus ihrer hermeneutischen Nabelschau erlösen und so etwas wie Kreativität, neue Denkweisen, neue Modelle und Lösungsansätze in die verknöcherten Universitäten zurückbringen könnte. […]

Mögliche alternative Perspektiven …

Hinzu kommen müsste eine gehörige Portion Eigenwerbung, mit der sich gerade die deutschen Geisteswissenschaftler schwer tun: Noch nicht einmal zur Verfügung stehende Fördermöglichkeiten werden ausgeschöpft – man könnte sich ja mit schnödem Mammon beflecken. […]

… und ihre Realisierungschancen

Aus: Die Rheinpfalz vom 13. 1. 2001

Erläuterungen zum Beispiel

Nach einer typisch „feuilletonistischen" Einleitung wird das Themaproblem angegangen, indem zunächst der Begriff „Geisteswissenschaften" und das von dem Begriff Bezeichnete im gegenwärtigen gesellschaftlichen Kontext behandelt wird. Das Phänomen wird dadurch in den Blick gerückt, dass diejenigen vorgeführt werden, die als „Träger" in Frage kommen, seine Vertreter also.

In einem Vergleich früher–heute wird die Problemlage, wie sie die Gegenwart bestimmt, schärfer konturiert.

Auf den ersten Blick wird zur Themafrage selbst („Wozu eigentlich Geisteswissenschaften?") sehr wenig gesagt. Allerdings wird der Leser des Textes in die Lage versetzt, die Themafrage nun weiter zu verfolgen.

Die Geisteswissenschaften werden in unmittelbarem Zusammenhang mit dem kulturellen Hintergrund des Einzelnen gesehen und nun werden die Gründe für das Verschwinden dieses Hintergrundes aufgeführt.

Zwangsläufig werden dann die Folgen aufgezeigt und abgeleitet, die sich für die Geisteswissenschaften ergeben. Aus einer zusammenfassenden Würdigung, die die Geisteswissenschaften und die Bedürfnisse der Gesellschaft aufeinander projiziert und feststellt: „beide driften auseinander", wird dem Leser nahe gelegt, die Frage der Verwertbarkeit geisteswissenschaftlicher Ergebnisse zu verneinen und damit die Themafrage eindeutig zu beantworten.

Die Problemanalyse wird vorangetrieben, indem zurückgegriffen wird auf den Kulturbegriff, der zurückgedrängt wurde. So wird ein weiteres Moment herausgearbeitet, das die Geisteswissenschaften in Frage stellt.

Die Wirklichkeit der Universitäten vermag allerdings diese Infragestellung selbst wiederum in Frage zu stellen, wobei sich eine erneute Bestätigung bisheriger Zweifel ergibt. Dabei kommen weitere Gründe und Hintergründe zur Sprache, die, verbunden mit einer genaueren Beschreibung der Situation der Geisteswissenschaften, weitere Einsichten in die Gesamtproblemlage vermitteln. Das Problem wird schließlich zugespitzt und auf den gesellschaftlichen Bereich übertragen. Knapp werden mögliche Alternativperspektiven eröffnet und ironisch beurteilt.

Der Text analysiert die Problemlage der Geisteswissenschaften in der gegenwärtigen Gesellschaft, indem er Beteiligte und Betroffene benennt und aufzeigt, welche Wirklichkeitsbereiche vom Problem betroffen sind bzw. an der Entstehung des Problems beteiligt waren.

Auf den Punkt gebracht

Ehe Sie ein Problem zu lösen versuchen, sollten Sie die **Problemlage genauer analysieren**, um durchschauen zu können, wer in welcher Art und Weise beteiligt ist.

Entsprechend sollten Sie fragen:

- Wer ist in welcher Form beteiligt?
- Wer ist wie betroffen?
- Was ist der strittige Punkt?
- Welche Standpunkte gibt es, bezogen auf diesen strittigen Punkt?

1.2 Das Problem in Einzelaspekte zerlegen / entfalten

Bei der Problementfaltung werden **verschiedene Gesichtspunkte** entwickelt, unter denen das Problem betrachtet werden muss. Die Gesichtspunkte ergeben sich aus der jeweiligen Problemlage. Diese muss daher möglichst genau beschrieben werden. Am besten entwickelt man in diesem Zusammenhang Teilfragen, die sich um die Sache und die an der Sache Beteiligten bzw. an ihr Interessierten kümmern.

Bei der **Problementfaltung** zum Thema „Sollen die Wälder für Spaziergänger aus Naturschutzgründen gesperrt werden?" beispielsweise sollten folgende Fragen eine Rolle spielen: Was wollen die Spaziergänger im Wald? Warum sind so viele unterwegs? Welche Gefahren gehen von ihnen aus? Wer ist davon betroffen? Was machen die Spaziergänger da falsch? Wie müssten sie sich verhalten? Wo wird die Natur geschädigt? Wie lässt sich Natur schützen? Wozu soll Natur geschützt werden? Welche Folgen hätte eine Sperrung für die Spaziergänger? Welche Folgen hätte eine Sperrung für andere Gebiete? …

Gerade wenn es um auf den ersten Blick „aussichtslose" Problemstellungen geht, tut man gut daran, nach **alternativen Betrachtungsweisen** zu suchen. Dabei läuft man dann allerdings Gefahr, wiederum zu einseitig die einmal entdeckte positive Seite als alleinige Lösung festzuhalten.

Beispiel 1

Armin Himmelrath, Geld durch Geist

Überraschende These als Einstieg

Situation am Arbeitsmarkt

Wenn Geisteswissenschaftler mit Axel Born sprechen, bekommen sie nicht selten leuchtende Augen und gelegentlich zum ersten Mal seit Jahren wieder das Gefühl, mit ihrem Studienfach mehr als nur ein weltfremdes Themenfeld abgedeckt zu haben. „Wir haben an zwei Sorten von Menschen besonderen Mangel: an Frauen und an Geisteswissenschaftlern", postuliert McKinsey-Berater Born und schiebt eine markige Begründung hinterher: Die guten Leute würden immer knapper, gleichzeitig steige der Bedarf an hoch qualifizierten Mitarbeitern. […]

Grundthese: Nicht Fach, sondern Fähigkeit zählt

Da sei es reine Verschwendung, „wenn viele Talente nur dadurch vergeudet werden, dass angehende Geisteswissenschaftler ohne echte berufliche Perspektiven studieren", so Born. Dabei komme es häufig gar nicht auf die Fächer, sondern auf den Menschen und seine Fähigkeit an, ständig im Job dazu zu lernen: „Diese Fähigkeit bringen viele Geisteswissenschaftler mit."

Arbeitsmarkt für Geisteswissenschaftler

Das müssen sie wohl auch, denn „als Germanist hat man eigentlich keinen Arbeitsmarkt, der diesen Namen verdient", sagt Dieter Court vom Hochschulteam des Arbeitsamtes in

Mainz, „und der öffentliche Dienst fällt als Arbeitgeber weitgehend aus“. Die Philologin und der Pädagoge, der Theologe und die Theaterwissenschaftlerin von heute müssen sich deshalb ihrer fachübergreifenden Qualifikationen bewusst werden: Sprachkompetenz, Aufgeschlossenheit gegenüber fremden Kulturen, konzeptionelles Denken – jene *soft skills* also, die seit Anfang der 90er-Jahre auf dem Arbeitsmarkt verstärkt nachgefragt werden. „Eine andere, generalistischere Herangehensweise und eine nicht allein auf ökonomische Aspekte beschränkte Perspektive“, bescheinigt denn auch Verena Halbe von der Lufthansa den Geisteswissenschaftlern. Das Luftfahrtunternehmen sucht zwar in erster Linie nach Wirtschaftswissenschaftlern (40 Prozent der Neueinstellungen 1999), nimmt aber immerhin auch sieben Prozent Magister-Absolventen – mit guten Erfahrungen. Die Fähigkeiten der Geisteswissenschaftler, sagt Verena Halbe, seien „förderlich für die Unternehmenskultur“. [...]

Besondere Qualifikationen der Geisteswissenschaftler

Konkretes Beispiel

Die Zeiten, in denen sich vergleichende Literaturwissenschaftler den Hintern auf den Holzperlen eines Taxifahrer-Sitzes wund scheuerten, sind offensichtlich vorbei. [...] „Wirtschaftsvertreter gehen in der letzten Zeit ganz deutlich auf die Geisteswissenschaftler zu“, hat Büroleiter Ulrich Welbers festgestellt. Wer sein Studium mit einer guten Note abgeschlossen habe und Praktika vorweisen könne, müsse sich vor keinem Betriebswirtschaftler mehr fürchten. [...]

Perspektiven

Das war vor knapp einem Jahrzehnt noch anders: Als Martin Bernemann in Münster Psychologie studierte, fanden seine ersten Gehversuche in der Wirtschaft noch im Rahmen eines bundesweit bestaunten Pilotprojekts statt. Über mehrere Praktika während des Studiums lernte er verschiedene Bereiche des Personalwesens näher kennen und fand diese Arbeit so spannend, dass er hängen blieb: Bernemann ist heute Referent für Personalentwicklung beim Verlag Gruner+Jahr in Hamburg. Kein allzu ungewöhnlicher Weg, wie er findet: „Gerade die Leute im Personalwesen sind eine ganz, ganz bunt gemischte Truppe.“ So steht der Personalabteilung eines Hamburger Zigarettenherstellers ein studierter Theologe vor, und die Deutsche Bank machte Mitte der 90er-Jahre Schlagzeilen, als sie einen Sinologen für die Rekrutierung der Führungskräfte anheuerte.

Geschichte: Wie kam es zur gegenwärtigen Situation?

Beispiel

Weitere Beispiele

„Die Arbeitsmöglichkeiten sind aber noch viel, viel breiter gestreut“, betont Dieter Court vom Mainzer Arbeitsamt. [...] „Es gab zum Beispiel eine Unternehmensberatung, die unbedingt einen Philosoph suchte, um damit eine andere Herangehensweise an bestimmte Probleme entwickeln zu können“, erzählt die Mitarbeiterin einer Personalagentur. [...]

Weitere Möglichkeiten

Aus: Süddeutsche Zeitung vom 16. 1. 2001, S. V2/16 (Autor: A. Himmelrath)

Erläuterungen zum Beispiel 1

Gegenüber dem vorausgehenden Textbeispiel werden hier ganz andere Aspekte in den Vordergrund gestellt. Die nun ausgewählten Gesichtspunkte führen zu einer völlig neuen Lösung der Frage nach der Zukunft der Geisteswissenschaftler. Wiederum bleiben aber Gesichtspunkte unberücksichtigt. Der Text beschäftigt sich fast ausschließlich und doch etwas einseitig mit der Frage der „Verwertbarkeit" der Geisteswissenschaften. Den Aspekt „Berufsaussichten eines Geisteswissenschaftlers" allerdings entfaltet er sehr gut, zumindest was die ökonomisch-wirtschaftliche Seite betrifft. Nach den Aussichten innerhalb der Geisteswissenschaften selbst fragt er zu wenig. Das hängt wohl damit zusammen, dass die Geisteswissenschaften fast ganz aus dem Blick geraten.

Beispiel 2

Peter Sloterdijk sieht Philosophen als Provokateure

Mannheim (dpa). In der aktuellen Gen-Debatte sollten Philosophen nach Ansicht von Peter Sloterdijk die Aufgabe der „gezielten Provokation" übernehmen. Geisteswissenschaftler seien gerade angesichts des derzeitigen Aufschwungs der Naturwissenschaften gefragt, an der Schärfung der Urteilskraft zu arbeiten, sagte der Philosophieprofessor am Mittwochabend in einer Podiumsdiskussion in Mannheim.

Gezielte Provokation als Aufgabe der Geisteswissenschaftler angesichts des Aufschwungs der Naturwissenschaften

Der Rektor der Karlsruher Hochschule für Gestaltung hatte 1999 mit Aufsehen erregenden Thesen zu Züchtungschancen im Menschenpark als Enfant terrible seiner Zunft dazu beigetragen, die Gen-Debatte in den deutschen Feuilletons zu entfachen. In der Podiumsdiskussion über die „Erfindung des Menschen durch den Menschen" gab sich Sloterdijk dagegen bedächtig.

Bedeutung des Autors im Problemfeld

Zur Arbeit an der „Regeneration der Urteilskraft" gehöre unter anderem die „gezielte Provokation". Die Philosophen könnten in der Diskussion über die Grenzen der Gentechnik dieselbe Rolle spielen wie die Neoliberalen für den Markt. Ebenso notwendig sei es aber auch, Fehlhaltungen zu beschreiben und einzudämmen. „Wir brauchen eine Art moralisches Emissionsschutzgesetz, um den Ausstoß von moralischen Unerträglichkeiten zu regulieren", sagte Sloterdijk.

Rolle des Philosophen:
- *Regeneration der Urteilskraft*
- *Beschreiben von Fehlhaltungen*
- *Entwickeln eines moralischen Emissionsschutzgesetzes*

Den Aufschwung der „Lebenswissenschaften" sieht er gelassen. Letztlich werde die traditionelle Zweiteilung in Natur- und Geisteswissenschaften ohnehin in einem neuen „Biokulturalismus" aufgehoben. „Wir werden auch den biotechnischen Subjektivismus überwinden", sagte er. Zur Not könnten die Philosophen der Zukunft immer noch als Therapeuten gescheiterter Gentechniker dienen. [...]

Mögliche Infragestellungen

Antwort: Philosoph als Therapeut gescheiterter Gentechniker

Erläuterungen zum Beispiel 2

Dieser Text berichtet von einer Podiumsdiskussion. Hier werden weitere Aufgaben bzw. Aspekte zum Thema „Geisteswissenschaftler" genannt. Sieht man von den Besonderheiten des Presseberichts (z. B. indirekte Rede ...) ab, so werden wichtige Aspekte erkennbar, die eben auch bedacht werden müssen, wenn es um die Frage nach dem Sinn der Geisteswissenschaften geht. So wird eine neue „Verwertbarkeit" des Geisteswissenschaftlers umrissen, die nicht unmittelbar mit ökonomischen Gesichtspunkten zu tun hat, die sich aber gleichfalls als notwendig herausstellt.

Auf den Punkt gebracht

Es genügt nicht, ein Problem in **Einzelaspekte** zu **zerlegen**. Es ist auch erforderlich, diese Einzelaspekte selbst zu **entfalten** und im Detail nach den wesentlichen Dimensionen zu fragen:

- Wer ist alles beteiligt? Welche Bereiche sind betroffen?
- Was will der Beteiligte? Welche Interessen spielen jeweils eine Rolle?
- Welche Ursachen sind wofür verantwortlich?
- Was müsste geschehen?
- Welche Folgen können sich ergeben?
- Welche Zusammenhänge bestehen zwischen einzelnen Bereichen?

2 Differenzierend betrachten – Teillösungen suchen

Es gibt Probleme, die sich nur dadurch gerecht lösen lassen, dass alle beteiligten Parteien auf einiges verzichten, um den Kern der Ansprüche noch realisieren zu können. Oft ist es aber nicht möglich, ein Problem auf einmal durch einen Kompromiss zu lösen. Zu viele Einzelaspekte sind zu berücksichtigen, zu viele Einzelinteressen geraten in Konflikt. Hier empfiehlt es sich, **Teilbereiche** auszugrenzen und **Teilkompromisse** zu suchen.

Freilich besteht dann die Gefahr, dass eine Partei zu wenig, ihre Interessen nur scheinbar berücksichtigt werden. In solchen Fällen spricht man von einem **„faulen Kompromiss".** Mit folgenden Fragen kann man überprüfen, ob es sich um einen „faulen" oder um einen gerechten Kompromiss handelt:

- Werden beide Parteien genügend und ausgewogen berücksichtigt?
- Werden die Interessen einer Partei zu sehr vernachlässigt?
- Werden auch die negativen Konsequenzen und Einschränkungen bzw. Verzichte genannt und mitbedacht?
- Sind die Lösungen realistisch bzw. realisierbar?

2.1 Teilaspekt und Lösungsmöglichkeiten

Soll also ein komplexes Problem so gelöst werden, dass möglichst viele, vielleicht sogar alle Beteiligten zufrieden sind, muss das Problem in Teilprobleme zerlegt werden. Dabei sind zwei unterschiedliche Vorgehensweisen möglich:

- Die Zerlegung kann einmal von der **Sache** her erfolgen. (Beispiel: Thema „Sind die Geisteswissenschaften noch zu retten?" Zerlegung in Teilfragen: Reform der Universitätsbereiche – Neue Aufgabenstellungen – Neue Anbindungen an die Wirklichkeit – …)
- Dann aber kann die Zerlegung die **Betrachtungsweise(n)** betreffen, ein Bereich wird also unter verschiedenen Blickwinkeln betrachtet. (Beispiel: Thema „Sind die Geisteswissenschaften noch zu retten?" Zerlegung unter den Blickwinkeln: ökonomische Verwertbarkeit – Bedeutung für das Menschsein – Bedeutung für das „kulturelle Bewusstsein" – …)

Natürlich ist es auch möglich, beide Verfahren zu mischen. Dann aber sollte bei jedem Schritt klar gemacht werden, ob es sich um je verschiedene Betrachtungsweisen desselben (Teil-)Problems oder um verschiedene Teilprobleme bei gleicher Betrachtungsweise handelt. (Beispiel: Geisteswissenschaften, unter ökonomischem Aspekt betrachtet → Teilproblem Selbstwerbung, Teilproblem Verwertung v. Ergebnissen, Teilproblem Finanzierung v. Grundlagenforschung …)

Beispiel

Sollen Naturräume für den Menschen gesperrt werden?

Ich sehe den Wald als Erholungsgebiet an. Der Mensch ist hier nicht der extreme Kaputtmacher. Es macht doch nichts aus, wenn hier und da mal ein Reh aufgescheucht wird. Jäger übertreiben da oft und tun so, als hätte der Mensch im Wald nichts zu suchen. Trotzdem sollten beispielsweise Brutgebiete von scheuen Vögeln geschützt werden. (1)

Teilaspekt: Schutz besonders sensibler Bereiche

Die Natur muss man draußen erleben und nicht vor dem Fernseher. Sicher ist es notwendig, Natur- oder Landschaftsschutzgebiete auszuweisen. Dort muss es aber Wege zum Wandern und Spazieren geben. (2)

Teilaspekt: Natur als „Erlebensraum" mit ausgewiesenen Wegen

Naturfreunde sollten nicht zu Hause bleiben, sondern rausgehen in die Natur. Der wahre Naturfreund, der bleibt auf den Wegen, wenn nicht, wird er zur Kasse gebeten. Kletterer, Kanufahrer und Mountain-Biker haben bestimmte Gebiete, wo sie ihren Sport ausüben können. Deshalb muss man das nicht verbieten. (3)

Teilaspekt: Naturfreund auf festgelegten Wegen; Sport in abgegrenzten Bereichen

Ich halte es für sehr wichtig, dass Menschen, Tiere und Pflanzen zusammenleben: Dazu gehört, dass wir die Natur respektieren und kein Leben mutwillig zerstören. Ich gehe aber quer durch den Wald, weil ich Pilze nicht auf dem Wanderweg finde. Wo Teile gesperrt sind, weil da seltene Vögel brüten, gehe ich natürlich nicht hin. (4)

Teilaspekt: Zusammenleben und Rücksichtnahme

Wenn man sich an die Wege hält, gibt es keinen Grund, das Wandern zu verbieten. Das gilt meiner Meinung nach auch in Naturschutzgebieten. Das Fahren mit Mountain-Bikes würde ich ablehnen, weil die ganzen Grasnarben kaputt gemacht werden. (5)

Teilaspekt: Ablehnung von „Zerstörern"

Mit der Sperrung des Waldes für eine gewisse Zeit könnte ich leben. Ich glaube, die meisten hätten dafür Verständnis. Der Kontakt mit der Natur ist aber unerlässlich, damit man den Draht zu ihr nicht verliert. (6)

Teilaspekt: Sperrung auf Zeit

Texte nach: IWZ, Illustrierte Wochenzeitung, Stuttgart 1989, Nr. 29, S. 2

Erläuterungen zum Beispiel

Die Textbeispiele 1–6 geben einzelne Stellungnahmen zu der Themafrage wieder. Die Texte lassen verschiedene Aspekte des Gesamtproblemfeldes erkennen und sprechen Teilbereiche an, in denen jeweils Kompromissmöglichkeiten umrissen werden.

Auf den Punkt gebracht

- Auf der Suche nach der Gesamtlösung eines Problems bieten sich die Teillösungen an, die als „**Teilkompromisse**" Teilaspekten des Gesamtproblems gerecht werden.
- Achten Sie beim Formulieren darauf, dass den **Teilaspekten** dahingehend Gerechtigkeit widerfährt, dass sie **gleichmäßig berücksichtigt** werden. Das ist zwar nicht immer möglich, aber sorgen Sie in solchen Fällen für einen Ausgleich, indem Sie der Seite, die in einem Teil benachteiligt wurde, in einem anderen mehr entgegenkommen.
- Bringen Sie in der **Formulierung** entsprechend zum Ausdruck, dass Sie „**Sowohl-als auch-Positionen**" vertreten. (Formulierungsvorschläge: *Sicher ist es einerseits notwendig …, andererseits aber muss es auch …; Zum einen wird man …, zum andern aber braucht man nicht …; Besonders wichtig ist, dass …, dazu gehört aber auch …; Es gibt keinen vernünftigen Grund … zu verbieten, es sollte allerdings doch auch darauf geachtet werden, dass …; Mit einem Teilverbot könnte man einverstanden sein, wenn dadurch sichergestellt wird, dass …; Wenn man … ausreichend berücksichtigt, ist … durchaus zu vertreten.*)

2.2 Gewichtungen und Interessenslagen

Man kann, das wird deutlich, eine Problemlage unter ganz verschiedenen Gesichtswinkeln betrachten. Dabei sind u. U. alle diese Perspektiven berechtigt, keine hebt die andere auf, und doch stehen sie im Gegensatz zueinander. Wenn mehrere Gesichtspunkte je für sich berechtigt sind, dann ist eigentlich die Frage nicht mehr mit *richtig* oder *falsch* zu beurteilen. Und dennoch muss eine Entscheidung herbeigeführt werden, soll das Problem geklärt, aus der Welt geschafft oder bewältigt werden.

Sind aber **mehrere Perspektiven berechtigt und begründet,** ist eine sinnvolle Entscheidung nur möglich, wenn die verschiedenen Begründungen gegeneinander aufgewogen werden, d. h., in jedem einzelnen Fall ist zu prüfen, welcher Grund schwerer wiegt. Das aber ist oft eine reine Ermessensfrage. So kann z. B. einer sagen: „Das Ruhebedürfnis der Wildtiere hat Vorrang!" Mit gleicher Berechtigung kann ein zweiter sagen: „Vorrang hat das Erholungsbedürfnis der Menschen!"

Bei der **Gewichtung verschiedener Begründungen** wird man immer nach der Möglichkeit suchen, die „den geringsten Schaden anrichtet" bzw. jeweils dem anderen am wenigsten „zumutet" oder abfordert. Der Idealfall wäre erreicht, wenn es gelänge, bei kleinen Abstrichen für beide Seiten die „große Lösung" zu finden. Im angesprochenen Fall etwa könnte man sagen: „In den Zeiten, in denen die Tiere ihren Nachwuchs großziehen, haben sie und ihr Ruhebedürfnis Vorrang, in den übrigen Zeiten der Erholung suchende Mensch."

Beispiel

Uli Remmel, Freizeitsport oder Naturschutz?

Von Extremfällen zur Themafrage

Die beiden Alternativen: Naturschutz oder Recht auf Erholung in der Natur

Reiter, die mit ihren Pferden den Waldboden zerpflügen, durchs Unterholz brechende Mountain-Bike-Piloten, Wassersportler, die Lärm und Unruhe in die Tierwelt der Uferauen bringen – Menschen, die sich in ihrer Freizeit in der Natur sportlich betätigen, erwecken stets auch den Argwohn derjenigen, die eben diese Natur schützen und erhalten wollen. Müssen Landschaft, Flora und Fauna vor den Sportbegeisterten bewahrt werden, müssen Golfspielen und Tiefschneefahren am Ende ganz verboten werden? Oder haben die Menschen vielmehr ein Anrecht darauf, Sport zu treiben an frischer Luft in freier Natur, zur Erholung und zum Zeitvertreib? [...]

Die beiden Möglichkeiten im extremen (und konkreten) Einzelfall werden abgelehnt

Die Rheinauen gesperrtes Reservat für Kormorane, Graureiher, Eisvögel oder Schnaken, der Pfälzerwald alleiniges Refugium für Rehe, Wildschweine oder Ringelnattern? Nein! Also: Segeln, Surfen, Motorbootfahren, Angeln, Mountain-Bike-Trekking, Klettern, Drachenfliegen – frisch, fröhlich und frei? Nein!

Der Kompromiss: vernünftiges Miteinander

Grund für die Ablehnung des rigorosen Naturschutzes

Vielmehr: Ein vernünftiges Miteinander von Sport und Natur, auch im Landschaftsschutzgebiet, selbst dort wo Schilder gar den strengeren Naturschutz verordnen. Sportliche Betätigung in Naherholungsgebieten kann kein Verbrechen sein, Menschen haben ein Anrecht darauf.

Einschränkung des Gegenteils

Forderungen, die sich vom Extrem her begründen, werden abgelehnt

Selbstverständlich muss es Regeln geben, die geplagte Natur hat Umdenken und Rücksicht so nötig wie verdient. Dort wo vor wenigen Jahren noch im Altrhein Wasserski erlaubt war, ist dies heute zu Recht verboten. Aber soll deswegen auch gleich der Paddler, Segler, Kanut oder Schwimmer verbannt werden? Wenn im Dahner Felsenland die Sandstein-Türme vor den Haken der Mittelgebirgsalpinisten geschützt werden müssen, und mit ihnen die Brut der selten gewordenen Falken, muss der Wanderer und Waldläufer ebenfalls gleich zu Hause bleiben?

Sportliche Aktivitäten gegen wirtschaftliche Eingriffe

Noch einmal: Mit-, nicht Gegeneinander von Sport und Natur ist gefragt. Ein Golfplatz kann sehr wohl eine Bereicherung für die Landschaft sein. Nicht die Steganlage verunziert den Altrhein, in dem der Kiesbagger rattern darf, aus wirtschaftlichen Gründen vom Naturschutzgebot ausgenommen. Nicht das Kanu raubt den Zugvögeln die Ruhe, wenn gleichzeitig Schubschiffe Deponieabfall anliefern. Ebenso wenig wie der Jogger die Waldwege ruiniert haben kann, wenn zuvor Laster die Pfalzeichen zur Versteigerung abgeholt haben.

Ablehnung der Extreme

Natürlich. Sportfanatiker, die den Waldstreifen hinterm Dorf mit dem Dschungel Ostasiens verwechseln, denen kein Hang zu steil, keine Wiese zu sumpfig und kein Schilfgürtel zu scharfblättrig ist, solche „Sportsfreunde" wird es immer geben. Sie müssen in ihre Schranken gewiesen werden. Doch die „normalen" Flieger, Segler, Radler, Skilangläufer, Triathleten, Wanderer, Golfanhänger, Fischer oder Reiter, sie müssen ausreichende Freiräume für ihr Hobby finden können.

Forderung nach Duldung der „Gemäßigten"

Nicht in der Schweiz, nicht in den Anden, nicht am Mittelmeer oder am Ural. Sondern bei Ludwigshafen, Kaiserslautern, Neustadt, Kusel, Germersheim, Pirmasens oder Frankenthal. Dort nämlich, wo sie wohnen und arbeiten, haben sie auch das Recht auf Entspannung durch Sport. Vorausgesetzt, sie bringen der Natur jenen Respekt entgegen, den diese verdient!

Begründung

Aus: Die Rheinpfalz vom 8. 10. 1994

Erläuterungen zum Beispiel

Der Text arbeitet zunächst einmal mit der Gegenüberstellung der Extremfälle, um das Problem schärfer zu profilieren. Die beiden Extremfälle werden abgelehnt. So wird unmittelbar der Weg für einen Kompromiss frei gemacht. Dieser Kompromiss wird dann begründet. Erneut werden die Extreme in beiden Richtungen abgelehnt. Ein neuer Aspekt kommt ins Spiel, wenn darauf hingewiesen wird, dass, wenn es um wirtschaftliche Gesichtspunkte geht, man mit dem Naturschutz keineswegs zimperlich umgeht. Die Forderung einer Duldung der Gemäßigten (Sportler) wird einmal eingeleitet durch die Ablehnung der Extreme, dann aber begründet aus der konkreten Situation der Menschen einer Region heraus.

Auf den Punkt gebracht

- Ein Kompromiss sollte, soweit dies möglich ist, die Interessen beider Seiten berücksichtigen. Dabei wird es darauf ankommen, **Gewichtungen** vorzunehmen und diese Gewichtungen auch offen zu legen.
- Am eindringlichsten kann man die Fragwürdigkeit eines einseitigen Anspruchs offen legen, wenn man **Extremfälle** vorführt und mit den jeweils gegenteiligen Interessen konfrontiert. So wird es möglich, die Gegner zur Zurücknahme der Position auf ein vernünftiges Maß zu bewegen. Damit ist bereits ein entscheidender Schritt zu einem Kompromiss getan, der auch die Interessen der Gegenseite berücksichtigt.

3 Gesamtlösung: Summe von Kompromissen

In vielen Problemfällen, in denen es zu Interessenkonflikten kommt, ist eine weitgehend befriedigende Lösung möglich, wenn nur alle beteiligten Parteien bereit sind, auf einiges zu verzichten und so Kompromisse einzugehen. Unter „Kompromiss“ versteht man eine „Übereinkunft durch gegenseitige Zugeständnisse, in der Politik eine auf Freiwilligkeit oder Einsicht beruhende Vereinbarung, um innergesellschaftliche oder internationale Gegensätze und Interessenkonflikte auszugleichen. Der K. ist – v. a. in der Demokratie – eine der wesentlichen Formen der Konfliktbewältigung. In der Theorie des gesellschaftlichen Handelns entspricht der K. i. d. R. dem realen Verhalten des Einzelnen zw. Konformität und individuell abweichendem Verhalten.“ (Brockhaus-Enzyklopädie in 24 Bänden, F. A. Brockhaus GmbH, Mannheim, [12]1990, S. 238 f.)

3.1 Abwägen, gegeneinander „verrechnen“

Nur selten ist eine Gesamtlösung erreichbar. In aller Regel wird es sich um eine Summe von Teilkompromissen handeln. Gerade wenn solche Teilkompromisse geschlossen werden, geht es darum, diese Einzelteile „zusammenzuzählen“. In einem Teilkompromiss wird das Interesse der einen Partei überwiegen, in einem andern das der Gegenpartei. In der „Gesamtabrechnung“ sollten dann die Interessen aller beteiligten Parteien möglichst gleichmäßig berücksichtigt werden.

Beispiel

Bettina Schardt, Soll man in der Studienstufe des Gymnasiums die Fächerwahl und die damit verbundene frühe Spezialisierung aufgeben zugunsten einer breiteren Allgemeinbildung im Rahmen festgelegter „Hauptfächer“?

Geschichte und Inhalt der Oberstufenreform / Studienstufe

1972 wurde von der ständigen Konferenz der Kultusminister der Länder in der Bundesrepublik Deutschland beschlossen, die gymnasiale Oberstufe zu reformieren. So entstand die Studienstufe, die die Klassenstufen 11 bis 13 umfasst. Im Prinzip kann der Schüler im neuen System der Studienstufe jedes Fach zu einem seiner zwei bzw. drei Leistungsfächer machen, wenn er am Ende mit seinen gewählten Fächern mindestens zwei Aufgabenfelder abdeckt (so jedenfalls sieht die gegenwärtige Regelung in Rheinland-Pfalz aus). Neben den drei Fächern, die als Leistungskurse belegt werden, wird eine bestimmte Anzahl von Fächern als Grundkurse belegt, wobei einige Fächer völlig entfallen können. Fächer wie Deutsch, Religion bzw. Ethik, Mathematik und Sport können nicht ganz abgewählt werden.

Natürlich haben die Grundfächer bei der „Endabrechnung" weniger Gewicht als die Leistungsfächer. In Rheinland-Pfalz ist das Verhältnis gegenwärtig 1:3.

Zuspitzung auf Themafrage

Seit einiger Zeit ist nun wieder die Diskussion um die reformierte gymnasiale Oberstufe entbrannt. Ist es wirklich sinnvoll, die Schüler frei ihre Leistungsfächer wählen und sich damit spezialisieren zu lassen, oder leidet die Allgemeinbildung zu sehr darunter? Beide Seiten bringen wichtige Bedenken und Argumente zur Sprache, die hier zu berücksichtigen sind.

1. Problembereich: Gefährdung der Allg. Hochschulreife

Eines der größten Bedenken hinsichtlich der Wahlfreiheit in der Studienstufe ist, dass eine „Allgemeine Hochschulreife", wie sie ja mit dem Abitur ausgesprochen wird, nicht mehr inhaltlich garantiert werden kann, da die Möglichkeiten zu groß sind, durch die Wahl wichtige, für das Studium verschiedener Fächer zentrale Voraussetzungen zu umgehen.

Gefahr durch Wahlmöglichkeiten

Man denkt dabei wohl besonders an die Gefährdung einer allgemeinen Hochschulreife durch die Abwahl bestimmter Fächer.

Beispiel

Wenn z. B. ein Schüler Physik abwählt, so werden ihm später beim Studium bestimmter Fächer wichtige Voraussetzungen fehlen. Dabei geht es nicht nur um Physik selbst, sondern um weite Bereiche der Naturwissenschaft, ja sogar der Medizin usw.

Gegenargument: Regelung

Nun ist aber durch die Studienstufen-Regelung abgesichert, dass der Zugang zu allen Hochschulfächern gewährleistet ist.

Beispiele

Diese Zusicherung stützt sich auf die Regelung, dass mindestens zwei Aufgabenbereiche durch Leistungskursfächer abgedeckt sein müssen und dass keines der früheren sog. Hauptfächer ganz abgewählt werden kann. Es ist auch nicht möglich, alle Naturwissenschaften oder alle Sprachen abzuwählen.

Argument der Spezialisierung

Angesichts der gegenwärtigen Situation in der hoch technisierten Welt ist eine frühe Spezialisierung geradezu unumgänglich, will man sich intensiv und sachgerecht mit einem Gebiet befassen und nicht den Anschluss verlieren. Ein solches Wissen kann man sich nicht in einem zwei- oder dreistündigen „Nebenfach" erwerben. Hat man sich aber schon drei Jahre im Leistungskurs in ein Fach eingearbeitet, fällt der Einstieg in ein Fachstudium nicht mehr so schwer. Das gilt vor allem für den naturwissenschaftlichen Bereich, der ja ein immenses Spezialwissen in allen Teilgebieten umfasst bzw. erforderlich macht.

Gegenargument: Allgemeinbildung

Dennoch aber setzt gerade die moderne Arbeitswelt und noch mehr die moderne Gesellschaft, in der der Mensch verantwortlich handeln soll, eine umfassende Allgemeinbildung voraus. Das bedeutet wiederum, dass diejenigen Fächer, die sich mit dem menschlichen Zusammenleben in Geschichte und Gegenwart oder mit Möglichkeiten menschlicher Lebensgestaltung befassen, besonderes Gewicht erhalten sollten. Will man aber verantwortlich mitentscheiden, so ist in vielen Fällen auch eine ausreichende Sachkenntnis erforderlich. Eine

Diskussion oder Entscheidung über richtigen Datenschutz ist z. B. nur dann möglich, wenn ausreichende Kenntnisse über die Möglichkeiten und Gefahren der EDV vorhanden sind.

Beispiel

Daneben gilt es aber auch zu bedenken, dass eine Allgemeinbildung, wie sie durch bestimmte Kernfächer vermittelt werden könnte, zu den notwendigen Grundlagen vieler Studienfächer gehört. Dabei beschränkt sich der Begriff „Allgemeinbildung" nicht auf den Bereich der Geistes- oder Humanwissenschaften, vielmehr sind damit auch Wissensgebiete angesprochen, wie sie z. B. durch das Fach Physik vermittelt werden.

Weiteres Argument zur Allgemeinbildung

2. Problembereich: Einschränkung der Berufswahl

Durch die Wahl der Leistungskurse engt der Schüler seine Möglichkeiten für eine spätere Wahl des Studiengangs bzw. des Berufs doch erheblich ein. Soll man nun einem 15- bis 16-jährigen jungen Menschen bereits eine so weit reichende Entscheidung überlassen? Gerade in dieser Zeit der Entwicklung ändern sich noch häufig Neigungen und Interessen, Begabungen werden erst nach und nach entdeckt usw. Freilich, Hauptschüler haben schon mit der konkreten Berufsausbildung begonnen, und so kann man auch vom Gymnasiasten zumindest eine Vorentscheidung erwarten. Er muss sich ja noch nicht für einen Beruf im engeren Sinne entscheiden. Eine völlige Spezialisierung wird hier nicht erwartet. Es müssen immer noch zwei Aufgabenfelder abgedeckt werden: Ein Schüler kann zwar zwei Naturwissenschaften im Leistungskurs belegen, muss aber dann noch einen Leistungskurs aus dem Bereich Sprachen oder Gemeinschaftskunde haben. So garantiert das gegenwärtige System doch einen Rest an Allgemeinbildung. Vielleicht könnte man hier durch leichte Einschränkungen bzw. Koppelungen die erreichbare Bandbreite noch etwas ausdehnen und z. B. drei Aufgabenbereiche verpflichtend vorschreiben.

Gegenargument

Kompromiss:
- *im System schon vorhanden*
- *mögliche Erweiterung*

Zwar können bestimmte Fächer abgewählt werden, aber es ist doch garantiert, dass der Grundbestand der früheren Hauptfächer gewahrt bleibt. Auch hier könnten gewisse Einschränkungen die Basis einer übergreifenden Allgemeinbildung verbreitern und sichern.

Weitere Ergänzungen (zum Kompromiss)

3. Problembereich: Vernachlässigung der Grundfächer

Freilich gibt es in der Praxis viele Schüler, die die Grundfächer doch etwas vernachlässigen. Die Gründe hierfür sind vielfältig. Es liegt wohl nicht nur an den erhöhten Anforderungen in den Leistungskursen oder an gelegentlich überzogenen Forderungen in den jeweiligen Grundkursen, sondern auch am Gewicht, das die Leistungen und damit die Noten der Grundkurse haben. Ein im Leistungsfach erworbener zusätzlicher Punkt hat eben in der Endabrechnung dreifaches Gewicht. Natürlich leidet darunter die „Allgemeinbildung". Aber dem könnte abgeholfen werden, wenn die Anforderung überprüft und reduziert oder die Gewichtung verändert würde.

Gründe

Kompromiss

Positive Aspekte des Systems

Allerdings hat das Wahlsystem für den Schüler einen sehr wichtigen positiven Aspekt: Man kann die Fächer, in denen man gut ist, die einem Spaß machen, zu Leistungskursen machen und damit für sich selbst aufwerten. So können Interessen und Begabungen gezielt und frühzeitig gefördert werden. Auch bietet sich die Möglichkeit, durch zusätzliche Impulse weiter zu fördern und zusätzliche Motivationen zu schaffen.

Bewertung / Zs.fassende Würdigung

Einwände von der konkreten Praxis her

Verantwortliche Handhabung des Systems

Hinweis auf Modifikationen

Ich sehe die gegenwärtige Regelung als gut an, weil sich der Schüler so besser entfalten kann, wenn er, wie es die Idee der Reform vorsieht, die Fächer als Leistungsfächer wählt, die ihm aufgrund seiner Begabung und Neigung liegen. Natürlich kommt es in der Praxis vor, dass nach anderen Gesichtspunkten gewählt wird, aber das darf nach meiner Meinung nicht die positive Seite der Reform entwerten. Die Allgemeinbildung kommt, wird das gegenwärtige System von Schülern und Lehrern verantwortlich gehandhabt, nicht zu kurz. Wie oben angedeutet, könnte man da allerdings etwas „nachhelfen". Der Vorzug des Wahlsystems bleibt eben doch, dass die Möglichkeit besteht, sich sowohl eine Grundbildung als auch eine spezialisierte Bildung in einem Bereich, der einen interessiert, zu erwerben. Allerdings erfordert die Studienstufe, solange noch Wahlmöglichkeit besteht, mehr Verantwortung vom Schüler. Wird diese Verantwortung ernst genommen – und das heißt, es muss auch auf sie vorbereitet werden! – so sollte zumindest ein gewisses Maß an Wahlfreiheit bestehen bleiben.

Erläuterungen zum Beispiel

Der Text erörtert das Gesamtproblem im Rahmen von drei Teilbereichen: Gefährdung der allgemeinen Hochschulreife, Einschränkung der Berufswahl, Vernachlässigung der Grundfächer. Im Rahmen dieser Teilbereiche wird jeweils aufgezeigt, welche Problematik sich angesichts der gegenwärtigen Situation stellt, wo das gegenwärtige System schon Kompromisswege eröffnet und welche weiterführenden Möglichkeiten genutzt werden könnten. So führt der Text zu einer Bewertung und zusammenfassenden Würdigung, die aufzeigt, was im Rahmen der gegenwärtigen Möglichkeiten in Richtung Ideallösung möglich ist.

Auf den Punkt gebracht

- Wenn Sie eine Gesamtlösung über Teilkompromisse anstreben, dann achten Sie darauf, dass die „Summe" der Teilkompromisse in ihrer Gesamtheit ausgeglichen ist.
- Verweisen Sie in der Schlussbewertung / Zusammenfassung auf diese „Aufrechnung".

3.2 Konsequenzen einbeziehen

Oft gibt es, soll ein erzielter Kompromiss realisiert werden, ein „böses Erwachen". Offensichtlich wurden da bei der Vereinbarung die Konsequenzen nicht mitbedacht, die die einzelnen Entscheidungen nach sich ziehen. Deshalb sollte immer auch aufgezeigt werden, welche Folgen, Folgemaßnahmen, Handlungen usw. eine Entscheidung mit sich bringen wird. Vor allem sollte aufgezeigt werden, was die einzelnen Parteien an **Konzessionen** zugestehen müssen und was sich konkret an **Abstrichen vom ursprünglichen Gesamtvorhaben** ergibt, wenn der Kompromiss verwirklicht wird.

Damit könnte sich – nutzt man gleichzeitig noch die Möglichkeit, das Problem mittels Teilkompromissen zu lösen – folgende Arbeitsgliederung ergeben:

1 Problem
  1.1 Ansprüche / Position der einen Seite
  1.2 Ansprüche / Position der anderen Seite
2 Gründe
  2.1 Gründe der einen Seite
    Bedenken
  2.2 Gründe der anderen Seite
    Bedenken
3 Lösung, Kompromiss
  3.1 Erster Teilkompromiss
    Vorteile, Einschränkungen, Folgen für beide Seiten
  3.2 Zweiter Teilkompromiss
    Vorteile, Einschränkungen, Folgen für beide Seiten
4 Schlusswürdigung und Ausblick

Beispiel

Bettina Schardt, Ist es heute noch gerechtfertigt, dass im Rahmen schulischer Veranstaltungen so genannte „Skifreizeiten" durchgeführt werden?

Einleitung

An vielen Schulen ist es schon selbstverständlich geworden, dass im Lauf der Schulzeit mindestens drei größere Fahrten durchgeführt werden. Dabei wird eine dieser Fahrten nicht selten als sog. „Skifreizeit" veranstaltet, und das, obwohl heute wohl feststehen dürfte, dass kaum eine Massensportart so massiv schädigend in die Natur eingreift wie das Skifahren und das, was in diesem Zusammenhang veranstaltet wird. Damit stellt sich die Frage umso eindringlicher: Ist es noch zu rechtfertigen, dass die Schule im Rahmen von Skifreizeiten zu diesem Sport hinführt?

Klärung der Sachlage:
– Aufgaben der Schule
– Äußere Umstände und Bedingungen
– Erste Folgen

Soll die Frage weitergehend geklärt werden, ist zunächst die Sachlage offen zu legen. Aufgabe des schulischen Sportunterrichts ist es auch, die Schüler an solche Sportarten heranzuführen, die in der Gesellschaft eine gewisse Bedeutung haben oder die unter medizinischen Gesichtspunkten besonders wichtig sind. Das Skifahren stellt nun heute eine sportliche Betätigung dar, der sehr viele Zeitgenossen nachgehen. Es gehört schon fast „dazu“, Skifahren zu können. Man könnte nun ableiten, es sei folgerichtig Aufgabe der Schule, Schüler an einen solchen Sport heranzuführen. Zum Thema „Freizeit“ ist nur so viel anzumerken: Die Veranstaltung trägt zwar den Namen „Freizeit“, sie hat aber wenig mit Freizeit zu tun. Es ist zwar unterrichtsfreie Zeit, aber es wird doch unterrichtet, nur eben in einem Bereich, der normalerweise ausgespart bleibt. Weiterhin ist für die Sachlage von Bedeutung, dass Skifahren nur in bestimmten Zeiten und in bestimmten geografischen Regionen möglich ist. Damit fallen für viele Schüler längere Anfahrtswege an. Darüber hinaus erfordert das Skifahren eine bestimmte Ausrüstung, die nicht gerade billig ist.

Frage und Gliederung nach Problembereichen
Erster Bereich:
– Erinnerung an Contra-Argument
– Pro-Argument
– Teillösung

Versucht man nun die Frage zu klären, inwieweit die Schule noch solche Freizeiten durchführen soll, so wird man nach bestimmten grundsätzlichen Problembereichen zu fragen haben. Von der Schädigung der Umwelt durch das Skifahren war bereits die Rede. Dem könnte nun entgegengehalten werden, dass es, wenn das Skifahren schon nicht zu verhindern ist, doch sinnvoll wäre, wenn die Schule dazu anleitet, etwas behutsamer auch als Skifahrer mit der Natur umzugehen. Trotz alledem aber wird man nicht umhin können zu sagen: Unter Umweltschutz-Gesichtspunkten sollte die Schule zu einem verantwortlichen Verhalten gegenüber der Natur erziehen und auf das Skifahren ganz verzichten.

Zweiter Bereich:
– Contra-Argument
– Pro-Argument
– Contra-Argument
– Teillösung

Auch der finanzielle Aspekt könnte in die gleiche Richtung verweisen. Das Skifahren ist mit erheblichen „Investitionen“ verbunden. Es muss nicht nur spezielle Kleidung gekauft werden. Auch eine ganz bestimmte, teure Ausrüstung ist notwendig. Freilich: Hier könnte die Schule gerade finanziell weniger gut gestellten Schülern die einmalige Chance bieten, über Leihverfahren u. Ä. kostengünstig einen Sport zu treiben, zu dem sie sonst keinen Zugang hätten. Es bleibt allerdings die Frage der Reisekosten. Hier wird man wohl sagen müssen: Wenn die Anreise zu den Skigebieten zu teuer wird, sollte ganz verzichtet werden.

Dritter Bereich:
– Contra-Argument
– Einschränkung und Pro-Argument

Anders wird man nun unter sportpädagogischen Gesichtspunkten entscheiden. Zwar ist das Skifahren mit einem gewissen Verletzungsrisiko verbunden, doch kann davon ausgegangen werden, dass zunächst einmal eine angemessene Vorbereitung und dann auch eine fachkundige Betreuung und Anleitung erfolgt, so dass das Risiko deutlich eingedämmt wird. Positiv steht noch die hohe Motivationskraft zu Buche, die diese sportliche Betätigung mit sich bringt. Skifahren, insbesondere in seinen modernen Versionen, ist wohl eindeutig zu den „Fun-Sportarten" zu rechnen, die von sich aus so viel an Attraktivität entwickeln, dass auch weniger sportlich begabte Schüler bereit sind, sich sportlich einmal zu engagieren.

– Pro-Argument
– (Teillösung)

Ähnliches gilt für den sozialen Aspekt. Sportliche Langzeitveranstaltungen tragen deutlich zur Verbesserung des sozialen Klimas unter der Schülerschaft bei. Dies gilt insbesondere für Sportarten wie das Skifahren, wo neben dem Sport aufgrund der äußeren Gegebenheiten auch der „Après-Sport" eine gewisse Bedeutung hat.

Vierter Bereich:
– Pro-Argument
– (Teillösung)

Wägt man nun die vorgebrachten Gründe und Gegengründe gegeneinander ab, so wäre eine Entscheidung gegen die Skifreizeit als Schulveranstaltung durchaus zu vertreten, vor allem dann, wenn die Aspekte Umweltschutz und finanzielle Belastung im Vordergrund stehen. Ist die Schule, und sind die Schüler aber bereit, Aspekte des Umweltschutzes auch bei der Ausübung des Sports weitgehend zu berücksichtigen, so könnten sich Lösungen ergeben, die die Skifreizeit nicht ganz aus der Schule verbannen, wohl aber bestimmte Bedingungen setzen, die einzelnen Belangen mehr gerecht werden und auch der Aufgabe der Schule, die Schüler zum Umweltschutz zu erziehen, Rechnung tragen.

Fazit:
– Mögliche Contra-Entscheidungen und die tragenden Gründe
– Teilkompromiss 1 und Bedingungen

Auch der finanzielle Aspekt lässt sich angemessen berücksichtigen. Sollte einer Skifreizeit trotz der finanziellen Belastung zugestimmt werden, dann muss gewährleistet sein, dass Schüler, deren Eltern die finanzielle Belastung nicht übernehmen können, nicht ausgeschlossen werden, sondern durch entsprechende Unterstützung finanziell entlastet werden.

– Teilkompromiss 2 und Bedingungen

Es versteht sich von selbst, dass, wenn die Freizeiten noch durchgeführt werden sollten, diejenigen Bereiche, die für das Skifahren sprechen, besonders gefordert sind. So muss z. B. gewährleistet sein, dass tatsächlich unter sportlichem Aspekt angemessen gearbeitet wird und nicht eine Veranstaltung „just for fun" abläuft.

– Teilkompromiss 3 und Bedingungen

Am besten und vielleicht wirkungsvollsten wäre es wohl, die Skifreizeit zeitlich zu verkürzen und eine zweite Fahrt in der schneefreien Zeit ins „Skigebiet" zu veranstalten, um nachzusehen, was man da im Winter „angerichtet" hat.

– Weiteres Zugeständnis an die Bedenken, die aus dem ersten Teilbereich resultieren

Erläuterungen zum Beispiel

Wichtige Argumente für die Verneinung der Frage ergeben sich bereits aus der Darstellung der Sachlage. Bei der Ausführung werden diese Argumente nur noch in Erinnerung gerufen. Die Frage selbst lässt sich eigentlich nur mit „Ja" oder „Nein" beantworten. Es kann daher von einem Kompromiss im engeren Sinn nicht gesprochen werden. Allerdings haben wir es hier mit einem Fall zu tun, wie er in der Realität häufig auftritt: Unter verschiedenen Gesichtspunkten ergeben sich verschiedene Antworten auf eine Entscheidungsfrage. In der „Endabrechnung" werden die Teilantworten dann zusammengezogen und gegeneinander abgewogen, wobei nun eine Gewichtung vorgenommen wird. Die Gesamtantwort und damit die Entscheidung muss aufzeigen, welche Bedingungen und Konsequenzen jeweils in Kauf genommen werden (müssen) bzw. was in einzelnen Teilbereichen an Zugeständnissen gemacht werden muss. So wird es immer wieder vorkommen, dass eine Antwort zwar „Ja" (oder: „Nein") lautet, schaut man aber genauer hin, so sieht man, dass wichtige Elemente der gegnerischen Argumentation sich in den Einschränkungen niederschlagen.

Auf den Punkt gebracht

- Wenn Sie eine aus Teilentscheidungen bestehende und resultierende Gesamtentscheidung vorlegen, sollten Sie die Konsequenzen, die sich in den Teilbereichen ergeben, sowie die jeweiligen Konzessionen, die im einen oder anderen Bereich gemacht werden müssen, und auch die Bedingungen, die im Rahmen verschiedener Aspekte erfüllt sein müssen, benennen.
- Bei einer Entscheidungsfrage werden diese Bedingungen in der Regel die Zustimmung bzw. Ablehnung, die Sie mit Ihrer Entscheidung vorlegen, einschränken.

4 Gliederung einer kontroversen Erörterung

Bei der Ausarbeitung einer kontroversen Erörterung sind grundsätzlich zwei unterschiedliche Gliederungsformen möglich.

4.1 Erste Gliederungsmöglichkeit

A) Einleitung
  1. Aktualität des Themas
  2. Begriffsklärung
  3. Themaabgrenzung

B) Hauptteil
  I. Begründung der These
    1. Erster übergeordneter Gesichtspunkt
      a) Erster Grund, Beispiel
      b) Zweiter Grund, Beispiel
    2. Zweiter übergeordneter Gesichtspunkt
      ...
  II. Begründung der Gegenthese
    1. Erster übergeordneter Gesichtspunkt
      a) Erster Grund, Beispiel
      b) Zweiter Grund, Beispiel
    2. Zweiter übergeordneter Gesichtspunkt
      ...
  III. Lösung(en)
    1. Erste Teillösung
      a) Zugeständnisse der einen Seite
      b) Zugeständnisse der anderen Seite
      c) Lösung im Sinne beider (Vorteile ...)
    2. Zweite Teillösung
      a) Zugeständnisse der einen Seite
      b) Zugeständnisse der anderen Seite
      c) Lösung im Sinne beider (Vorteile ...)

C) Schluss
  1. Gesamtwürdigung: Problem und Lösung
  2. Ausblick

4.2 Zweite Gliederungsmöglichkeit

A) Einleitung
 1. Begriffsklärung
 2. Themaabgrenzung
 3. Aktualität des Problems

B) Hauptteil
 I. Erster übergeordneter Gesichtspunkt
  1. Gründe für die These
   a) Erster Grund, Beispiel
   b) Zweiter Grund, Beispiel
  2. Gründe für die Gegenthese
   a) Erster Grund, Beispiel
   b) Zweiter Grund, Beispiel
  3. Teillösung: Einschränkungen und Folgen
 II. Zweiter übergeordneter Gesichtspunkt
  1. Gründe für die These …
  2. Gründe für die Gegenthese …
  3. Teillösung: Einschränkungen und Folgen

C) Schluss
 1. Zugeständnisse der einen Seite
 2. Zugeständnisse der anderen Seite
 3. Lösung im Sinne beider (Vorteile …)
 4. Gesamtwürdigung: Problem und Lösung; Ausblick

Entweder – oder: Begründen und entscheiden

In den bisher dargestellten Fällen des Erörterns ging es entweder darum, einen Sachverhalt zu klären, eine Position darzustellen oder aber auch zu vermitteln zwischen gegensätzlichen bzw. sich ausschließenden Positionen. Nun sind solche Kompromisse, wie sie sich im vorausgehenden Kapitel abzeichneten, nicht immer möglich. Da gilt es „entweder – oder" eine Entscheidung zu fällen, die nun freilich nicht von einem Zufall oder dem Ergebnis eines Würfelspiels abhängig gemacht werden sollte. Vielmehr sollte die Entscheidung wohl begründet werden, d. h., es sollten sowohl die Gründe bedacht und gewichtet werden, die die eigene Position untermauern, als auch die Argumente, die für die Gegenposition sprechen. Erst eine ausführlichere Beschäftigung mit beiden möglichen Seiten lässt dann eine Entscheidung als wohl begründet erscheinen, sofern die beiden Positionen durchdacht dargestellt werden und die Entscheidung für die eine oder andere Seite als plausible Konsequenz aus der Gewichtung der einzelnen vorgebrachten Gründe erscheint.

1 These und Gegenthese

Eine Entscheidung wird immer dann fällig, wenn **Positionen unvereinbar** sind, keine Kompromisse möglich werden, wenn eben die eine Position die andere grundsätzlich ausschließt. Das bedeutet also: Die beiden Positionen beziehen sich auf ein Problem, das entweder auf die eine oder die andere Weise zu lösen ist, auf Fragen, die mit „Ja" oder mit „Nein" zu beantworten sind. „Vielleicht" und „Sowohl – als auch" sind ausgeschlossen.

Will man eine solche Frage nun genauer durchdenken und nachvollziehen, müssen die beiden Positionen exakt profiliert werden, d. h., Position und Gegenposition müssen näher bestimmt und einander gegenübergestellt werden.

Position und Gegenposition werden als Sätze ausformuliert und geben sich als **„Behauptungen"**: Das ist die einzige und die einzig richtige Lösung des Problems. Man spricht von „These" und „Gegenthese". Diese Begriffe bezeichnen also Setzungen, die sich selbst als einzig mögliche Antworten auf die Problemfrage verstehen.

1.1 Mit komplexer Problemstellung umgehen: Widersprüche profilieren

Es ist gewiss nicht ganz einfach, mit einer komplexen Problemstellung so umzugehen, dass man mehr und mehr Einblick und vielleicht sogar einen Überblick gewinnt. Wir haben schon an verschiedenen Stellen erläutert, wie man eine Problemlage analysiert, wie man ein vielschichtiges Problem in Teile zerlegt, welche Fragen man zum Problemhintergrund stellen muss.

Hier nun geht es um einen besonderen Aspekt des Umgangs mit einer komplexen Problemstellung: In einem Problem der Art, wie wir sie jetzt besprechen, sind **Widersprüche und Gegensätze** enthalten, die möglicherweise auf den ersten Blick nicht erkennbar sind. So wird es unsere erste Aufgabe sein, bei der Aufbereitung eben diese Widersprüche **präzise herauszuarbeiten,** ihre Umrisse zu klären und genau die Punkte auszumachen, die zueinander in Gegensatz treten. Dabei wird es nicht immer nur damit getan sein, dass man die Gegenthese dadurch gewinnt, dass man die These einfach verneint. Oft ist es sinnvoller, jede Position für sich scharf abzugrenzen und über den Bezug zur Sache offen zu legen, worin der Widerspruch besteht.

Der Widerspruch zwischen These und Gegenthese ist ggf. selbst wiederum recht komplexer Art. Hier kann es sinnvoll sein, einzelne **Problembereiche auszugrenzen** und innerhalb dieser Bereiche **Teilthesen zu profilieren.** Dabei wird man, gerade wenn es um eine Entscheidung geht, die Positionen und Teilaspekte, die die eigene Entscheidung stützen, etwas ausführlicher darstellen. Allerdings: Die Gegenseite darf nicht vernachlässigt werden. Darum sollte man, ehe man die Entscheidung darstellt, ruhig überprüfen, ob es nicht möglich ist, auch die Teilaspekte der Gegenseite ausführlicher darzustellen.

Beispiel

Jürgen Rüttgers, Vorsicht, Taschenspielertrick!

Das Problem bleibt zunächst unbenannt

Verschleierung der Problemstellung durch den neuen Begriff

In die Debatte um die ethischen Grenzen der Gentechnik hat ein neues Wort Einzug gehalten: der Zellhaufen. Seine Einführung verdankt er einer Verlegenheit. Es wurde ein Wort gesucht, mit dem sich über Embryonen sprechen lässt, ohne dabei den Eindruck zu erwecken, man spreche schon über menschliche Wesen. Der Grund dafür liegt auf der Hand. Wer von Embryonen als menschlichen Wesen spricht, spricht ihnen einen bestimmten moralischen und rechtlichen Status zu. Genau diese Konsequenz soll vermieden werden.

Aufdeckung des Taschenspielertricks

Nun kann ich allerdings nicht genug über die Naivität staunen, die hier am Werke ist. Die Einführung des neuen Wortes ist bloß ein Taschenspielertrick – und ein leicht durchschaubarer dazu. Tatsache ist, dass sich die Begriffe „Zellhaufen“ und „Mensch“ überhaupt nicht widersprechen. Das Wort „Zellhaufen“ leistet gar nicht, was es leisten soll. Denn es ist unstreitig, dass alle Menschen aus Zellen bestehen und insofern alle Menschen „Zellhaufen“ sind.

Präzisierung der Problemstellung: Was ist der Mensch?

Es geht in der Debatte um die ethischen Grenzen der Gentechnik um ganz andere Fragen. Erstens geht es darum, ob wir bloße Zellhaufen sind oder ob nicht vielmehr das, was uns als Menschen wesentlich ausmacht, etwas grundsätzlich anderes ist als die Zellmaterie unseres Körpers. Unserem Selbstverständnis nach sind wir mehr als bloße Materie. Die Philosophie hat stets Argumente dafür vorgebracht, dass dieses Selbstverständnis richtig ist. Die materialistischen Versuche, den Menschen auf bloße Materie zu reduzieren, haben sich nicht durchsetzen können.

Die Beantwortung der Frage „Was ist der Mensch?“ ist angesichts unserer technischen Verfügungsmacht heute dringlicher als je zuvor. Zu ihrer Beantwortung sind auch die Geisteswissenschaften gefordert, vor allem die Philosophie. Die Naturwissenschaft kann immer nur eine Teilwissenschaft vom Menschen sein. Wir brauchen die Geisteswissenschaften als die andere Teilwissenschaft. Auch die Politik braucht ihren Rat. Ich wünsche mir, dass die Geisteswissenschaften das Feld nicht denen überlassen, die glauben, dass die Philosophie und Geisteswissenschaften keine Argumente mehr haben.

Aufforderung zur Beantwortung der Frage durch alle, auch die Geisteswissenschaften

Die zweite Frage ist, ob dieselben „Zellhaufen“, die Menschen sind, wenn sie zehn Monate alt sind, nicht auch Menschen sind, wenn sie neun Monate jung oder jünger sind. Diese Frage haben wir bisher bejaht: in unserem alltäglichen Selbstverständnis, in der Wissenschaft, in der Gesetzgebung. Ich sehe nirgends ein wirkliches Argument gegen die Angemessenheit dieser Position.

Konsequenz aus der Beantwortung der Grundfrage: Frage nach dem Beginn des Menschseins

Genau das Wesen, das sich neun Monate lang im Mutterleib entwickelt, wird, wenn es nicht an seiner Entwicklung gehemmt wird, später einmal laufen lernen, zu sich „Ich“ sagen. Von genau diesem Wesen lässt sich zu jedem Zeitpunkt seiner Entwicklung im Mutterleib sagen: Es hat die Fähigkeit, die dazu führt, dass es später einmal, und dann immer wieder, die Anerkennung seiner selbst und die Achtung seiner Würde von sich selbst her wollen wird. Ich sehe nicht, wie man an dieser Einsicht vorbeikommt.

Aspekte, die bei einer Antwort zu berücksichtigen sind

Sie ist aber entscheidend für die angemessene Bewertung des rechtlichen und moralischen Status jener „Zellhaufen“. Diese angemessene Bewertung kann nur lauten: Es handelt sich bei diesen „Zellhaufen“ um Menschen im frühesten Entwicklungsstadium. Dies nicht zu leugnen – schon gar nicht mit jenem billigen Taschenspielertrick – ist ein Gebot intellektueller Redlichkeit.

Konsequenzen für den Ausgangsbegriff

Es geht hier nicht um die Frage, ob nicht schwere Konflikt- oder Notsituationen vorstellbar sind, in denen Menschen daran gehindert werden, sich über ihr embryonales oder fötales Entwicklungsstadium hinaus weiter zu entwickeln. Wir wissen alle, dass es diese Nöte und Konflikte gibt. Es geht darum, dass wir uns nicht selbst etwas vorlügen oder uns durch Scheinargumente auf Abwege führen lassen. Die Auffassung, unser Umgang mit Embryonen könne gar nicht unmoralisch sein, weil Embryonen keine menschlichen Wesen, sondern „Zellhaufen" seien, ist logisch und sachlich unbegründet. Wer sie zur Richtschnur politischer Entscheidungen macht, trägt dazu bei, dass das Wertefundament einer menschlichen Gesellschaft ausgehöhlt wird und der Kompass verloren geht, den wir brauchen, um eine verantwortliche Antwort auf die schweren Fragen nach den Grenzen der Gentechnik zu finden. Diese Fragen sind nur deshalb so schwer, weil die „Zellhaufen", um die es geht, Menschen im frühesten Entwicklungsstadium sind. Man löst kein Problem dadurch, dass man es leugnet.

Ausschluss von Gegenbeispielen

Konzentration auf den Zielkonflikt

Konsequenzen einer negativen Entscheidung

Der Autor ist Vorsitzender der CDU in Nordrhein-Westfalen.
Aus: Rheinischer Merkur vom 2. 3. 2001

Erläuterungen zum Beispiel

Der Text versucht wichtige Grundlagen einer Diskussion um die Embryonenforschung zu klären, indem er Widersprüche aufdeckt, die sich über neue Begriffsverwendungen in die Diskussion eingeschlichen haben.

Der Autor gibt zunächst nicht an, um was es ihm eigentlich geht. Allerdings nähert er sich sehr schnell dem Problem, indem er aufzeigt, wie seine Gegenseite das Problem durch einen sprachlichen Trick zu verschleiern versucht.

Den ersten Problemaspekt, der die Basis für die weitere Diskussion sichern soll, sieht er dann in der Frage: Was ist der Mensch? Er stellt diese Frage an den Anfang, denn je nach Antwort werden die weiteren Fragen zu klären sein.

Konsequent entwickelt er aus der Beantwortung der Basisfrage die zweite Frage nach dem Beginn des Menschseins. Er benennt die Aspekte, die bei der Beantwortung der Frage zu beachten sind. Schließlich zeigt er den Zusammenhang zwischen diesen Fragen und dem neuen Begriff, von dem er bei seinen Überlegungen ausgegangen ist. Nachdem er dann Gegenbeispiele ausgeschlossen hat, indem er nachweist, dass es sich da um besondere Notsituationen handelt, die nicht vergleichbar sind, konzentriert er die Aufmerksamkeit auf die zentrale Frage, die er als Problemstellung behandelt bzw. als Zielkonflikt von Anfang an ins Auge gefasst hatte. So wird die Entscheidung nachvollziehbar vor allem dadurch, dass man die Konsequenzen einer negativen Entscheidung vorgeführt bekommt.

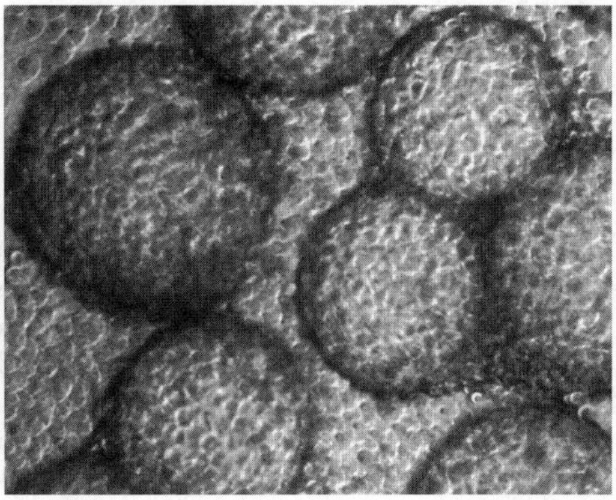

Auf den Punkt gebracht

- Wenn Sie mit komplexen Problemstellungen zu tun haben, so ist zu empfehlen, dass Sie zunächst das Gesamtproblem dadurch in den Griff zu bekommen versuchen, dass Sie die in der Problemstellung enthaltenen Gegensätze jeweils für sich umreißen und einander gegenüberstellen.
- Dabei sollten Sie nicht nur den Gesamtkomplex ins Auge fassen, sondern ihn in Teilkomplexe auflösen, um dann die dort enthaltenen (Teil-)Widersprüche aufzuzeigen.
- Achten Sie vor allem darauf, dass Sie die Grundlagen, von denen aus spätere Entscheidungen zu treffen sind, im Auge behalten bzw. bewusst machen. Dazu gehören insbesondere die Begriffe und Wertsetzungen, die von Anfang an die Diskussion bestimmen.

1.2 These und Gegenthese direkt aufeinander beziehen

Gerade wenn die in der Problemstellung enthaltenen Widersprüche präzise profiliert werden, besteht die Gefahr, dass am Ende zwar These und Gegenthese jeweils sachgerecht behandelt werden, dass aber die **Beziehung der beiden Thesen zueinander** nicht mehr gegenwärtig ist und so der eigentliche Gegensatz verwischt wird oder gar ganz verschwindet.

Deshalb ist es notwendig, These und Gegenthese, auch wenn sie selbstständig formuliert werden, direkt aufeinander zu beziehen. Man wird im Verlauf der Argumentation zwar immer wieder einen Standpunkt begründen, man wird aber auch immer wieder darauf zu achten haben, dass die Gegenposition in Erinnerung gerufen wird, gewissermaßen als Folie, vor der die gerade aktuellen Argumente zu betrachten sind.

Beispiel

Matthias Gierth, Der Disput muss sein: Darf die medizinische Forschung Embryonen verbrauchen?

Das Grundproblem und die in der Öffentlichkeit anklingende Dimension des Problems

Nur wenige Worte sind es, die man beherrschen muss, will man publikumswirksam in der Klondebatte mitschwimmen. Genau genommen drei. Menschenwürde, Dilemma und Diskurs. Das reicht. Die „definitive Grenze" ist und bleibt die Menschenwürde, sagt Bundeskanzler Schröder. Menschenwürde haben Embryonen nicht, sagt Kulturstaatsminister Nida-Rümelin. Und embryonale Stammzellen bieten einzigartige Perspektiven für die Medizin, sagen die Forscher. Auch wenn – Vorsicht, Dilemma! – „manche Aspekte" ethische Probleme aufwerfen. Sodann rufen alle gemeinsam „Diskurs". 2001 – das Jahr der Lebenswissenschaften soll es werden.

Das Problem, wie es sich nach der Legalisierung unter dem Aspekt der technischen Machbarkeit stellt

Die Engländer reden inzwischen kaum noch. „Es ist im Moment nicht das große Thema in der Bevölkerung", heißt es in London bei der Zeitung *The Independent* lakonisch. Dabei hätte man allen Grund, den Mund aufzumachen. Als erstes Land der Welt hat das britische Parlament mit seiner Entscheidung vom Dezember einen weiten gesetzlichen Rahmen geschaffen, der die Erzeugung von Embryonen für Forschungszwecke und das Klonen zur Gewinnung von humanen Stammzellen erlaubt. Man nehme die DNA – das Erbgut – einer Körperzelle des Patienten. Sauge aus einer weiblichen Eizelle die DNA heraus. Übertrage die Patienten-DNA. Der Klon wächst. Bis aus dem Inneren des Embryos jene Stammzellen gezogen werden, aus denen – vielleicht – beliebige Zelltypen entstehen können. Der Embryo stirbt dabei. Erzeugt, verwertet, verworfen. [...]

Das Hauptargument der Befürworter – Die Bedenken der Gegner

Die Befürworter sagen, das Verfahren sei nötig, um tausendfaches Leid zu lindern. Sie sagen es lauthals jenen, die protestieren, weil der Mensch dabei aus ihrer Sicht zum biologischen Ersatzteillager gerät. [...] Der Wunsch nach Gesundheit belegt bei den Europäern Spitzenränge. Zugleich nimmt ihre Transzendenzbindung ab. Ein Zufall? Wer das Leben als letzte Gelegenheit betrachtet, verfällt leicht in Torschlusspanik und klammert sich an jeden Strohhalm.

Positive Möglichkeiten, die sich für die Befürworter ergeben

Und die medizinischen Fortschritte sind ja nur zu verlockend. Hirnzellen zur Behandlung von Parkinson, von Alzheimer und multipler Sklerose. Insulin bildende Zellen für Diabetiker. Knochenzellen bei Osteoporose. Der Traum von der Welt ohne Leid. Wer wird da nicht leise mit seinen ethischen Einwänden? Allzu leicht gerät zum Zyniker, wer von der sicheren Wolke des Unbeteiligten her winkt. Betroffene denken anders.

Infragestellung der Euphorie durch die betroffene Wissenschaft

Zur Wirklichkeit gehört auch, dass die Euphorie beim therapeutischen Klonen von niemand anderem so in Frage gestellt wird wie von der Wissenschaft selbst. Ernst-Ludwig Winnacker, den Präsidenten der Deutschen Forschungsgemeinschaft, betrachten viele als denjenigen, der uneingeschränkt für menschlichen Zukunftsglauben steht. Doch jetzt redet er von „reinen Heilsversprechen", hält die Erfolgsaussichten für „fiktiv". Ähnlich wie Frank Ulrich Montgomery. Selbst bei optimistischen Schätzungen sei die Anwendung am Patienten erst in 20 bis 30 Jahren möglich, so der Vorsitzende des Marburger Bundes. Die Debatte nährt sich auch aus falschen Hoffnungen.

Die Hoffnungen der Forschungspioniere und die Realität

Darüber aber sprechen die Forschungspioniere nur wenig. Kaum auch davon, dass wegen der hohen Fehlerrate bei den Klonversuchen bis zu hundert Wiederholungen erforderlich sein können, bis ein geeigneter Embryo heranwächst. Um bei 250 000 deutschen Parkinson-Patienten für jeden genetisch perfekt passende Stammzellen zu erzeugen, müssten Millionen Eizellen vorhanden sein. Aber sind das Argumente, die Forscherdrang einschränken können? Sollen? Der Eindruck herrscht, spätestens übermorgen könne mit Behandlungen begonnen werden. In Wirklichkeit geht es um Grundlagenforschung – über Jahrzehnte. Von wegen Therapie jetzt.

Unmöglichkeit eines Diskurses

Und von wegen Diskurs. Die Aufrufe klingen ach so vernünftig: Reden. Nur, mit wem? Und aufgrund welcher – gemeinsamen! – Basis? Welche Ethik soll denn zugrunde gelegt werden? Welches Bild vom Menschen? Eine Gesellschaft, die sich arrangiert mit steigenden Abtreibungszahlen, soll plötzlich den Hundertzeller schützen? Zu komplex scheint das Thema, zu theoretisch, zu fremd. Das wissen jene, die eigene Karten im Spiel haben. Wer sich wirklich mit dem therapeutischen Klonen befassen will, muss sich der Frage stellen, wann menschliches Leben beginnt. Er muss klären, wie Wirtschaftsstandort-Fragen und Ethik miteinander auskommen. Und er kommt um eine, *die* Frage nicht herum: Was ist der Mensch? Was ist er vor allem am Anfang, am Ende – dann wenn er nicht laut und vernehmlich „ich" sagt. Ein Zellhaufen? Ein Häuflein Elend? Geschöpf? Die Antworten fehlen. [...]

Grundfrage, die zunächst geklärt werden muss

Fehlende Antwort

Fehlende Glaubwürdigkeit der Autoritäten, wenn es um ethische Fragen geht

Jene, die sie geben könnten, sehen sich einem Erosionsprozess ausgesetzt. Beide großen Kirchen haben an Einfluss und Ansehen verloren. Auf katholischer Seite hat nicht zuletzt der Streit um den Verbleib in der Schwangerschaftskonfliktberatung dazu geführt, dass Menschen vielfach nicht mehr erwarten, hier relevante Antworten zu finden. Wer hört hin, wenn Bischöfe zum Lebensschutz aufrufen? Das Gros der Gesellschaft nicht. Und ganz gewiss nicht die Bundesregierung. Da treffen sich die Bischöfe mit dem SPD-Präsidium und Ministern, man führt „gute Gespräche", vereinbart den Diskurs. Aber im Aufsatz des Bundeskanzlers zur Gentechnik in der Zeitung *Die Woche* läuft man unter ferner liefen.

Das Verhalten der Politiker

Dabei hatte gerade dieser Artikel programmatischen Charakter. Gerhard Schröder ist ein Meister der Inszenierungen. Und er beantwortet die Frage nach der Rolle der Politik beim therapeutischen Klonen auf seine Weise. Ein kräftiger Dreiklang, der kein Zufall ist: Schröder, Nida-Rümelin und schließlich Ulla Schmidt. „Eine Politik ideologischer Scheuklappen und grundsätzlicher Verbote", schreibt der Kanzler, „wäre nicht nur unrealistisch. Sie wäre auch unverantwortlich." Was ideologische Scheuklappen sind, sagt er nicht. Sind am Ende bereits ethische Bedenken darunter zu verstehen? [...]

Zuspitzung des Problems: Kriterium der Menschenwürde und seine Anwendbarkeit

Als hätte man das nach den Äußerungen des neuen Kulturstaatsministers Nida-Rümelin anders erwarten können. Kaum vorstellbar, dass er das Fass, das er mit seiner Äußerung von der Nichtanwendbarkeit des Kriteriums der Menschenwürde auf Embryonen aufgemacht hat, nicht selbst öffnete. Nida-Rümelin ist Bioethiker und weiß, wovon er spricht. Umstrittener ist da schon die Frage, ob der Kanzler womöglich durch ihn austesten lassen wollte, was gesellschaftlich in der Klondebatte geht. Und was auf Widerstand stößt, also politisch vermieden werden muss. Wohl gehört Nida-Rümelin nicht zur Fraktion der Utilitaristen. Menschenwürde ist für ihn ein valides Argument. Aber er teilt sie zu.

Der argumentative Trick der Befürworter

Konsequenzen führen die Argumentation ad absurdum

Weitere problematische Argumentation der Befürworter

Nida-Rümelins Embryo besitzt so keine Menschenwürde, weil ihm die Selbstachtung fehlt. Derart „verworrene" Argumente wie das der Menschenwürde, fügt er an, schwächten die kritische Beurteilung der Gentechnik. Weitergedacht heißt das nichts anderes, als dass Kinder auch bis zur Geburt abgetrieben werden können. Und da es selbst in den ersten Lebensjahren mit der Selbstachtung so eine Sache ist, wohl auch danach. Behinderte, Verwirrte – von wegen Menschenwürde. Was nützt die beste Versicherung („Die Grenze ist die Menschenwürde"), wenn die Gruppe, für die sie gelten soll, zuvor passend zurechtgeschneidert wird? Und noch einmal Dilemma. Denn die Forschungsteams sagen, sie wollten gar nicht auf Dauer menschliche Embryonen für das therapeutische Klonen heranziehen. Eines Tages will man adulte Stammzellen nutzen – aus Nabelschnurblut oder aus Knochenmark von Erwachsenen gewonnen. Doch um die Mechanismen zu verstehen, bedürfe es jetzt einer begrenzten Zeit an Erfahrungen mit embryonalen Stammzellen. So plädieren sie dafür, jene befruchteten Eizellen zu verwenden, die bei künstlichen Befruchtungen ohnehin erzeugt werden, überschüssig bleiben und sonst vernichtet werden. Bevor man sie im Ausguss wegspült, sollten sie lieber der Forschung dienen. Legitim? Das Dilemma ist perfekt.

Das Argument der Gegner – weitergedacht

[...] Am Ende bleiben Dammbruchargumente. Jene Einwände, bei denen man Ethikern stets vorwirft, sie würden immer dann aus der Tasche gezogen, wenn alle anderen Argumente ausgehen. Ein Grund, sie auszublenden, ist das nicht. Denn wann kommt die Diskussion um Wachkoma-Patienten, deren natürlicher Tod lange auf sich warten lässt und die Tausende Mark an Pflege kosten? Andere Kranke ließen sich mit ihren Organen retten. Und warum sollten wir Intensiv-Pflegestationen für alte Menschen finanzieren, wenn sich durch ihr früheres Ableben unsere Rentenkassen schonen lassen? Sie sterben doch eh.

Perspektiven

Menschenwürde? Dilemma? Streit! [...] Reine Pros und Contras gibt es genug. Antworten fehlen. Doch sie sind nötig, weil auf der politischen Agenda in Kürze das Fortpflanzungsmedizingesetz steht. Bislang ist verbrauchende Embryonenforschung in Deutschland untersagt. Wird das so bleiben?

Mögliche ethische Orientierung; Vorschlag für eine Entscheidung

Gewiss ist: Die christliche Sicht wird es im Konzert schwer haben, gehört zu werden. Ihr Ansatz ist ein leiser. Denn er mutet dem Menschen zu, dass es zu seiner Würde als endliches Wesen gehört, dass er nicht gegen alle Grenzen aufbegehren muss, sondern in ihnen leben und sterben darf.

Aus: Rheinischer Merkur vom 9. 1. 2001

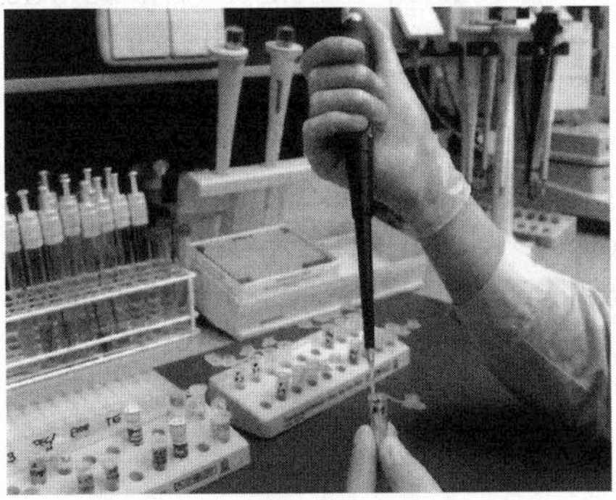

Erläuterungen zum Beispiel

Der Text beschäftigt sich mit dem Problem, wie weit medizinische Forschung Embryonen „verbrauchen“ darf. Das Grundproblem wird vorgestellt, indem Aspekte einer Diskussion in Erinnerung gerufen werden, wie sie in der Öffentlichkeit geführt wird. Darüber hinaus wird gezeigt, wie sich das Problem in einem Land, wo bereits rechtliche Regelungen vorliegen, auf die Frage der technischen Machbarkeit reduziert.

Im weiteren Verlauf der Argumentation werden immer wieder Befürworter wie Gegner kontrastiv nebeneinander gestellt. Es wird jeweils ein Argument gewissermaßen aus der Perspektivik der Gegenseite heraus entwickelt, wobei die Sprachgebung die Bewertung durch den Argumentierenden signalisiert. So kommt es, dass die Hauptargumente der Befürworter mit Bedenken der Gegner konfrontiert werden, dass eine Infragestellung der Euphorie aus den eigenen Reihen der Befürworter heraus umrissen wird, dass Hoffnungen, die sich für die Befürworter unmittelbar ergeben, mit der Realität konfrontiert werden.

Der im Eingang von den Politikern beschworene Diskurs wird als unmöglich aufgezeigt. Die Grundfrage, die der Gesamtdiskussion vorausliegt, müsste zunächst geklärt werden. Eine Antwort wird aber infolge fehlender Glaubwürdigkeit der Autoritäten vorläufig vermisst. Die Politiker verhalten sich pragmatisch. Von hier her wird es nur pragmatische Argumente ohne ethische Fundierung geben. Die vorgestellten Argumentationsansätze werden in ihrer Vagheit und Unverbindlichkeit offengelegt.

Schließlich wird das Problem zugespitzt, indem das zentrale Kriterium benannt wird, von dem her eine Entscheidung gefällt werden muss. Im Rahmen dieser Zuspitzung werden die Befürworter und ihre Argumentationsweise einer kritischen Reflexion unterzogen. Vor allem werden die Konsequenzen aufgezeigt, die diese Argumentation ad absurdum führen.

Auch die weitere Argumentation bezieht jeweils die Gegenseite ein. So wird die problematische Argumentation der Befürworter aufgezeigt, wobei die Argumentation der Gegner gestützt wird.

Schließlich werden Perspektiven angedeutet, ohne dass letzte Entscheidungen getroffen werden. Freilich: Wenn man genauer hinschaut, so stellt man fest, dass solche Entscheidungen nur in eine Richtung fallen können, zumal ein möglicher ethischer Orientierungsvorschlag für eine Entscheidung unterbreitet wird.

Auf den Punkt gebracht

Wenn Sie eine Problemstellung in **These** und **Gegenthese** aufgelöst haben und These wie Gegenthese jeweils für sich behandeln, sollten Sie darauf achten, dass die **Beziehung zwischen beiden** nicht aus den Augen verloren wird:

- Stellen Sie sicher, dass im Verlauf der Argumentation bei der Darstellung einer Position auch die Gegenposition im Auge behalten wird. So werden dann die jeweils vorgebrachten Argumente schärfer konturiert.
- Besonders eindrucksvoll können Sie argumentieren, wenn Sie die Argumente Ihrer Position gewissermaßen aus der Perspektive der Gegenseite heraus entwickeln.
- Achten Sie aber auch darauf, dass Sie das zentrale Kriterium, von dem aus Sie Ihre Entscheidung fällen, in seiner Verbindung von Position und Gegenposition darstellen.

2 Gliedern nach Teilproblemen

Gerade komplexe Problemstellungen, die nicht einfach zu überschauen sind, erfordern eine differenzierte Betrachtung, wenn die je fälligen Entscheidungen plausibel gefällt werden sollen. Oft stellt es sich dann heraus, dass zwar keine Kompromisse möglich sind, dass aber auch nicht einfach das Gesamtproblem mit „Ja" oder „Nein" zu entscheiden ist. Da gibt es bestimmte Gesichtspunkte, unter denen man „Ja!", andere, unter denen man „Nein!" sagen wird (vgl. etwa das Beispiel auf Seite 117 ff.).

Deshalb ist es zu empfehlen, solche Komplexe nach **Teilproblemen** zu gliedern und diese Teilprobleme argumentativ jeweils für sich zu entfalten. Dann entscheidet man je nach Gesichtspunkt des Argumentationsblocks, so dass kein Gesamtfazit herauskommt bzw. im Gesamtfazit die Teilentscheidungen in ihrer jeweiligen **Perspektivik** dargestellt werden. Dabei wird sich vermutlich herausstellen, dass sogar diese Teilprobleme wiederum mehrere Perspektiven erfordern, die selbst wiederum Teilentscheidungen erforderlich machen. Letztere können sich ggf. entsprechend der je angewandten Perspektive widersprechen.

2.1 Sachlogische Zusammenhänge: Perspektiven

Eine Möglichkeit, in Teilbereiche aufzugliedern, stellen die verschiedenen Perspektiven dar, die das Gesamtproblem zulässt. Je nach Perspektive, unter der dann am Ende zu urteilen ist, wird man das Problem in der einen oder anderen Richtung gelöst sehen.

Hat man mehrere Perspektiven genutzt, so ist es sehr wohl möglich, am Ende in einem **Gesamtfazit** die verschiedenen Perspektiven ggf. vergleichend gegeneinander zu halten und zu gewichten. So könnte man dann eine Gesamtlösung vorschlagen, die auf einer bestimmten **Gewichtung verschiedener Perspektiven** beruht.

Bei der Frage des Autobahnbaus durch ein Naturschutzgebiet beispielsweise sind verschiedene Perspektiven möglich: Wirtschaftliche Gesichtspunkte sprechen für einen Ausbau, ebenso strukturpolitische Aspekte. Der Naturschutzgedanke sowie der Gesichtspunkt der Lebensqualität der Bewohner der Region legen eine Ablehnung nahe. Im Fazit können dann die verschiedenen Gesichtspunkte gegeneinander aufgewogen werden. Es wird so möglich, dass bei stärkerer Gewichtung des Naturschutzes eine Gesamtablehnung erfolgt. Bei anderer Gewichtung könnte eine Befürwortung plausibel erscheinen.

Beispiel

Telearbeit – Ja oder nein?

Chancen der Telearbeit	Risiken der Telearbeit
Perspektive: Telearbeiter	
– Verringerung / Wegfall der Fahrzeit – bessere Vereinbarkeit von Beruf und Privatleben – Zeitsouveränität – Arbeiten nach individuellem Arbeitsrhythmus – größere Wahlfreiheit bei der Wohnortwahl	– soziale Isolation – ungeschützte Beschäftigungsverhältnisse – Karriereeinbußen – fehlende Trennung von Beruf und Privatleben
Perspektive: Unternehmen	
– Kostenersparnis bei Büroflächen – höhere Produktivität und Kreativität der Mitarbeiter – Erhalt qualifizierter Mitarbeiter (als Anreiz: zeitlich und örtlich ungebundenes Arbeiten) – größere Kundennähe (z. B. Ausweitung der Geschäftszeiten)	– Unwirtschaftlichkeit – mangelnde Datensicherung bzw. mangelnder Datenschutz – Reibungen mit traditionellem, unflexiblem Management – höherer Koordinationsbedarf
Perspektive: Gesellschaft	
– Reduzierung von Berufsverkehr, Energieeinsparung – Entlastung der Ballungsräume – neue Arbeitsplätze vor allem in strukturschwachen ländlichen Gebieten – Beschäftigungsmöglichkeiten für spezielle Gruppen (Alleinerziehende, Behinderte)	– Abwandern von Arbeitsplätzen ins Ausland – Zersiedelung – Anstieg des Individualverkehrs (z. B. durch Zersiedelung)

Nach: Norbert Kordey, Werner B. Korte: Telearbeit erfolgreich realisieren. Das umfassende, aktuelle Handbuch für Entscheidungsträger und Projektverantwortliche. Vieweg Verlag Braunschweig / Wiesbaden ²1998, S. 16–19

Erläuterungen zum Beispiel

Das Beispiel zeigt eine strukturierte Stoffsammlung. Es wird besonders deutlich: Die Gesamtfrage „Telearbeit – Ja oder nein?" ist nicht eindeutig zu beantworten. Selbst die einzelnen Perspektiven lassen weitere Differenzierungen zu, die wiederum verschiedene Entscheidungen mit sich bringen. So ist z. B. die Frage für den Telearbeiter im „Normalfall" möglicherweise zu verneinen, vor allem wenn man an die soziale Isolation und die fehlende Trennung von Beruf und Privatleben denkt. Andererseits aber wird ein Behinderter, der keine Chance hätte, eine größere Strecke zwischen Wohn- und Arbeitsort zurückzulegen, oder jemand, der aufgrund anderer Verpflichtungen – etwa Kinderbetreuung – flexibel in der Zeitgestaltung sein muss, möglicherweise plausibel für die Telearbeit votieren.

In einem Fazit am Ende müssten sowohl die Teilergebnisse der Perspektivenbereiche aufgeführt werden als auch die Gesamtentscheidung, die einen Überblick über die Schwerpunktsetzungen und deren Konsequenzen gibt.

Auf den Punkt gebracht

- Es empfiehlt sich, ein komplexes Problem nach Teilproblemen zu gliedern, um es besser in den Griff zu bekommen und angemessene Teilentscheidungen fällen zu können. Als Gliederungsmöglichkeit bieten sich **verschiedene Perspektiven** an, unter denen das Problem entschieden werden kann. In der Regel wird man die Perspektiven entsprechend einer möglichen Gruppierung der vom Problem Betroffenen wählen.
- Bei der Durchführung sollten Sie jeden Teil mit einem Fazit abschließen. Auch in diesem Fazit können Sie weitere Aufgliederungen nach Perspektiven berücksichtigen und die jeweiligen Entscheidungen nach Gewichtung treffen.
- Stellen Sie am Ende Ihrer Ausführungen in einem Gesamtüberblick die einzelnen Teilentscheidungen und deren Implikationen (Teilperspektiven, Konsequenzen) dar.

2.2 Sachlogische Zusammenhänge: Teilprobleme

Eine weitere Möglichkeit, einen komplexen Problemzusammenhang zu gliedern, bietet sich an: Man kann das Gesamtproblem in **einzelne Sachbereiche** auflösen, die jeweils für sich untersucht, argumentativ bearbeitet und entschieden werden. Hier gibt es wiederum zwei Gliederungsmöglichkeiten: Entweder man stellt einen Pro-Block, der in sich wieder nach Teilgruppen gegliedert ist, einem Contra-Block gegenüber und kommt am Schluss zu einem Gesamtfazit, oder aber man handelt jedes Teilproblem für sich ab, indem man jeweils eine Pro- und eine Contra-Argumentation kontrastiv gegenüberstellt.

Die **erste Vorschlag** könnte zu folgender Gliederungsstruktur führen:

Einleitung:
Thema
Hinführung zu These und Gegenthese

These (Behauptung / Pro-Argumentation):	**Gegenthese** (Gegenbehauptung / Contra-Argumentation):
1. *Übergeordneter Gesichtspunkt / Teilproblem* Erster Grund, Beispiel Zweiter Grund, Beispiel	1. *Übergeordneter Gesichtspunkt / Teilproblem* Erster Grund, Beispiel Zweiter Grund, Beispiel
2. *Übergeordneter Gesichtspunkt / Teilproblem* Erster Grund …	2. *Übergeordneter Gesichtspunkt / Teilproblem* Erster Grund …

Fazit:
Gewichtung der Gründe
Entscheidung

Der **zweite Vorschlag** könnte zu folgender Gliederung führen:

1 Einleitung: Themaabgrenzung; Hinführung zum Thema usw.

2 Hauptteil: Argumente und Gegenargumente
- 2.1 Erster Problembereich
  - 2.1.1 These und Begründung
  - 2.1.2 Gegenthese und Begründung
  - 2.1.3 Mögliche Teilentscheidung (kann u. U. entfallen, wenn am Ende ein Gesamtfazit gezogen wird)
- 2.2 Zweiter Problembereich
  - 2.2.1 These und Begründung
  - 2.2.2 Gegenthese und Begründung
  - 2.2.3 Mögliche Teilentscheidung (…)
- 2.3 …

3 Schluss: Fazit als Summe der Einzelentscheidungen oder als Gesamtentscheidung und tragende Gründe; Konsequenzen, mit denen zu rechnen ist

Beispiel

Bettina Schardt, Leistungssport – Ja oder nein?

Immer öfter wird in letzter Zeit die Frage nach dem Sinn und Nutzen des Leistungssports gestellt und diskutiert. Immer häufiger tauchen Meldungen über Dopingskandale in den Schlagzeilen der Presse auf. Andererseits aber genießen die Spitzensportler, solange sie Erfolg haben, hohes gesellschaftliches Ansehen. Gleichzeitig ergab eine Umfrage unter den deutschen Spitzensportlern, dass annähernd alle gerade aus dem Leistungssport eine Steigerung ihres Selbstwertgefühls beziehen. So stellt sich für jeden sportlich begabten Jugendlichen eines Tages die Frage, ob er sich dem Leistungssport widmen oder ob er seine Zeit besser für andere Tätigkeiten nutzen soll.

- *1 Hinführung zum Thema*
- *1.1 Meldungen über Dopingskandale*
- *1.2 Gesellschaftliches Ansehen der Spitzensportler*
- *1.3 Steigerung des Selbstwertgefühls durch Leistungssport*

Betrachtet man die tägliche Nettotrainingszeit eines Spitzensportlers, die bei mindestens sechs Stunden pro Tag liegt, so wird man sehr schnell zu der Überzeugung kommen, es sei wohl besser, auf Leistungssport zu verzichten, denn der Zeitaufwand ist am Ende doch zu hoch. Unmittelbar damit zusammen hängt eine hohe körperliche Belastung, die ein erhebliches gesundheitliches Risiko für den Athleten darstellt.

- *2 Leistungssport ist abzulehnen*
- *2.1 Aufwand und Belastung*
- *2.1.1 Hoher Zeitaufwand*
- *2.1.2 Hohe körperl. Belastung u. gesundheitliches Risiko*

Dieses Risiko wird noch dadurch gesteigert, dass keine ausreichende sportmedizinische Betreuung vorhanden ist. Konkret bedeutet das, dass kaum ein Athlet – und das gilt für die Spitzenathleten und noch viel mehr für die Jugendlichen, die Leistungssport betreiben – während der Trainingsphase von einem Sportmediziner betreut wird. Noch größer wird das Gesundheitsrisiko für den Sportler, wenn er unter dem Zwang, immer bessere Leistungen zu erbringen, zu unerlaubten Mitteln greift, die zwar kurzfristig eine höhere Leistung ermöglichen können, längerfristig aber mit Sicherheit dem Körper schaden. Dass dies nicht nur in der Theorie so ist, zeigt zum einen die ständig anwachsende Liste von Dopingfällen, zum anderen lässt eine Statistik erkennen, dass die meisten der deutschen Spitzensportler der Meinung sind, mit Doping könne man die Leistung steigern. Neben physischen Schäden tragen Leistungssportler nicht selten auch psychische Defekte davon. So kann man es z. B. wohl nicht mehr als normal ansehen, wenn der englische Zehnkampf-Weltrekordler D. Thomson sagt, ihm sei nur wohl, wenn er von allen gehasst wird.

- *2.2 Gefährdungen und Risiken*
- *2.2.1 Geringe sportmedizinische Betreuung*
- *2.2.2 Griff zu unerlaubten Mitteln*
- *2.2.3 Psychische Schäden*

Eine ganz besondere Problematik aber ergibt sich aus der Frage: Sind Sport und Leistung überhaupt zu vereinen oder schließen sich beide nicht geradezu aus? Leistung bedeutet ja das Verfolgen eines Ziels auch unter größter Anstrengung. Im Zusammenhang mit Leistungssport bedeutet es sogar, dass das Ziel immer höher gesteckt wird. Sport dagegen sollte doch

- *2.3 Sport u. Leistung*
- *2.3.1 Leistung als Verfolgen eines Ziels unter größter Anstrengung*

2.3.2 Stresshobby Sport

Spaß machen und locker angegangen werden. Aus der Verbindung Leistung – Sport entsteht ein Stresshobby, das den Leistungssportler geradezu in Zugzwang bringt, ihn verkrampft und ihm letztlich die Freude am Sport selbst nimmt. So wissen wir von vielen ehemaligen Leistungssportlern, dass sie schon aus gesundheitlichen Gründen nicht einfach mit ihrem Sport aufhören können, wann sie wollen. Sie müssen vielmehr noch lange nach ihrer aktiven Zeit Sport treiben, wenn sie ihre Gesundheit nicht sehr gefährden wollen.

2.4 Leistungssport im Jugendalter

Wir gingen aus von der Frage: Soll ein Jugendlicher Leistungssport betreiben? und kehren nun zu dieser Frage zurück. Bliebe Leistungssport auf die Welt der Erwachsenen beschränkt, so könnte man sich damit vielleicht noch abfinden. Es käme eben zu den übrigen Leistungsbereichen des Berufslebens ein neuer Bereich hinzu. Unsere Frage aber dehnt das Problem auf den Bereich der Kinder und Jugendlichen aus.

2.4.1 Hohe Belastung schon der Jugendlichen

Immer wieder wird gesagt, man könne gar nicht früh genug mit dem Leistungssport beginnen. 15-, 16-jährige Sportler, die in der bundesdeutschen Spitze ihrer Altersgruppe mitmischen wollen, müssen täglich schon eine bis drei Trainingseinheiten absolvieren.

2.4.2 Übertriebene Anforderungen

In einigen Sportarten wie Turnen oder Eiskunstlauf finden wir sogar Kinder, angetrieben von fanatischen Eltern oder Betreuern, deren Trainingsprogramm dem Arbeitstag eines Erwachsenen gleichkommt. Bei so vielen negativen Gesichtspunkten kann eine Entscheidung eigentlich nur gegen den Leistungssport fallen.

3 Leistungssport ist zu befürworten

Aber wie kommt es dann, dass sich doch immer wieder so viele für den Leistungssport entscheiden?

3.1 Leistungssport u. Selbstbewusstsein

Leistungen, auch im Sport, strengen zwar an, aber – und das trifft gerade für den Leistungssport zu – sie vermitteln auch eine gewisse Befriedigung und Selbstbestätigung.

3.1.1 Selbstbestätigung

3.1.2 Selbstverwirklichung

Das gilt sowohl für den Jogger, der 50 Meter mehr als am Vortag geschafft hat, als auch für den Schüler, der bei den Bundesjugendspielen eine Urkunde errungen hat. Umso mehr gilt es für den Leistungssportler, dem es gelungen ist, seine Leistung zu steigern. Es ist offenkundig, dass eine solche Leistungssteigerung auf einem Gebiet sich insgesamt positiv auf den Sportler auswirkt, insofern seine Motivation gesteigert wird.

3.1.3 Motivation

Dabei beschränkt sich diese Motivation nicht nur auf den Bereich Sport, sondern dehnt sich auch auf andere Gebiete aus, auf denen Leistung gefordert wird. Eine wissenschaftliche Untersuchung hat beispielsweise ergeben, dass sich bei Schülern, die Leistungssport betreiben, auch die schulischen Leistungen verbessern. Es dürfte wohl einleuchten, dass ein Schüler, der am Sonntag einen Wettkampf gewonnen hat oder auch nur seine persönliche Bestleistung steigern konnte, mit einem anderen Selbstbewusstsein am Montag zur Schule geht als ein Schüler, der das Wochenende mit Videospielen und dergleichen verbracht hat.

3.2 Sinnvolle Freizeitbeschäftigung
3.2.1 Gegengewicht
3.2.2 Stressabbau
3.2.3 Leistung und Selbstverständnis

So wird klar, dass der Sport, und nicht zuletzt der Leistungssport, als sinnvolle Freizeitbeschäftigung ein Gegengewicht zum Schulstress bilden kann, insofern hier die Möglichkeit geboten wird, Aggressionen in körperliche Leistung umzusetzen. Natürlich kostet Training, ohne das Leistungssport nicht möglich ist, Zeit. Wenn man allerdings die verfügbare Zeit verantwortungsbewusst einteilt, so bleibt genügend Zeit sowohl für das Training als auch für die Erledigung der schulischen Aufgaben. In unserer Gesellschaft, in der in Arbeitswelt und Wirtschaft Leistung groß geschrieben wird, der Begriff Leistung sich aber zunehmend verselbstständigt, scheint es geboten, zumindest einen Leistungsbereich offenzuhalten, in dem der Mensch sich mit seiner Leistung und mit dem Ergebnis seiner Leistung noch ganz identifizieren und das heißt hier: sich wiedererkennen kann. Genau das aber leistet der Leistungssport, der damit Vorbildfunktion haben kann, was das Leistungsverständnis betrifft.

3.3 Medizinische Aspekte
3.3.1 Geringes gesundheitliches Risiko
3.3.2 Vernünftige sportmedizinische Versorgung

Das gesundheitliche Risiko, das mit der Ausübung von Leistungssport verbunden ist, ist nicht größer als das gesundheitliche Risiko, das wir auf uns nehmen, wenn wir ganz auf Sport verzichten. Unbestritten dürfte sein, dass ein maßvoll ausgeübter Sport gesundheitsfördernd ist. Dass das so ist, zeigt das Engagement der Krankenversicherungen in der Werbung für sportliche Betätigungen. Auch Leistungssport, der gewiss eine stärkere körperliche Belastung mit sich bringt, muss keineswegs der Gesundheit schaden, wenn eine sportmedizinische Betreuung garantiert ist.

3.4 Soziale Aspekte
3.4.1 Gemeinschaftserlebnisse
3.4.2 Völkerverständigung über Ländergrenzen hinweg

Schließlich sei noch auf einige soziale Gesichtspunkte hingewiesen, die für den Leistungssport sprechen. Die Gemeinschaftserlebnisse, beginnend mit dem gemeinsamen Trainieren, über Trainingslager und -freizeiten bis hin zu gemeinsam erreichten Zielen sollten gerade im Leben eines jungen Menschen keine zu geringe Rolle spielen. Dass dann gerade der Leistungssport auch im Jugendbereich im Rahmen von Vergleichswettkämpfen schon über die Ländergrenzen hinaus Verbindungen ermöglicht, zeigt, dass er zudem im Rahmen der Völkerverständigung eine nicht geringe Rolle spielt.

4 Fazit: Die Entscheidung und die tragenden Gründe
4.1 Kennenlernen vieler Gleichgesinnter
4.2 Gesundheitliches Risiko beschränkt

Ich bin für die Ausübung des Leistungssports, da ich hier die Möglichkeit habe, viele gleichgesinnte Menschen kennen zu lernen, und ich auch keineswegs auf die Bestätigung verzichten möchte, die mir erbrachte Leistungen und Leistungssteigerungen verschaffen. Das gesundheitliche Risiko halte ich für nicht zu groß. Meiner Meinung nach hält es sich in Grenzen, wenn man gezielt und nicht zu viel trainiert und darüber hinaus regelmäßig einen Facharzt konsultiert. Natürlich stellt 4.3 *Stresshobby und doch Abbau von Stress* Leistungssport ein Stresshobby dar, aber ich bin der Auffassung, dass ein grundsätzlicher Unterschied zwischen dem Stress, wie ihn der Leistungssport mit sich bringt, und dem von Schule oder Beruf erzeugten Stress besteht, insofern als im Leistungssport der Stress direkt in körperliche Leistung umgesetzt und damit abgebaut werden kann. Dass Leistungssport einen gewissen Trainingsaufwand notwendig macht, ist 4.4 *Sinnvolle Freizeitbeschäftigung* selbstverständlich. Allerdings sollte man darin weniger ein Arbeits- oder Pflichtprogramm sehen als vielmehr eine sinnvolle Freizeitbeschäftigung, die es einem erlaubt, zusammen mit Gleichgesinnten an ein und demselben Ziel zu arbeiten. Sicher fordert Leistungssport gewisse Opfer vom Athleten. Er 4.5 *Entschädigung für Opfer durch Gefühl der Befriedigung* honoriert diese aber auch und gibt dem Sportler das Gefühl der Befriedigung und die Möglichkeit der Selbstbestätigung, indem er es ihm ermöglicht, sich mit seinen Leistungen zu 4.6 *Identifizierung mit der Leistung* identifizieren, was in der Arbeitswelt so nicht möglich ist.

Erläuterungen zum Beispiel

Nach der Hinführung zum Thema, die sich um aktuelle Negativschlagzeilen, aber auch um positive Aspekte des Problems kümmert, folgt ein Gesamtblock, in dem die negative Argumentation im Überblick angeboten wird. In diesem Block werden die Bereiche Aufwand/Belastung, Gefährdung/Risiken, Leistungsaspekte sowie die Probleme im Jugendalter erläutert, die jeweils eine Ablehnung nahe legen. Im anschließenden positiven Block werden die Teilprobleme Selbstbewusstsein, Freizeitgestaltung, Gesundheit sowie soziale Gesichtspunkte herangezogen und in einer positiven Argumentation ausgewertet. Das Fazit versteht sich als Gesamtentscheidung, die zwar gewisse Einschränkungen beinhaltet, im Ganzen aber die tragenden Gründe zusammenfasst.

Auf den Punkt gebracht

Bei der **Gliederung nach Teilproblemen** haben Sie zwei Möglichkeiten:

- Sie können in einem „Längsschnitt" die einzelnen Teilprobleme jeweils untergliedern nach „Pro" und „Contra".
- Sie können die Gliederung aber auch so anlegen, dass Sie einen großen Abschnitt der Befürwortung und einen großen Abschnitt der Ablehnung widmen und innerhalb dieser Gesamtblöcke Teilprobleme bearbeiten.

3 Plausibel begründen

Wir haben schon in früheren Zusammenhängen (S. 28 ff.) über Begründungen und das Absichern von Gründen und Argumenten gesprochen. Oft reicht es aber nicht aus, Feststellungen zu treffen und sie in Argumentationen einzubringen. Sie müssen weiter verarbeitet werden. Es muss offen gelegt werden, was die Feststellung jeweils begründen kann, was man mit ihr beabsichtigt usw. Deshalb ist es notwendig, konkrete Feststellungen auf allgemeine Zusammenhänge zu projizieren, sie in Verbindung mit einem allgemeinen Begriff, einer allgemeinen Regel o. Ä. zu bringen und damit gewissermaßen den konkreten Fall in allgemeine, übergreifende Konventionen einzubinden. Im Schema:

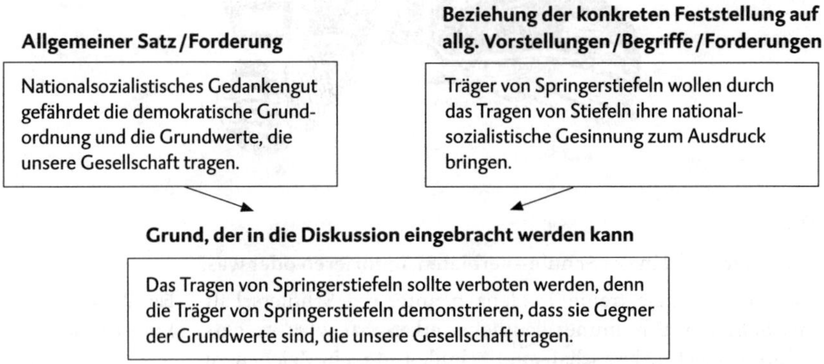

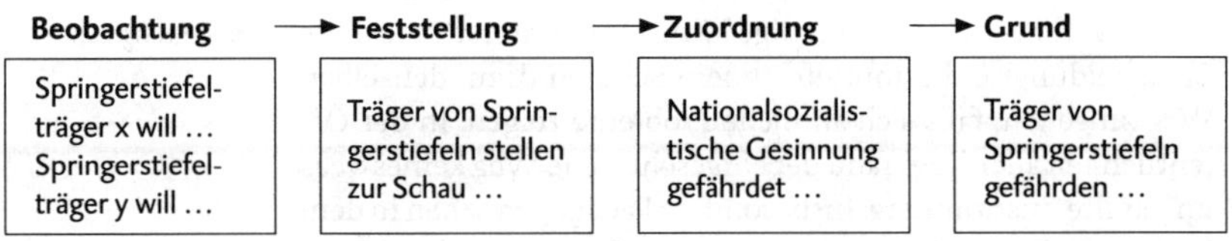

Will man plausibel begründen, sollte man also ausgehen von Beobachtungen, diese auf den Punkt bringen und als Feststellungen formulieren. Diese Sätze bringt man dann in Verbindung mit allgemein gültigen, anerkannten Regeln und Setzungen. Die so ausgearbeiteten Gründe lassen sich dokumentieren und absichern, indem die Beispiele, die als Beobachtungen am Anfang standen, wiederum als Belege anführt werden. Hier ist darauf zu achten, dass man nicht mit Beispielen begründet! Denn Beispiele lassen sich immer durch Gegenbeispiele aufheben (Beispiel: *Das mit den Springerstiefeln stimmt so nicht. Ich kenne jemanden, der zwar solche Stiefel trägt, aber mit den Nazis nichts am Hut hat …*).

Bei der Formulierung von Gründen, die aus Beispielen abgeleitet werden, fragt man zunächst nach dem allen Beispielen Gemeinsamen und formuliert dann vorsichtig, so dass auch eine Widerlegung mit Ausnahmen, die es immer gibt, nicht möglich ist (Beispiel: *In der Regel sind die Träger von Springerstiefeln der rechtsextremen Szene zuzurechnen . . .*).

Beispiel

Springerstiefel in der Schule – verbieten, ignorieren oder was?

Einleitung
Konkreter Fall

Nachdem rechtsextreme Tendenzen unter der Schülerschaft der Schule in Sch. immer deutlicher erkennbar wurden, entschlossen sich Lehrerschaft und Schulleitung, ein Zeichen zu setzen und das Tragen von Springerstiefeln, Bomberjacken und ähnlichen Kleidungsstücken mit ähnlich extremem Symbolgehalt zu verbieten. Der zuständige Minister R. unterstützte diese Entscheidung und ermutigte andere Schulen dazu, denselben Weg zu gehen, falls sich ähnliche Probleme zeigen. In der Öffentlichkeit allerdings fand der eingeschlagene Weg keineswegs ungeteilte Zustimmung. Insbesondere Pädagogen sahen in dem Verbot ein äußerst fragwürdiges und am Ende kaum durchsetzbares Unterfangen. Ist es, so stellt sich nun nicht nur für die direkt betroffenen Schulen die Frage, wirklich ein brauchbarer, sinnvoller Weg, nationalsozialistische Tendenzen einzudämmen, indem man Springerstiefel und Ähnliches verbietet, oder stellt ein solches Verbot einen pädagogischen Unsinn dar?

Hinführung zum Thema

Profilierung von These und Gegenthese

Hauptteil
1 *Symbolgehalt: Rechtsradikale Gewalt*

Ehe die Frage allerdings sachangemessen angegangen werden kann, ist zunächst zu klären, was es mit diesen Springerstiefeln auf sich hat. Springerstiefel sind eine Fußbekleidung besonderer Art. Ihrem Aussehen nach martialisch, sind sie dem militärischen Bereich zuzuordnen und besitzen Uniformcharakter. Ihrer Konstruktion nach sind sie – mit Stahlkappen verstärkt – besonders gut geeignet, dem Träger mit Fußtritten Geltung zu verschaffen, ohne dass dieser mit Schmerzen oder Verletzungen rechnen muss. Sie werden so gefährliche Waffen, wie sich immer wieder etwa im Zusammenhang mit Schlägereien nach Fußballspielen zeigt. Sie signalisieren damit die Bereitschaft ihrer Träger, brutale Gewalt anzuwenden. Beide Signalwirkungen (Uniform und Gewaltbereitschaft) werden nun kombiniert und von einer Gruppe von Menschen bewusst eingesetzt. Diese Gruppe steht rechtsradikalem Gedankengut nahe. Dieses Gedankengut selbst hat dem Inhalt nach eine große Affinität zu den beiden genannten Symbolaspekten, so dass sich eine Symboleinheit Springerstiefel – rechtsextremes Verhalten herausgebildet hat. Immer wieder sind Gruppen von Halbwüchsigen bzw. jungen Erwachsenen zu sehen, die nationalsozialistische Parolen grölend randalieren. Auffallend dabei ist stets, dass es sich um mehrere handelt, die ihre Zusammengehörigkeit durch Kleidung demonstrieren, und dass es nicht bei verbaler Gewalt bleibt. Die Befürworter des Verbots meinen nun, wenn man das Tragen der Stiefel verbietet, entzieht man den entsprechenden Gruppen ein wichtiges Mittel, sich als Gruppe (Uniform) darzustellen und schon im Aussehen bedrohend zu wirken.

1.1 Stiefel signalisieren Gewaltbereitschaft: Verbot

Dem steht nun aber der Hinweis entgegen, ein Verbot bewirke wohl nichts, es schaffe nur Gegendruck. Besser wäre es, Überzeugungsarbeit zu leisten und dort anzusetzen, wo wirklich die Wurzel des Übels zu finden ist. In der Tat können viele Fan-Beauftragte von Fußballclubs auf deutliche Erfolge ihrer Überzeugungsarbeit hinweisen. So stellte Karl B. fest: „Seit ich in die Fanclubs gehe und mit jedem Einzelnen rede, hat der Ordnungsdienst im Stadion auch nach Niederlagen unseres Vereins deutlich weniger Arbeit mit Randalierern."

1.2 Stiefel fordern Überzeugungsarbeit: Ablehnung des Verbots

Die Lehrer mancher Brennpunkt-Schulen allerdings sind da anderer Meinung. Viele von ihnen haben es aufgegeben, überzeugen oder auch nur reden zu wollen. „Wenn Ihnen immer wieder, wenn Sie in der Pause versuchen, sich einer Gruppe in Bomberjacken zu nähern, entgegengezischt wird: ‚Verpiss dich, Wixer!', dann geben Sie das irgendwann auf." So Albert. B., Lehrer an einer Hauptschule in L. Andere bestätigen: Gerade bei den Leuten mit Springerstiefeln ist kaum Gesprächsbereitschaft vorhanden. Statt Antworten gibt es Beleidigungen oder Parolen.

1.3 Stiefelträger geben zu erkennen: Kein Zugang für Vernunft

Dennoch erscheint ein Verbot der Stiefel problematisch. Ernsthaft durchgesetzt, würde es vermutlich Märtyrer schaffen und hätte damit eher Verstärkerwirkung.

1.4 Verbot schafft Märtyrer

Andererseits: Sehen die betroffenen Schulen einfach nur weiter zu, ohne etwas Entscheidendes zu verändern – Gesprächsversuche stoßen ja ins Leere – so offenbaren sie ihre

1.5 Ohne Verbot: Offenlegung d. Schwäche; weitere Ermutigung

Schwäche und machen den Randalierern nur noch mehr Mut. Die Erfahrung zeigt, dass gerade in den Fällen, in denen die Lehrer und Schulleitungen besonders zurückhaltend agierten, rechtsextreme Aktivitäten immer mehr um sich griffen. So wird den Schulleitern, sofern sie das weitere Vordringen rechtsradikaler Gewalt in ihren Bereichen eindämmen wollen, nur das Verbot als letztes Mittel bleiben.

2 Schule als Instrument der Gesellschaft u. des Staates

Inwieweit ist nun Schule autorisiert, so deutlich in die Persönlichkeitsrechte (das Recht, sich nach eigenem Geschmack zu kleiden, gehört wohl dazu) einzugreifen? Schule ist ein Instrument der Gesellschaft und hat u. a. die Aufgabe, die nachfolgenden Generationen so zu erziehen und auszubilden, dass sie künftig sinnvoll und angemessen in dieser Gesellschaft agieren können. Im Rahmen dieser Tätigkeit spielen die Grundwerte, auf denen die Gesellschaft aufruht, eine besondere Rolle. Einmal wird die Schule diese Werte in ihren Zielsetzungen ganz besonders berücksichtigen, zum anderen muss sie sie auch besonders schützen. Einer dieser Grundwerte stellt wohl die Gleichheit aller und die daraus abgeleitete Pflicht zur Toleranz gegenüber anderen dar. Die Springerstiefel sowie die artverwandte Kleidung signalisieren neben der Bereitschaft, Gewalt auszuüben, auch die Zugehörigkeit zu einer Gruppe mit dem Anspruch auf Dominanz im gesellschaftlichen Raum. Der so geäußerte Machtanspruch gründet sich auf die Gruppenzugehörigkeit, die wiederum durch das Tragen bestimmter Kleidung zum Ausdruck gebracht, wenn nicht gar hergestellt wird.

2.1 Stiefel signalisieren Dominanz-/Machtanspruch; Träger zeigen Gewaltbereitschaft

2.2 Verbot fordert Kontrolle und Gewaltanwendung

Will die Schule diesen Anspruch durchbrechen, bleibt ihr nur, eine Machtdemonstration zu unterbinden, indem sie die Stiefel als Gruppenkennzeichen und Symbol der Bedrohung verbietet. Freilich: Das Verbot erfordert eine Kontrolle, soll es ernst genommen werden. Die Durchsetzung aber schafft neue Krisenherde und wird zum Auslöser gewaltsamer Aktionen.

2.3 Verbot schränkt Entfaltung ein; Gefahr der Polizeistaat-Methoden

Darüber hinaus bleibt zu bedenken, dass das Verbot die Entfaltung des Einzelnen deutlich einschränkt und dazu noch, denkt man an die notwendig werdenden Kontrollen, den Eindruck erwecken kann, die Schule arbeite mit Methoden eines Polizeistaates. Unter diesem Aspekt ist ein Verzicht auf das Verbot wohl doch das geringere Übel.

2.4 Stiefel signalisieren rechtsextreme Gesinnung: Gefährdung demokratischer Grundwerte

Handlungsbedarf besteht allerdings, wenn rechtsextreme Gesinnungen, die die Stiefel signalisieren, sich so weit durchsetzen, dass sie zu einer ernsthaften Bedrohung demokratischer Grundwerte werden. Die Forderung nach freier Entfaltung der Persönlichkeit hat dort ihre Grenzen, wo sie in Unterdrückung bzw. Bedrohung anderer umschlägt. Ist das der Fall, hat die Schule als Instrument der Gesellschaft die Pflicht, mit allen Mitteln die Grundwerte zu schützen, selbst wenn sie dabei

Persönlichkeitsrechte Einzelner einschränken muss. So wird man dann doch, zumindest so lange es sich um Einzelfälle handelt, auf ein Verbot verzichten, wenn sich jedoch die Einzelfälle häufen und ein Anwachsen ins Unkontrollierbare droht, nicht umhin können, zum letzten Mittel, dem Verbot, zu greifen.

Schule ist nun aber nicht nur der Ort, wo Werte vertreten und geschützt werden. Sie ist vielmehr, das wurde bisher eher nur nebenbei erwähnt, auch und gerade ein Ort der Erziehung. Ziele der Erziehung stellen Werte wie Menschenwürde, Toleranz usw. dar. Werden diese Werte gefährdet, geraten sie aus dem Blick, so ist dafür zu sorgen, dass sie wieder in ihrer zentralen Bedeutung anerkannt werden. Werden sie einfach „vergessen", so genügt es, wenn sie in Erinnerung gerufen werden. Werden sie in einer Extremsituation kurzfristig missachtet, so kann eine nachträgliche Analyse für eine Richtigstellung sorgen. Werden sie aber durch Gewaltakte gezielt außer Kraft gesetzt, so bleibt nur ein Gegenakt, der sie wieder herstellt und schützt. Mit anderen Worten: Ein Verbot der Stiefel stellt nichts anderes dar als das Aufzeigen einer Grenze, die im Interesse eines schützenswerten Gutes nicht überschritten werden darf. Dazu kommt noch, dass im Falle einer extremen Gefährdung der Schutz gerade im Interesse der Allgemeinheit Vorrang hat vor allen pädagogischen Überlegungen.

3 *Schule als Ort der Erziehung*

3.1 *Erziehung zu Grundwerten wie Menschenwürde und Toleranz*

3.1.1 *Gefährdung durch Gewalt*

3.1.2 *Schutz der Grundwerte hat Vorrang*

Nun gibt es aber den pädagogischen Grundsatz, wonach die Mittel der Erziehung nicht den Zielen widersprechen dürfen. Im konkreten Fall bedeutet das: Will man mit Verboten zur Toleranz erziehen, macht man sich unglaubwürdig. Ein Verbot wäre letztlich ein undemokratisches Mittel der Durchsetzung, ganz davon abgesehen, dass es in bestimmten Fällen überhaupt nicht durchsetzbar wäre. Was geschähe z. B. mit einem Schulpflichtigen, der sich weigert, ohne Springerstiefel in die Schule zu kommen? Gerade in solchen Fällen würde die Schule gleichsam einen Rahmen schaffen, innerhalb dessen sich diejenigen, deren Haltung sie bekämpfen will, noch besonders profilieren und weitere Sympathisanten anziehen könnten. Ein Letztes schließlich sollte den Pädagogen zu denken geben. Durch ein Verbot wird eine Situation geschaffen, in der Dialog und Auseinandersetzung unmöglich werden. So mussten z. B. Jugendhäuser die Erfahrung machen, dass ein Hausverbot für Träger von Springerstiefeln keineswegs dazu führte, dass die Stiefel ausgezogen wurden. Die Träger entzogen sich einfach und waren künftig überhaupt nicht mehr ansprechbar.

3.2 *Methoden der Erziehung dürfen nicht den Zielen widersprechen*

3.2.1 *Verbot wäre undemokratisch*

3.2.2 *Verbot in bestimmten Fällen nicht durchsetzbar*

3.2.3 *Verbot schafft Profilierungsraum*

3.2.4 *Verbot verhindert Dialog und Auseinandersetzung*

Dem hier verhandelten pädagogischen Grundsatz steht nun eine andere, nicht weniger wichtige Forderung entgegen, die lautet: Die Ziele der Pädagogik sowie der Schutz der Grundwerte haben Vorrang vor den Methoden der Erziehung, wenn

3.3 *Ziele und Schutz der Grundwerte haben Vorrang vor Methoden* diese zu einer Gefährdung und damit letztlich zu einer „Selbstzerstörung" des Gesamtsystems führen würden. Im konkreten Fall führt das zur Überlegung: Stiefel und Verhalten signalisieren Anspruch auf (nicht weiter legitimierte) Dominanz und Machtausübung, Dialog wird ausgeschlossen, der Kopf wird durch den Kehlkopf ersetzt. Von „Auseinandersetzung" kann keine Rede mehr sein. Die proklamierten Ziele und die in den Symbolen und Handlungen zum Ausdruck gebrachte Einstellung entpuppen sich als massive Bedrohung der zitierten Grundwerte. Damit wird allen pädagogischen Bemühungen der Boden entzogen. Es bleibt gerade unter diesem Gesichtspunkt nur ein Verbot der symbolträchtigen Kleidung.

3.3.1 *Stiefel und Verhalten signalisieren: keine Dialogbereitschaft*

3.3.2 *Kopf wird durch Kehlkopf ersetzt*

3.3.3 *Proklamierte und durch die Symbole propagierte Ziele gefährden die Grundwerte*

Schluss

Fazit: Ablehnung / Verbot nur unter ganz bestimmten Bedingungen

Fazit: Das Verbot von Springerstiefeln in der Schule erscheint angebracht, wenn deutlich wird, dass eine direkte Verbindung zwischen Symbol und rechtsextremem Gedankengut besteht, wenn ein deutliches Anwachsen der Sympathisanten erkennbar wird und wenn Dialogversuche sich als unmöglich herausgestellt haben. Gegebenenfalls allerdings werden die Schulen auf weitere Gruppen und/oder Instrumente der Gesellschaft (Eltern, Polizei) und deren Mitwirkung angewiesen sein, wenn es um die Durchsetzung des Verbots geht.

Erläuterungen zum Beispiel

Der Text argumentiert immer wieder so, dass konkrete Beobachtungen auf allgemein gültige Sätze oder Überzeugungen projiziert werden. Damit wird aus dem Einzelfall immer wieder ein Beispiel für die grundsätzliche Problematik. Das Schlussfazit ist deshalb als grundsätzliche Entscheidung zu sehen, die vor der Anwendung im konkreten Einzelfall erst überprüft werden müsste.

Auf den Punkt gebracht

- Plausibel begründen können Sie, wenn Sie das Beobachtete auf den Begriff bringen und Gründe ableiten, die das jeweils Gemeinsame ausformulieren.
- Gründe beziehen sich immer auf allg. Thesen, die sie stützen oder denen sie widersprechen, nie auf Gegengründe. Überprüfen Sie Gegengründe wie Gründe auf ihre logische Richtigkeit hin, ggf. müssen Sie dann vorsichtiger formulieren (Beispiele: *in der Regel …, meist …*).
- Eine Schlussentscheidung ist abhängig von der Gewichtung der einzelnen Gründe oder Begründungsreihen. Wenn Sie gewichten, sollten Sie auch den Standpunkt angeben, von dem aus Sie die Gründe bewerten. (Beispiel: *Für mich als Abiturientin kann die Entscheidung nur heißen … da für mich insbesondere die Gründe ins Gewicht fallen, welche …*).

Texterörterung

Auch wenn es darum geht, Sachtexte zu erörtern, kann der Begriff „Erörtern" zwei Bedeutungen annehmen: Einmal kann mit ihm eine **Erläuterung** des in dem zu behandelnden Text Gesagten gemeint sein, dann aber kann er auch eine **Auseinandersetzung** mit dem im Text Gesagten bezeichnen. Der zweite Fall setzt natürlich eine Erläuterung des Textinhalts im Sinne der ersten Bedeutung voraus. Er geht aber darüber deutlich hinaus, insofern er eine Gewichtung der im Text vorhandenen Argumente sowie gegebenenfalls eine Ergänzung, u. U. auch eine Argumentation von der Gegenposition her zulässt bzw. fordert.

So werden die **Ziele einer Texterörterung** bestimmbar:

- Zunächst ist es Ziel der Texterörterung zu erfassen und darzustellen, worum es im Text geht, d. h. die **Frage** zu formulieren, auf die der Text eine Antwort zu geben beabsichtigt, sowie diese **Antwort** selbst knapp darzustellen.
- Dann ist es eine zentrale Aufgabe der Texterörterung darzustellen, welche **Gedankengänge** der Lösung, die der Text vorschlägt, zugrunde liegen und auf welcher **Basis** argumentiert wird, in welcher Art und Weise die Argumente mit der **außertextlichen Wirklichkeit** zusammenhängen u. Ä.
- Von besonderem Interesse wird es sein, welche **Begriffe** in dem Text eine zentrale Rolle spielen. Gerade diese Begriffe lassen ja häufig erkennen, welcher geistige, kulturgeschichtliche, philosophische oder überhaupt welcher wissenschaftliche Hintergrund die jeweilige Bezugsebene darstellt, auf der die Argumentation des Textes aufbaut.
- In vielen Fällen wird es auch Aufgabe der Texterörterung sein darzustellen, welcher **Sprache** sich der Autor des Textes bedient, welche Sprachebene er wählt, welche Satzmuster er einsetzt, welche sprachlichen, genauer: rhetorischen Mittel er nutzt, um vielleicht bestimmte Wirkungen zu erzielen.
- Nicht zuletzt wird man auch zu untersuchen und zu erläutern haben, welche **Bildlichkeit** gegebenenfalls benutzt wird, um bestimmte Sachverhalte zu verdeutlichen oder auch zu verschleiern.
- Schließlich ist es Aufgabe der Texterörterung, die **eigene Position** mit der im Text favorisierten Position zu vergleichen. Man wird die Textargumente gegebenenfalls ergänzen oder aber ihnen eigene Argumente entgegensetzen und die Grundfrage, der sich der Text stellt, in eine andere Richtung beantworten sowie diese Antwort gegenüber den Textargumenten begründen.

1 Den Text erfassen – Textwiedergabe

Bevor man sich mit einem Text auseinander setzt, ist es unabdingbar, seinen Inhalt zu erfassen, genauer: sich darüber Rechenschaft zu geben, worum es konkret im Text eigentlich geht. Dazu muss der Text auf eine **Kernaussage** reduziert werden, die wiederum präzise formuliert werden muss. Der Bereich der Texterfassung betrifft insbesondere den inhaltlichen Aspekt, allerdings gehört hierher auch schon die Fixierung des Erstverständnisses, das sich beim Leser während und nach dem ersten Lesen einstellt.

1.1 Klärung unbekannter Wörter und Begriffe

Stößt man – oft bei älteren oder auch philosophischen – Texten auf Wörter und Begriffe, die einem auf den ersten Blick fremd, unbekannt, nicht geläufig sind, so hat man verschiedene Möglichkeiten, eine Klärung herbeizuführen.

Zunächst wird man versuchen, unbekannte Wörter aus dem Zusammenhang heraus zu verstehen. Dabei wird man sie durch verwandte Wörter ersetzen **(„Ersatzprobe“)** und beobachten, inwieweit sich der Sinn des jeweiligen Satzes verändert. Dieses Verfahren setzt voraus, dass man schon so ungefähr erkannt hat, welche Sinnbereiche von dem entsprechenden Wort erfasst werden.

Der zweite, sicherere Weg ist der Griff zu einem **Lexikon.** Aber auch ein Lexikon bietet in aller Regel mehrere Bedeutungsvarianten an. Man wird nun diese Varianten in den Text einfügen und feststellen, welche im Gesamtzusammenhang am ehesten „passt“.

Ein dritter Weg, der vor allem dann zu nutzen ist, wenn eben kein Lexikon zur Verfügung steht, ist der Versuch, das anstehende unbekannte Wort aus dem **Kontext** zu klären. Dabei kann es um die unmittelbare Umgebung des Wortes gehen, oft aber wird man auch von späteren Textstellen her Wichtiges heranziehen können.

Wenn es um die Klärung von Begriffen geht, gibt es ebenfalls verschiedene Möglichkeiten, diese Begriffe zu erfassen, zu klären und zu fixieren. Zunächst wird man den Gesamttext durchgehen und überprüfen, ob nicht der Text selbst eine Definition, eine Erläuterung oder eine Umschreibung anbietet (vgl. hierzu den Kant-Text auf S. 11 f., der eine Definition bzw. Erläuterung der zentralen Begriffe bringt). Hilfreich kann auch sein, nach möglichen Gegenbegriffen zu suchen, die gegebenenfalls im Text auftauchen. Auch und vor allem bei Sach- und Fachbegriffen sollte man sichergehen und zu einem Fachlexikon greifen. Man wird nicht umhin können, Begriffe, die der Text selbst nicht definiert, zu erläutern und eine Definition zu versuchen (zur Definition siehe S. 6 ff.).

1.2 Klärung schwieriger Sätze und Zusammenhänge

Gerade bei philosophischen Texten haben wir es oft mit äußerst komplexen Satzstrukturen zu tun, die nicht immer schon beim ersten Lesen zu überschauen sind. Hier empfehlen sich wiederum verschiedene Wege, die zum Teil zu kombinieren sind:

- Man liest den in Frage stehenden Satz oder Abschnitt mehrmals langsam und versucht beim Lesen den Satzstrukturen auf die Spur zu kommen.
- Man versucht die Satzkonstruktion offen zu legen, indem man nach Satzgliedern und Funktionen fragt (Subjekt, Prädikat, Objekte, Attribute, eingebettete Gliedsätze und Bezugspunkte ...).
- Man zerlegt den komplexen Satz in Teile, die man dann als eigenständige Sätze ausformuliert. Dazwischen lässt man zunächst Lücken, die anschließend aufgefüllt werden, indem man die jeweils notwendigen logischen Operatoren, d. h. diejenigen Wörter oder Formulierungen, die über den Zusammenhang zwischen den Sätzen Auskunft geben, einsetzt.

1.3 Klärung des vorläufigen Gesamtverständnisses: Reduktion auf Frage und Antwort

Schon beim ersten Lesen gewinnt man einen ersten Eindruck, stellt sich ein erstes Verstehen ein. Dieses erste Verstehen ist möglicherweise noch etwas lückenhaft, es entsteht gewissermaßen als allmähliches Eindringen in den vermuteten Sinn eines größeren Zusammenhangs, wobei immer eine gewisse Spannung entsteht zwischen dem, was man schon erfasst hat, und dem, was man noch erwartet bzw. was dann im weiteren Text begegnet.

In jedem Fall sollte man sich nach dem Lesen und nach der Klärung unbekannter Wörter und Begriffe erste Rechenschaft darüber ablegen, was man nun eigentlich von dem Text (schon) verstanden hat und was man als Gesamtaussage des Textes vermutet. Empfehlenswert in diesem Zusammenhang: Man geht davon aus, dass sich der Text selbst versteht als Antwort auf eine Frage. Entsprechend wird man versuchen, diese Frage zu formulieren und dann das Gesamtverständnis des Textes als Antwort auf diese Frage in eigenen Worten zusammenfassen.

Im Verlauf des weiteren Arbeitens wird man immer wieder auf dieses Erstverständnis (es handelt sich hier um eine **„Sinnhypothese“**, die man beim ersten Lesen entwickelt hat) zurückkommen, wird es in die jeweils aktuellen Untersuchungen einbeziehen und von den erzielten Teilergebnissen her überprüfen, verändern, modifizieren oder auch verwerfen und neu formulieren.

Textbeispiel

C. M. Wieland, Aufklärung und die Folgen

1) Nichts ist wohl natürlicher, als daß in einer Zeit, wo jedermann grübelt, manche Sätze, welche in Jahrhunderten, wo nur Mönche grübelten, für unzweifelhafte Wahrheiten galten, zu Aufgaben gemacht und genöthigt werden die Titel zu zeigen, auf welchen sich ihre so lange unangefochtene Gewißheit gründe. […] 2) Dieses Mißtrauen muß um so viel größer werden, je mehr er [der gemeine Verstand] entdeckt, daß gewisse Leute sich sein gutherziges Vertrauen und seinen sorglosen Schlummer ungebührlich zu Nutze gemacht haben. 3) Kommt dann noch eine naseweise Filosofie dazu, die ihn unaufhörlich mit Fragen beunruhigt, auf welche er nichts andres zu antworten weiß als „fragt meinen Hofmeister", die sich aber mit dieser Abweisung so wenig befriedigen läßt, daß sie ihm vielmehr alles, was ihm sein Hofmeister von Kindheit an als heilige Wahrheit eingeflößt, eingesungen, eingepredigt und eingeprügelt hatte, streitig und zweifelhaft macht; eine Filosofie, die kein Ansehen der Person und Würde, kein Privilegium des Alters, keinen Besitzstand der von Untersuchung des Titels befreye, gelten läßt, nichts Verborgenes unaufgedeckt, nichts Schimmerndes unangetastet, nichts Räthselhaftes unaufgelöst wissen will; […] und ist es endlich gar so weit gekommen, daß diese Filosofie ihre Wirkung, unter dem beliebten Nahmen der Aufklärung […] über alle Stände einer großen Nazion ausgebreitet […] hat: was Wunder, wenn endlich vor lauter Aufklärung, Freyheit zu denken, […] die Köpfe zu schwindeln anfangen […] 4) Die vorbesagte Filosofie, nicht zufrieden sich der höhern Klassen allenthalben fast gänzlich bemächtigt zu haben, macht sich auch Wege zu demjenigen Theile des Volks, der sich beym bloßen Glauben immer noch am leidlichsten befunden hat. […] 5) Wahrscheinlicher Weise wird, wenn man mit der Religion und der Priesterschaft fertig ist, die Reihe auch an Untersuchungen kommen, die unsern weltlichen Gewalthabern in der Folge nicht behagen dürften, so gleichgültig auch das Gefühl ihrer Stärke sie jetzt dagegen machen mag. 6) Denn auch sie wird man endlich fragen: 7) Aus welcher Macht thut ihr dieß und das? 8) Von wem habt ihr diese Macht empfangen, und wem habt ihr Rechenschaft davon zu geben? 9) Worauf gründen sich eure Vorrechte, Besitzthümer und Ansprüche? 10) Habt ihr die Gewalt, die uns zu Boden drückt, von der Natur? 11) Werdet ihr aus einer vollkommnern Masse gebildet als wir? 12) Habt ihr mehr Sinne, mehr Hände und Füße? u. s. w. 13) Oder, wenn sich alle eure Vorrechte […] auf einen bloßen Vertrag zwischen uns und euch gründen; wenn alles, was ihr besitzt, bloß anvertrautes Gut ist, und euer Ansehen keinen andern rechtsbeständigen Grund hat noch haben kann, als eine von uns empfangene bedingte Vollmacht, die wir alle Augenblicke zurück nehmen können, so bald wir uns auf eine vortheilhaftere Art einzurichten wissen: wie könnt ihr erwarten, daß so aufgeklärte Leute wie wir in der wichtigsten Angelegenheit unsers zeitlichen Lebens – (des einzigen, welches uns übrig bleibt, nachdem uns eure Filosofen gelehrt haben, daß die Seele des Menschen in seinem Blute ist) – euch eine willkührliche und unbeschränkte Gewalt über unsere Personen, unser Eigenthum und unser Leben einräumen werden? 14) Ehe wir euren Verordnungen gehorchen, wollen wir untersuchen,

ob sie uns glücklicher machen werden. [...] 15) Und ehe wir uns an die Schlachtbank führen oder in Gefahr setzen lassen, unsre Felder verwüstet, unsre Wohnungen angezündet, unsre Weiber und Töchter geschändet, und unsre Söhne in die Kriegsknechtschaft geführt zu sehen, wollen wir vorher untersuchen, was uns daran gelegen ist, ob ihr etliche Quadratmeilen mehr oder weniger zu besteuern habt oder nicht. [...]

Aus: C. M. Wieland, Antworten und Gegenfragen auf die Zweifel und Anfragen eines vorgeblichen Weltbürgers. In: C. M. Wielands Sämmtliche Werke; acht und zwanzigster Band; Leipzig; bey Georg Joachim Göschen. 1797; S. 308–314 (Text in originaler Rechtschreibung; Satzzählung eingefügt)

Bearbeitungsbeispiel

Klärung unbekannter Wörter und Begriffe

- *grübeln* (Z. 2, 4): Aus dem Kontext ergibt sich: „nachdenken".
- *Titel* (Z. 6): Aus den Sätzen 7, 8 und 9 ergibt sich: „Macht, Anspruch, Vorrecht u. Ä.". Laut Wörterbuch bedeutet „Titel": 1) ... den Rang kennzeichnende Bezeichnung; 2) kennzeichnender Name eines Buches; 3) Abschnitt eines Gesetzes- oder Vertragswerks; 4) Anzahl von Ausgaben in einem Haushalt, die unter einem Gesichtspunkt zusammengefasst werden; 5) Rechtsanspruch (DUDEN, Bd. 7, S. 3398). Aus dem unmittelbaren Kontext ist zu erschließen, dass die Bedeutung 5 im aktuellen Fall zutrifft.
- *Hofmeister* (Z. 18): Aus dem folgenden Kontext ergibt sich: H. ist einer, der einem anderen „Wahrheit einflößt", sie ggf. auch „einpredigt" und „einprügelt", also einer, der als „Erzieher" wirkt. (Historisch betrachtet handelt es sich um einen Hauslehrer, der für die Erziehung der Kinder zuständig war.)
- *höhere Klassen* (Z. 41): Aus dem Kontext ergibt sich: Gegensatz zu „demjenigen Theile des Volkes ...". Es handelt sich also um denjenigen Teil der Bevölkerung, der sich als privilegiert verstehen kann, insofern er Bildung für sich beansprucht.
- *anvertrautes Gut* (Z. 68): Hier handelt es sich um eine Rechtsvorstellung: Das Gut, von dem die Rede ist, ist eben nicht Besitz, sondern zur Betreuung übergeben (Kontext) und kann folglich auch zurückgefordert werden (log. Ableitung).
- *Bedingte Vollmacht* (Z. 72): Die Bedeutung ergibt sich aus dem Kontext: es geht um die Beauftragung, die nur bedingt gilt, d. h. jederzeit zurückgenommen werden kann.

(Es sollen im Folgenden nur die Sätze 1 und 3 exemplarisch genauer untersucht werden.)

Klärung schwieriger Sätze und Zusammenhänge

Satz 1: Man isoliert zunächst das Grundgerüst des Satzes: *Nichts ist wohl natürlicher, als daß [...] manche Sätze [...] zu Aufgaben gemacht und genöthigt werden die Titel zu zeigen.* Der Zeitpunkt, zu dem das als natürlich angesehen wird, wird nun genauer bestimmt: Es handelt sich um eine *Zeit, wo jedermann grübelt* (anders ist das in einer Zeit, in der eben *nur Mönche grübeln.*). Die in Frage stehenden *Sätze* werden nun in mehrfacher Weise näher bestimmt bzw. genauer ausgeführt: Zum einen galten sie *für unzweifelhafte Wahrheiten,* zum andern galt diese Eigenschaft für sie *in Jahrhunderten,* die wiederum charakterisiert werden durch die Tatsache, dass eben nur *Mönche grübelten.* Bleibt die Frage nach den *Titeln,* die aufzuzeigen sind. Die schon durchgeführte Worterklärung hilft jetzt weiter: Es geht um die Frage, woher diese Sätze ihre unangefochtene Gewissheit beziehen.

Satz 1:
– Offenlegung der Satzkonstruktion

Nutzt man die Möglichkeit, das komplexe Satzgefüge in Kurzsätze zu zerlegen, so ergibt sich folgendes Verfahren:

– Zerlegung in Kurzsätze

- *Es gibt Zeiten, in denen jedermann grübelt.*
- Wohin führt das? → *Manche Sätze müssen ihre Berechtigung (Gültigkeit) nachweisen.*
- Was war vorher? Was ist daran ungewöhnlich? → *Diese Sätze galten für unzweifelhafte Wahrheiten.*
- Wie lange? → *Sie galten Jahrhunderte lang unangefochten.*
- Warum war das so? → *In solchen Jahrhunderten grübelten nur Mönche.*
- Was ändert sich? → *Die Sätze müssen ihre Berechtigung (Geltung) nachweisen.*
- Warum ist das so? → *Es gibt Zeiten, in denen jedermann grübelt.*

Satz 3: Das Bezugsnomen der Personalpronomen „er" und „ihn" ist „der gemeine Verstand". Der Gesamtsatz stellt ein konditionales Gefüge dar. Es ist also zu ergänzen: *Wenn dann noch [...] dazukommt.* Der Satz lässt sich folgendermaßen auflösen:

Satz 3:
– Vorbemerkung
– Bestimmung der Satzkonstruktion
– Satzauflösung

- *Es kommt [zu allem, was schon aufgeführt wurde] eine naseweise Filosofie dazu. Diese Filosofie beunruhigt den Verstand.*
- So dass: *Der Verstand weiß nichts anderes zu antworten als: „Fragt meinen Hofmeister!"*
- Aber: *Die Filosofie gibt sich damit nicht zufrieden.*
- Vielmehr: *Die Filosofie macht dem Verstand alles streitig und zweifelhaft.*
- Denn: *Dies „alles" hat dem Verstand der Hofmeister als heilige Wahrheit eingebleut.*
- Denn: *Die Filosofie lässt kein Ansehen der Person und kein Privileg gelten. Diese Privilegien befreien von der Pflicht, die Berechtigung nachzuweisen.*

- Denn: *Die Filosofie deckt alles Verborgene auf.*
- Und: *Die Filosofie tastet das Schimmernde an.*
- Und: *Die Filosofie will alles Rätselhafte auflösen.*
- Wenn: *Diese Filosofie es soweit gebracht hat, dass sie sich über alle Stände ausgebreitet hat [...] Diese Filosofie ist bekannt unter dem Namen „Aufklärung".*
- Dann: *Darf man sich nicht wundern darüber, dass die Köpfe zu schwindeln anfangen.*
- Denn: *Sie denken Freiheit.*

Der Satz enthält in äußerst dichter Form die Grundsätze der Philosophie der Aufklärung: Zum einen wird die kritisch-prüfende Tätigkeit des Verstandes betont, zum andern wird die Grundrichtung der Philosophie aufgezeigt, die sich als Kritik, Aufklärung und – bezogen auf die Menschen – als Forderung nach Freiheit und Gleichheit beschreiben lässt.

– Auswertung

In dem Textausschnitt geht C. M. Wieland der Frage nach: Welche Folgen hat die Aufklärung, nimmt man sie ernst, im gesellschaftlichen wie im politischen Bereich? Der Autor kommt zu dem Ergebnis: Die Aufklärung fordert von jedem (Lehr-)Satz, will er Gültigkeit beanspruchen, sich vor dem Verstand zu legitimieren. In der Konsequenz bedeutet das dann, dass alle Ansprüche, die Glaubens- und ähnliche Sätze erheben, sich in gleicher Art und Weise legitimieren müssen. Wieland geht noch einen Schritt weiter und verlangt dieselbe Legitimation von denen, die die Macht haben und ausüben. Dabei macht er deutlich, dass diese Macht nur eine bedingte, verliehene Vollmacht darstellt und von denen, die sie verliehen haben, auch wieder zurückgefordert werden kann. Das aber bedeutet für ihn die grundlegende Infragestellung aller unbeschränkten Gewalt über Personen, Eigentum und Leben. Gerade im Schlussteil erweist sich Wieland als radikaler Aufklärer, der nicht davor zurückscheut, auch die gesellschaftspolitischen Konsequenzen einzufordern und überkommene Herrschaftsstrukturen in Frage zu stellen.

Textwiedergabe und Fixierung des vorläufigen Gesamtverständnisses:

– Reduktion auf Frage und Antwort

– Knappe Textwiedergabe

– These zur Gesamtbedeutung des Textes: Was will (vermutlich) der Autor mit dem Text erreichen?

Auf den Punkt gebracht

Bei einer Texterörterung sollten Sie im ersten Schritt versuchen – wenn auch nur vorläufig und hypothetisch – die **Grundaussage des Textes** zu erfassen. Dazu müssen Sie

- schwierige Details (unbekannte Wörter und Begriffe, komplexe Satzstrukturen ...) klären,
- den Text auf Frage und Antwort reduzieren,
- Ihr erstes Verstehen als knappe Formulierung Ihrer Sinnvermutung wiedergeben. Sie können in diesem Zusammenhang auch eine These zur Gesamtdeutung des Textes anschließen.

2 Wichtige Textphänomene beschreiben

Man wird sich wohl nur in den seltensten Fällen damit zufrieden geben, einen ersten vermutlichen Sinn eines Textes fixiert zu haben. Wenn man mehr wissen möchte, vor allem, wenn man wissen möchte, was genau nun ein Text zu einer Frage zu sagen hat, wie dann diese Meinung dargestellt und begründet wird, so wird man sich um einzelne Teile des Textes besonders kümmern müssen. Insbesondere wird es da darum gehen, zunächst den **Gedankengang** des Autors nachzuvollziehen und die wichtigsten gedanklichen Schritte jeweils auf den Punkt zu bringen, um so den thematischen Aufbau, die Gliederung des Textes, festzustellen. Nur so wird es möglich, einzelne Aussagen des Textes in ihrem Funktionszusammenhang zu begreifen. So ist es z. B. ein großer Unterschied, ob eine Aussage als These oder als Fazit formuliert ist.

Die **sprachliche Fassung** der Gedanken ist meist ebenfalls nicht ganz ohne Bedeutung. Gerade hier lassen sich bisweilen komplexe inhaltliche Momente erfassen (komplexer Satzbau – komplexer Gedankenzusammenhang). Oft aber stellt die „sprachliche Oberfläche“ eines Textes ein wesentliches Moment dar, wenn es darum geht, die Wirkung eines Textes zu erfassen.

Schließlich wird man sich auch den **zentralen Begriffen und Begriffszusammenhängen** zuzuwenden haben. Dies gilt insbesondere für gedanklich-philosophische Texte.

2.1 Beschreibung des thematischen Aufbaus – Gliederung – Gedankengang – Argumentationsstruktur

Hat man den Text gründlich gelesen, die unbekannten Wörter und Begriffe geklärt, gilt es nun, das vorläufige Gesamtverständnis mehr und mehr in ein begründetes Verstehen überzuführen. Zu diesem Zweck wird man als Erstes den Text inhaltlich gliedern. Dabei bietet die vom Autor vorgegebene Gliederung (Abschnitte …) eine Orientierung, allerdings wird man auch größere Abschnitte unterteilen und die jeweiligen Sinneinheiten feststellen. So lässt sich die ursprüngliche Textgliederung, die der Autor beim Schreiben vor Augen hatte, rekonstruieren. Nach der Identifizierung einzelner Sinnschritte geht es in einem zweiten Schritt darum, die Inhalte dieser Sinnschritte zusammenzufassen und in jeweils einem kurzen Satz zu formulieren. Ist die Gliederung eines Textes auf diese Weise vom Inhalt her erfasst, sollte man sich darum bemühen, die Funktion der einzelnen Abschnitte zu begreifen, d. h., die Argumentationsstruktur des Textes offen zu legen und zu fragen: Welche Aufgabe hat der einzelne Abschnitt im Gesamtzusammenhang? Erscheint das zu schwierig, so sollte man doch den Gedankengang nachzeichnen. Dazu ist es notwendig, die einzelnen zusammengehörigen Äußerungen zusammenzufassen und danach zu fragen, welche gedankliche „Tätigkeit" hinter ihnen steht. Grundsätzlich lassen sich so unterscheiden:

- **Gedanklicher Ansatz / Argumentationsansatz:** Das könnte zum Beispiel sein: Aufstellen einer These, Entwurf einer Frage, Darstellung einer Feststellung bzw. einer Lage, eines Zustandes. Aber auch eine weniger gesicherte Vermutung, eine Hypothese, eine Annahme kann als Ansatz einer gedanklichen Entwicklung gewählt werden. Es ist hier auch möglich, den zentralen, tragenden Begriff, der alle später folgenden Ausführungen zur Folge hat, zu umreißen, zu definieren und zu erläutern.
- **Ausführung eines Gedankengangs:** Dabei geht es um die Entwicklung einzelner aufeinander aufbauender gedanklicher Schritte, die sich auf den Ansatzpunkt beziehen. Es kann hier sowohl ein Gedanke weitergeführt, eine Argumentation vervollständigt als auch eine Gegenposition entwickelt werden. Des Weiteren ist es möglich, in diesem Teil neben der Erläuterung der eigenen Position eine weitere Differenzierung vorzulegen, die Gründe anzuführen, aber auch einzelne Begriffe, komplexere Zustände usw. darzustellen und zu verdeutlichen bzw. auch in ihren Folgen zu erörtern.
- **Abschluss eines Gedankengangs:** In der Regel schließt der Autor seine Ausführungen ab, indem er entweder eine Folgerung aus der vorausgehenden Argumentation ableitet, ein Fazit darlegt, eine Zusammenfassung gibt oder einen Appell anschließt.

Textbeispiel

Kant, Was ist Aufklärung? (siehe S. 11 f.)

Bearbeitungsbeispiel

Reduktion des Textes auf Frage und Antwort

Der Titel des Textes ist bereits das Programm. Er enthält die Frage, der sich der Text stellt: Was ist Aufklärung? Für Kant ist Aufklärung das Mündigwerden des Menschen, ein Prozess, den er für seine Zeit als zwar in Gang befindlich, aber noch nicht abgeschlossen sieht.

Beschreibung des Argumentationsaufbaus: Gedanklicher Ansatz / Definition / Klärung des inhaltlichen Ansatzes

Kant eröffnet seine Ausführungen mit einer knappen Definition des Begriffs „Aufklärung". Man könnte die gegebene Definition etwa so umschreiben: Er geht davon aus, dass es Menschen gibt, die aus eigener Schuld unmündig geworden sind und nun aus dieser Unmündigkeit herausgeführt werden bzw. diese Unmündigkeit selbst überwinden können. Das Mittel, das diese Überwindung der Unmündigkeit erlaubt, nennt Kant Aufklärung.

Im zweiten Schritt definiert und erläutert Kant die beiden tragenden Begriffe, einmal den Begriff „Unmündigkeit", dann den Begriff „selbstverschuldet". Aus der Erläuterung des Begriffs der Unmündigkeit leitet er den Wahlspruch der Aufklärung ab und gewinnt so den positiven Aspekt, dem gegenüber er die Negativa, die Aufklärung verhindern, auf ihre Ursachen zurückführt. Er erweitert den Gedanken, indem er die Vormünder ins Spiel bringt, die notwendig werden, wenn man es mit Unmündigen zu tun hat.

Erläuterung der tragenden Begriffe

Zunächst wird anhand einiger Beispiele vorgeführt, wie bequem das Unmündigsein für die Unmündigen zu sein scheint. Dann bringt er wiederum die Vormünder ins Spiel, die nun aktiv für ein Verbleiben in der Unmündigkeit sorgen.

Dokumentation wichtiger Einzelheiten: Beispiele

Ein Bild aus dem Bereich der Haustiere verdeutlicht die Ausführungen einerseits zu den Unmündigen, andererseits aber auch zum Verhältnis Vormünder – Mündel.

Bild als Verdeutlichung

Als entscheidende Folgerung aus den Überlegungen ergibt sich die Feststellung, dass eben wenige die Mühe auf sich nehmen, sich aus der Unmündigkeit herauszuarbeiten.

Folgerung

Eine erneute Begründungsreihe macht deutlich, warum es dem Einzelnen so schwer fällt, sich selbst herauszuarbeiten. Eine Metapher verdeutlicht den Zusammenhang von Satzungen und Formen einerseits und der dauernden Unmündigkeit auf der anderen Seite. Ein abschließender Blick auf die Realität scheint das bisher Festgestellte zu bestätigen. Es gibt nicht viele, die den entscheidenden Schritt gewagt haben. Der Textausschnitt endet an dieser Stelle. Kant gewinnt allerdings gerade mit den letzten Überlegungen einen neuen Ansatz für weitere Fragen …

Beschreibung der weiteren Ausführungen

Vergleich Behauptung – Realität

Vermutung zum weiteren Argumentationsverlauf

Auf den Punkt gebracht

Wenn Sie die **Argumentationsstruktur** eines Textes beschreiben wollen, so

- gliedern Sie den Text nach Sinnabschnitten,
- fassen Sie die einzelnen Abschnitte in einem knappen Satz zusammen,
- fragen Sie nach der Funktion der einzelnen Aussagen im Gesamtzusammenhang,
- stellen Sie den Kern des Gedankens, die Grundthese fest (das ist diejenige Aussage, auf die sich die meisten der weiteren Aussagen beziehen lassen),
- beachten Sie die Verknüpfungen zwischen den einzelnen Aussagen,
- beschreiben Sie die Art und Weise des Argumentierens (Abfolge der Argumente, Stützung usw., siehe hierzu S. 28 ff.) sowie die Logik, die in den Folgerungen steckt.

2.2 Beschreibung sprachlicher Besonderheiten

In aller Regel besteht ein gewisser Zusammenhang zwischen der sprachlichen Form und dem vermittelten Inhalt eines Textes. So spiegeln sich z. B komplexe Gedanken in einem komplexen Satzbau. Insbesondere Texte, die etwas bewirken wollen, die Veränderungen beim Leser/Zuhörer erreichen wollen, verlassen sich nicht ausschließlich auf die Tragfähigkeit und Überzeugungskraft ihrer Argumente. Es werden vielmehr Mittel eingesetzt, die unabhängig vom transportierten Inhalt zu wirken vermögen. Deshalb sollte man insbesondere bei solchen Texten, die auf Wirkung abzielen (Reden, Aufrufe usw.), die Sprachgebung untersuchen und die sprachlichen Besonderheiten beschreiben.

Bei der Sprachuntersuchung sind folgende Gesichtspunkte zu berücksichtigen:

- **Sprachebene:** Die Sprachebene lässt sich anhand bestimmter Satzbaupläne, aber auch und vor allem anhand der Wortwahl feststellen. Man wird zu fragen haben: Stimmen Sachebene und Sprachebene überein oder greift die Sprache zu hoch oder zu niedrig?
- **Wortwahl:** Es geht hier vor allem um die Feststellung der besonders häufig vertretenen Wortarten und ihrer Funktion (etwa: Funktion der verwendeten Adjektive: charakterisierend, schmückend, bewertend, …). Auch die Herkunft aus bestimmten Sachbereichen wird wichtig. Die Frage nach besonders auffälligen Anhäufungen von Wörtern aus bestimmten Bereichen (religiöser Bereich, Werte, …) kann zu interessanten Einsichten führen.
- **Grammatische Ebene:** Hier wird man zunächst nach den vorrangig verwendeten Satzarten (Aussage-/Frage-/Aufforderungssatz) fragen und sich um Auffälligkeiten kümmern. Aber auch parallele Satzmuster können interessant werden, ebenso unvollendete Sätze, besondere grammatische Formen und ihre Häufung (Infinitive, Komparative, Passiv-Formen, …). Nicht zuletzt wird man prüfen, wie die Sätze miteinander verbunden werden (parataktische Reihung, Hypotaxe, logische Operatoren, …). Auch die Untersuchung der verwendeten Pronomen (wir, ihr, sie, …) und der von ihnen bezeichneten Gruppen bzw. aufgerufenen Bezugsgrößen kann wichtig werden.
- **Rhetorische Mittel** (im engeren Sinn): Gerade wenn Texte appellativ eingesetzt werden, um also andere zu einer bestimmten Meinung, Haltung oder Handlung zu bewegen, werden häufig sprachliche Mittel mit besonderer Wirkung benutzt. Im Laufe der Geschichte haben sich hier bestimmte Mittel als besonders wirksam herausgestellt. Diese Mittel sprechen den Empfänger der Botschaft nicht über den Inhalt, der vermittelt wird, an, sondern über die Form. Sie umgehen gewissermaßen den kritischen Verstand und wirken direkt auf das oft ästhetisch orientierte Gefühl.

Die wichtigsten rhetorischen Figuren

Abbreviatur: Verkürzung; Abkürzung

Allegorie: bildhafte Darstellung eines Gedankens, einer Idee usw.; oft tritt der Gedanke, die Idee als Person („personifiziert") auf

Alliteration: Wiederholung des gleichen Lautes am Beginn der betonten Silbe benachbarter Wörter: *... mit Stumpf und Stiel ...*

Anakoluth: Bruch in der Satzkonstruktion; oft: unvollendeter Satz: *... und wenn man gar bedenkt, – aber darauf will ich gar nicht erst eingehen.*

Anapher: Wiederholung desselben Wortes am Anfang von aufeinander folgenden Sätzen oder Teilsätzen:
Das Wasser rauscht, das Wasser schwoll ...

Anruf: *O ihr Götter im Himmel! ...*

Antithese: scharfer Gegensatz, oft in formelhaften Wendungen: *... vorne hui, hinten pfui ...*

Assonanz: Gleichklang

Asyndeton: unverbundene Aneinanderreihung von Satzgliedern: *Mangel an Disziplin, Mangel an Übersicht, Mangel an Einsicht, das sind die entscheidenden Faktoren ...*

Binnenreim: Gleichklang von (betonten) Silben innerhalb eines Verses

Chiasmus: nach dem griechischen X benannte Form der über Kreuz gestellten Wiederholung einer Fügung:
Die Kunst ist lang, und kurz ist unser Leben.

Doppelung: Wortwiederholung: *Wir warten und warten, aber vergeblich.*
„Zwillingsformel": *Sie kritisieren alles und jedes ...*

Ellipse: Auslassung eines Satzgliedes, das sich aus dem weiteren Kontext ergibt. Es bleibt dem Leser überlassen, eine geeignete Ergänzung einzufügen:
... Sie fordern mehr Demokratie. Einverstanden. Aber ...

Euphemismus: etwas sprachlich besser (schönfärberisch) darstellen als es wirklich ist; beschönigender Ausdruck: *... wir müssen flexibel sein ... (statt: wir müssen uns anpassen ...)*

Häufung: Kennzeichnung einer Situation bzw. eines Sachverhalts durch mehrere Begriffe:
... wir arbeiten, wir schuften, wir rackern uns ab, und sie ...

Hyperbel: übertreibender Ausdruck:
... diese geradezu chaotische Amtsführung ...

Hypotaxe: Satzgefüge, das einem Hauptsatz einen Gliedsatz unterordnet

Klimax: rhetorische Figur der Steigerung auf einen Höhepunkt hin:
Freunde, Mitbürger, Römer! ...

Lautmalerei: Versuch, einen Inhalt klanglich zu vergegenwärtigen

Litotes: hervorhebende Bejahung durch doppelte Verneinung:
... das war nicht einmal unklug von ihm ...

Metapher: eine bekannte Wortbedeutung wird in einem „übertragenen" Sinn gebraucht; oft handelt es sich um einen „verkürzten Vergleich", dem das „wie" fehlt; in der Metapher wird Auseinanderliegendes zusammengebracht und Unsagbares im Bild mitteilbar gemacht:
Aber bei Ihnen herrschte Funkstille ...

Oxymoron: (griech. „oxys": spitz, scharf); Zusammenstellung von zwei gegensätzlichen Begriffen, Elementen bzw. Vorstellungen:
... dieser stumme Schrei ...

Parallelismus: Wiederholung des Satzbaus in aufeinander folgenden Sätzen oder Satzteilen:
Wir werden aufmerksam zuhören, wir werden kritisch beobachten und wir werden immer wieder fragen ...

Parataxe: nebeneinander geordnete Satzreihung

Pars pro toto: (lat.) ein Teil steht für das Ganze:
Alle Räder stehen still, wenn dein starker Arm es will ...

Personifikation: etwas Abstraktes (ein Gefühl, eine Idee usw.) wird als Person behandelt: *... die Angst geht um ...*

Polysyndeton: Reihung gleichartiger Satzglieder bzw. Sätze, die durch Bindewörter verbunden sind:
Plötzlich wollen Sie Bäume retten und Flüsse reinigen und das Meer sauber halten und ... und ... und ...

Prolepsis: Vorwegnahme eines gegnerischen Einwandes:
Was ich hier behaupte, ist nicht aus der Luft gegriffen. Sie können selbst nachprüfen, ob …

Rhetorische Frage: der Form nach ein Fragesatz; inhaltlich beantwortet sich die Frage selbst bzw. wird vom Redner beantwortet:
Erwarten Sie etwa, dass Ihnen das einer glaubt?

Sentenz: redensartliche, oft bildhafte Wendung

Symbol: anschauliches Zeichen, das etwas vergegenwärtigt, was gegenwärtig nicht da ist oder das selbst überhaupt nicht Gestalt annehmen kann: *Ring* für *Treue*

Synästhesie: Vermischung verschiedener Sinneseindrücke; gleichzeitiges Wahrnehmen mittels verschiedener Sinne:
Golden wehn die Töne nieder …

Topos: festes Denk- bzw. Ausdrucksschema, feste Redewendung, die aus der antiken Literatur stammt und immer wieder verwendet wird

Vergleich: stellt eine Beziehung zwischen zwei Bereichen her und dient der Verdeutlichung eines Bereichs, indem er auf einen zweiten Bereich verweist, von dem angenommen wird, dass er bekannter bzw. anschaulicher ist:
… doch ich bin standhaft wie des Nordens Stern …

Wortspiel: nutzt Klangähnlichkeit oder Klanggleichheit, um Dinge, die an sich nichts miteinander zu tun haben, zueinander in Beziehung zu setzen:
Die Armee kümmert … sich mehr um den Krug als um den Krieg.

Zitat: Übernahme aus einem anderen Text (meist ein „Dichterwort", Bibelspruch o. Ä.)

Textbeispiel

Rede Kaiser Wilhelms II. vor dem Brandenburgischen Provinziallandtag vom 24. Februar 1892

Die Worte, die soeben gesprochen worden sind und welche Ihre treuen Gesinnungen Mir von neuem offenbaren, haben Mir sehr wohl gethan. Es ist Mir in Meiner schweren Arbeit doppelt angenehm und auch zu gleicher Zeit anregend, wenn in so warmer Weise Meine Bestrebungen für das Wohl Meines Volkes dankbare Anerkennung finden. Es ist ja leider jetzt Sitte geworden, an allem, was seitens der Regierung geschieht, herumzumäkeln. Unter den nichtigsten Gründen wird den Leuten ihre Ruhe gestört und ihre Freude am Dasein und am Leben und Gedeihen unseres gesamten großen deutschen Vaterlandes vergällt. Aus diesem Nörgeln und dieser Verhetzung entsteht schließlich der Gedanke bei manchen Leuten, als sei unser Land das unglücklichste und schlechtest regierte in der Welt und sei es eine Qual, in demselben zu leben. Daß dem nicht so ist, wissen wir alle selbstverständlich besser. Doch wäre es dann nicht besser, daß die mißvergnügten Nörgler lieber den deutschen Staub von ihren Pantoffeln schüttelten und sich unsern elenden und jammervollen Zuständen auf das schleunigste entzögen? Ihnen wäre ja dann geholfen, und uns thäten sie einen großen Gefallen damit.

Wir leben in einem Übergangszustande! Deutschland wächst allmählich aus den Kinderschuhen heraus, um in das Jünglingsalter einzutreten. Da wäre es wohl an der Zeit, daß wir uns von unsern Kinderkrankheiten frei machten. Wir gehen durch bewegte und anregende Tage hindurch, in denen das Urteil der großen Menge der Menschen der Objektivität leider zu sehr entbehrt. Ihnen werden ruhigere Tage folgen, insofern unser Volk sich ernstlich zusammennimmt, in sich geht und unbeirrt von fremden Stimmen auf Gott baut und die ehrliche fürsorgliche Arbeit seines angestammten Herrschers.

Aus: E. Johann (Hrsg.), Wilhelm II. von Preußen. Reden des Kaisers; dtv-Taschenbuch, München 1966, S. 57

Bearbeitungsbeispiel

Redesituation

In der kurzen Rede wendet sich Kaiser Wilhelm II. an den Brandenburgischen Provinzialtag, der offenbar unmittelbar vorausgehend eine Ergebenheitsadresse an den Kaiser gerichtet hatte.

Textwiedergabe: die zentralen Themen

Im Mittelpunkt des Textes stehen zum einen diejenigen, die an der Regierungspolitik Kritik üben, zum andern der gegenwärtige Zustand des Deutschen Reiches, welches in einem Übergang gesehen wird.

Thematische Gliederung, Untersuchung des Argumentationsaufbaus:

Untersucht man die thematische Gliederung genauer, so fällt auf, dass der größte Teil des Textmaterials für die Einleitung und Hinführung, besonders für die Kritik am politischen Gegner aufgewendet wird.

– Ausgangspunkt

– Ansatz der Ausführungen

– Abgeleitete Folgerung: Empfehlung

– Das eigentliche Thema der Rede

Zunächst werden die Vorredner gelobt. In einer Captatio benevolentiae wird an das bisher Gesagte angeknüpft. Der erste Ansatz der folgenden Ausführungen wird entwickelt. Dieser Ansatz thematisiert die „neue Sitte", Nörgeln und Verhetzen ist offensichtlich zur täglichen Übung geworden. In diesem Abschnitt wird die Tätigkeit der Gegner im Vorhinein abgewertet, so dass im dritten Abschnitt eine Empfehlung ausgesprochen werden kann, die die Nörgler endgültig aus dem Staatsverband katapultiert. Erst der vierte Schritt bringt das eigentliche Thema zur Sprache, den nun neuen Aspekt, von dem gesprochen wird: Deutschland befindet sich in einem Übergangszustand. Das Thema wird nicht weiter ausgeführt. Der Sprecher beschränkt sich darauf, in einem Bild diesen Übergangszustand zu charakterisieren, um in einem hoffnungsvollen Blick in die Zukunft einen Abschluss zu finden, der in einen aufrufenden Appell übergeht.

Detailuntersuchung: Die Argumentationsweise

Die Abschnitte zwei und drei sollen zunächst genauer untersucht werden: Verkürzt man die Aussagen und reduziert sie auf die sprachliche Nullstufe, so ergibt sich ein Dreischritt: 1) Es wird behauptet: Deutschland ist das unglücklichste und schlechtest regierte Land der Welt. 2) Wir wissen: Das ist nicht so. 3) Wer anderer Meinung ist, soll Deutschland verlassen.

Wirkung der Argumentationsweise

Sprachuntersuchungen:

– Personalpronomen

– Bezeichnung der Tätigkeit des Gegners

– Satzgliedstellung

Eine Begründung im Sinne der Argumentationslehre ist nicht zu finden. Wohl aber ist dieser Dreischritt auf Zustimmung angelegt. Diese Zustimmung wird erreicht durch den Einsatz der Personalpronomen: Über das „wir alle" wird eine „Wir-Gruppe" konstituiert, der dann „jene" entgegenstehen, die außerhalb stehen. Beachtet man des Weiteren die Wortwahl, die die Tätigkeit der Gegner benennt, wird deutlich, dass diese Tätigkeit, als „Nörgeln" und „Verhetzen" bezeichnet, eindeutig abgewertet wird. Die Negativbewertung wird nicht nur auf das Herummäkeln beschränkt. Vielmehr wird der politische Gegner im Gegensatz gesehen zu den Leuten, deren Ruhe gestört wird. Beachtet man hier die Satzgliedstellung genauer, so stellt man fest, dass „unter den nichtigsten Gründen" an der Satzspitze steht und damit besonders hervorgehoben wird. Nicht nur, dass hier ein logisch unsinniger Superlativ eingesetzt wird („nichtig“ wäre schon „nichts“ und kann nicht mehr gesteigert werden!), die Spitzenstellung betont nochmals die besondere Fahrlässigkeit, mit der der politische Gegner vorgeht.

– Verwendung des Superlativs

Die Syntax trägt weiterhin dazu bei, dass das gedankliche wie das politische Konzept der Gegner weiter diffamiert wird. Es wird ein „Gedankenspiel“ durchgeführt, das – im Konjunktiv dem Irrealis zugeordnet – durch den Realis des „dem ist nicht so“ alle Gedanken des politischen Gegners als irreale Spinnereien diffamiert. Sie sind es nicht einmal wert, dass man sich mit ihnen auseinander setzt. Die Wir-Gruppe weiß es „selbstverständlich besser“.

– Realis–Irrealis

Der Angriff auf die Gegner kulminiert in einer rhetorischen Frage, die – untersucht man sie genauer – ein „Totschlag-Argument“ vorbringt, wie es wohl typisch ist für totalitäres Denken: Wem es nicht passt, der kann abhauen.

Rhetorische Mittel:
– Rhetorische Frage

Eine genauere Untersuchung der verwendeten Sprache macht auch hier deutlich, dass der Sprecher bereit ist, alle Mittel einzusetzen, wenn nur Wirkung erzielt wird. Das Bild des Staubs, der von den Schuhen geschüttelt wird als Zeichen der Trennung von einem Land, einer Region, wird in ein neues Bild übergeführt, in dem nun der Staub von Pantoffeln geschüttelt wird. Der Sprecher rechnet wohl damit, dass die Pantoffeln als Fußbekleidung negative Assoziationen evozieren, die vom Pantoffelhelden reichen bis zu demjenigen, der eben zu Hause bleibt und nicht hinauskommt ins Leben. So wird ein Bildbruch in Kauf genommen (auf solchen Pantoffeln kann sich kein Staub ansammeln). Am Rand des Lächerlichen bewegt sich der Superlativ „auf das Schleunigste“. Die Antithese zwischen „ihnen“ und „uns“ wird schließlich einer ironisierenden Lösung zugeführt, wobei das „ja“ auf die Zustimmung der Wir-Gruppe abzielt. Bleibt natürlich zu fragen, ob die Sozialdemokratie, auf die das Ganze wohl gemünzt ist, tatsächlich einen „Gefallen täte“, wenn sie und ihr Anhang sich auf und davon machten.

– Bild und Bildbruch

– Ironie

Schauen wir uns nun noch die Abschnitte 4 und 5 an. Hier geht es um das eigentliche Thema der gesamten Rede: Deutschland in einem Übergangszustand. Zunächst eröffnet diese These die Ausführungen. Die These wird aber kaum ausgeführt. Sie wird lediglich auf der Bildebene (Erwachsenwerden) wiederholt. Dabei geht die Gedankenführung auf die Bildebene über. Im nächsten Schritt wird auf der Bildebene eine Folgerung und damit verbunden eine Forderung formuliert: Deutschland muss seine Kinderkrankheiten ablegen. Auf der Bildebene ist diese Forderung unangreifbar, zumal beim Erwachsenwerden die Kinderkrankheiten klar definiert sind. Was nun aber auf der „Sachebene Deutschland“

Behandlung des zentralen Themas: die These

Bildgebrauch und die Folgen

mit Kinderkrankheiten konkret gemeint ist, bleibt zunächst offen. Möglicherweise findet sich eine inhaltliche Übertragung des Bildes in der Passage, in der behauptet wird, die große Menge sei wenig objektiv. Hier wird weder klar, was unter Objektivität zu verstehen sein soll, noch, wer mit der „großen Menge" angesprochen wird. Vor allem die Zusammensetzung „das Urteil ... (entbehrt) der Objektivität leider zu sehr" erscheint auffällig: Die Wahl der Sprachebene erscheint hier als Missgriff. „Entbehren" plus Genitiv stellt eine altertümliche Wendung dar. Möglicherweise allerdings erhofft sich der Sprecher gerade aus der Verwendung einer altertümlichen Sprache eine Rechtfertigung seiner Aussage einfach durch die Sprachverwendung.

Einschub: Wahl der Sprachebene

Beachtenswert erscheint, wie die These begründet wird. Das Bild des Erwachsenwerdens rückt den politischen Prozess der Konsolidierung des Deutschen Reiches in den Bereich des Natürlichen, des organischen Wachstums. Entsprechend werden nun Schwächen als natürliche Phasen der Entwicklung angesehen, wie sie im Bild der Kinderkrankheiten zum Ausdruck kommen. Hier wird besonders deutlich, dass das Bild den Gedanken ersetzt und nicht in der Lage ist, die Realität angemessen wiederzugeben.

Fortsetzung: Funktion des Bildgebrauchs

Der Schlussappell gründet sich auf eine nicht weiter begründete Prognose, wobei deutlich wird: Die positive Zukunft wird nur möglich, wenn das Volk „sich ernstlich zusammennimmt" und – wie könnte es anders sein! – „Gott und dem angestammten Herrscherhaus vertraut". Alles, was an Kritik hier vorgebracht werden könnte, wird so zur Gotteslästerung, ist zu sehen als Irritation durch „fremde Stimmen". Der profane Bereich des Politischen wird durch die Koppelung an den religiösen Bereich der Kritik entzogen.

Schlussappell als Koppelung heterogener Bereiche (religiös–politisch)

Auf den Punkt gebracht

Wenn Sie die **Sprachgebung** eines Textes beschreiben, dann sollten Sie

- die Sprachebene bestimmen, die der Autor des Textes gewählt hat,
- die Wortwahl genauer untersuchen und insbesondere nach häufig verwendeten Wortarten und deren Funktion fragen,
- die Zugehörigkeit bestimmter Wörter zu charakteristischen Wirklichkeitsbereichen (religiös, ...) beachten,
- den Satzbau untersuchen und hier nach der Verwendung bestimmter Satzarten fragen, aber auch Auffälligkeiten innerhalb der Sätze beachten (paralleler Aufbau, offener Satzbau, ...),
- die rhetorischen Mittel im engeren Sinn benennen und in ihrer Wirkung beschreiben.

2.3 Darstellung / Untersuchung der tragenden Begriffe und Begriffszusammenhänge

Gerade gedankliche Texte ruhen auf zentralen Begriffen, die gleichsam auf ein ganzes Begriffsgebäude verweisen. Deshalb ist es wichtig, diese tragenden Begriffe herauszuarbeiten und festzustellen, welche Definition im Text vorliegt oder welche Definition der Text zugrunde legt. Im ersten Fall ist die Definition im Text zu finden, im zweiten Fall muss sie aus dem Text erschlossen werden.

Darüber hinaus wird es notwendig, die Zusammenhänge zwischen einzelnen Begriffen zu klären: Geht es um ein Erklären, ein Erläutern und Erörtern? Oder geht es um ein Hinführen? Ist ein Begriff im andern enthalten oder ergibt er sich? Stellt ein Begriff eine logische Folgerung aus dem anderen dar? Oder markiert er das Ziel, auf das hin ein Begriff konzipiert ist?

Oft werden einzelne Begriffe durch andere Begriffe / Begriffsfelder erläutert, ergänzt oder kontrastiv beleuchtet. Begriffe können auch Entwicklungsreihen / -stufen, geistige Stufen bzw. Stufen in der Entwicklung eines Gedankengangs markieren. Nicht selten sind logische Zusammenhänge der Art „A führt zu B" oder „B ist als Folgerung aus A zu sehen".

Textbeispiel und Bearbeitungsbeispiel

Immanuel Kant, Beantwortung der Frage: Was ist Aufklärung? (siehe S. 11 f., 155 f.)

Auf den Punkt gebracht

Wenn Sie einen gedanklichen Text bearbeiten, sollten Sie sich vor allem um die zentralen **Begriffe** des Textes sowie um die **Zusammenhänge** zwischen diesen Begriffen kümmern:

- Stellen Sie fest, was die Begriffe innerhalb des Textes „bedeuten" (im Text definiert / indirekte Erläuterungen / Erschließen der Bedeutung aus dem Verwendungszusammenhang).
- Fixieren Sie die Bedeutung, indem Sie die Textelemente zusammenstellen, die mit dem Begriff unmittelbar zu tun haben, mit eigenen Worten die Bedeutung umschreiben und die im Text vorhandenen Verwendungsweisen und -zusammenhänge untereinander schreiben.
- Überlegen Sie, ob die Begriffe außerhalb des Textes schon eine gewisse geistesgeschichtliche Bedeutung haben. (Bisweilen wird im Text auf diese Bedeutung hingewiesen!)
- Vergleichen Sie die außertextliche Bedeutung mit der Bedeutung, die der Begriff im Text übernimmt.
- Untersuchen Sie dann die Zusammenhänge, die zwischen den zentralen Begriffen eines Textes bestehen bzw. im Text erst hergestellt werden.

---

3 Vorbereitung der Auseinandersetzung

Hat man den Text und seine wesentlichen Elemente inhaltlicher wie formaler Art erfasst, könnte man eigentlich in die Auseinandersetzung eintreten. Allerdings sind noch wichtige Vorbereitungen zu treffen, soll diese Auseinandersetzung dem Text wie der in Frage stehenden Sache gerecht werden. So stellt z. B. kein Text ein überzeitliches Gebilde dar, losgelöst von allen politischen und gesellschaftlichen Gegebenheiten. Gedanken stehen immer im Zusammenhang mit anderen Gedanken, die sie fortsetzen, denen sie widersprechen, aus denen sie hervorgehen usw., die Verfasser von Texten verfolgen bestimmte Absichten, Texte entfalten bei ihren Lesern bestimmte Wirkungen. Dabei können Absichten und Wirkungen zusammenfallen, das aber muss nicht immer so sein.

3.1 Text und Kontext

Texte stehen immer in Zusammenhängen:

- Diese können in Texten bestehen. Das gilt v. a. für Textausschnitte, aber auch für Texte, die auf Texte reagieren, sich in einer Textsammlung finden u. Ä.
- Texte treten in Erscheinung, sie werden an einem bestimmten Ort veröffentlicht und stehen auch so in einem bestimmten Zusammenhang.
- Reden werden aus einem bestimmten Anlass gehalten. Da gibt es zunächst ins Auge gefasste Zuhörer, da gibt es eine Situation usw.
- Texte stehen in Traditionen, in die sich einordnen oder gegen die sie ankämpfen.

All diese Momente fasst man unter dem Begriff „Kontext“ zusammen. (Gelegentlich wird unterschieden zwischen Kotext und Kontext. Wir wollen hier auf diese Unterscheidung verzichten und unter „Kontext“ alles verstehen, was im Zusammenhang eines Textes, seiner Entstehung und seiner Verbreitung eine Rolle spielt.) Diese Momente können von je unterschiedlicher Bedeutung für einen Text sein. Deshalb sollte man sich bei der Auswahl und Beschreibung auf diejenigen Momente konzentrieren, die besonders ergiebig erscheinen. So wird z. B. für einen philosophischen Text die Tradition, in der er steht bzw. gegen die er sich wendet, interessant, aber auch die nähere und weitere „Textumgebung“, der etwa ein Ausschnitt entnommen ist, muss berücksichtigt werden, da z. B. dort einzelne Begriffe erläutert sein können. (So wird dann auch das Gesamtwerk eines Philosophen als Kontext eines Textausschnitts bei der Erläuterung einzelner Begriffe berücksichtigt werden müssen.) Bei einer Rede wird die Redesituation eine Rolle spielen, also der Anlass, aus dem gesprochen wird, die Zuhörer und ihre Situation, aber auch der Sprecher und sein Verhältnis zu den Zuhörern. Bei wissenschaftlichen Texten wiederum dürften der Autor und sein „Rang" im Rahmen der Wissenschaft, die er vertritt, relevant sein. Gegebenenfalls wird man da auch nach der „Schule" zu fragen haben, in die er einzuordnen ist, und dergleichen mehr.

3.2 Text und Sachverhalt: Reduktion auf These und tragende Argumente

Will man sich mit einem Text auseinander setzen, ist vorher zu klären, in welchem Verhältnis der Text zu dem in ihm angesprochenen Sachverhalt steht:

- Will er diesen Sachverhalt offenlegen oder verschleiern?
- Will er den Sachverhalt bzw. Zustand verändern?
- Will er ihn stabilisieren?
- Will er den Sachverhalt klären oder überhaupt erst ins Bewusstsein rücken?

Um das zu klären, muss zunächst alles „rhetorische Beiwerk" beseitigt werden. Die Text muss auf seine Grundaussage zurückgeführt werden, auf das also, was er – bezogen auf den Sachverhalt – zu sagen hat. Damit rückt die These in den Blick, die der Text angesichts eines Sachverhaltes gewissermaßen als Antwort entwirft. Diese These könnte nun aber doch zu abstrakt ausfallen und von den konkreten Textaussagen zu weit entfernt sein. Deshalb ist zu empfehlen, auch die tragenden Argumente, die der Text vorträgt, ins Gedächtnis zu rufen.

3.3 Autor – Intention – Wirkung

Die dritte wichtige Basis, der wir uns vergewissern sollten, ehe wir in eine Auseinandersetzung eintreten, ist die Frage nach Textautor, Intention und Textwirkung. Je nach Textart sind diese Faktoren wiederum von unterschiedlicher Bedeutung für das weitere Vorgehen. Handelt es sich um einen Sachtext, so wird die Sachkompetenz des Autors eine wichtige Rolle spielen. Bei einem philosophischen Text wird man, sofern es sich um einen „hochrangigen" Autor handelt, schon von der Position des Autors her den Text und seine Grundtendenz einschätzen können. Bei Reden wiederum ist die Position des Sprechers (auch im konkreten „Rahmen"!) von besonderer Bedeutung. (Dabei muss es sich nicht unbedingt um einen politischen „Rang" handeln. Es kann sehr wohl um einen Rang im jeweiligen „Sachfeld" gehen: So nimmt z. B. der Präsident eines Fußballclubs bei der Festrede zum 100-jährigen Vereinsjubiläum schon einen besonderen Rang ein.)

Will man Intention und Wirkung eines Textes bestimmen, so geht man am besten von einem allgemeinen Funktionsmodell von Sprache aus, wie es Bühler entworfen hat. Danach kann Sprache drei Funktionen übernehmen:

- Sie kann dem Sprecher dazu dienen, seinen Gefühlen und Stimmungen, seinem inneren Zustand **Ausdruck zu verleihen.**
- Sie kann dazu dienen, über einen Sachverhalt, Zustand usw. zu **informieren.**
- Sie kann dazu dienen, an einen anderen zu **appellieren,** ihn zu bewegen, etwas zu tun oder zu lassen.

Wir können dem Bühler'schen Modell noch zwei weitere Funktionen ergänzend anschließen, deren erste dient der **Vereinbarung von Normen** und dem Festlegen von Verträgen. Die zweite dieser Funktionen dient der **Unterhaltung.**

Die hier vorgestellten Funktionen treten nur in den seltensten Fällen rein und unvermischt auf. In aller Regel haben wir es mit Mischformen zu tun. (Wenn z. B. appelliert wird, sind oft auch Informationen im Spiel usw.)

Wenn ein Autor darangeht, einen Text zu verfassen, macht er sich zunächst klar, was genau er erreichen möchte. Entsprechend gestaltet er seinen Text, entsprechend wendet er Mittel an, sein Ziel zu erreichen. Bei der Beschreibung eines Textes fällt es nicht immer ganz leicht, die ursprüngliche **Absicht** eines Autors zu identifizieren. Bei philosophischen Texten können wir annehmen, dass sich der Autor einem Problem stellen will und dessen Lösung (oder auch: die Unmöglichkeit einer Lösung) darzustellen versucht. Bei Reden wird man aus dem Verhältnis des Autors zu seinem Publikum sowie zum in Frage stehenden Sachverhalt einiges erschließen können, doch ist hier bereits Vorsicht geboten. Die Untersuchung einzelner sprachlicher Mittel kann da oft weiterhelfen. (So könnte z. B. die Frage, ob der Autor etwas verschleiern oder schönreden will usw., aus der Wortwahl und den Satzmustern geklärt werden.)

Mehr Sicherheit haben wir, wenn wir über die **Textwirkung** sprechen. Hier sind zwei Ebenen zu beachten: Zum einen wird man die Wirkung auf die ursprünglichen Empfänger beschreiben, zum andern aber kann man als Resultat einer „Selbstbeobachtung" festhalten, wie der Text auf einen selbst gewirkt hat.

Textbeispiel

Rede des Bundespräsidenten Johannes Rau zum Abschluss des Kongresses der Bundeszentrale für politische Bildung: „Verirrung, Provokation oder Protest? Gewalt, Fremdenfeindlichkeit, Rechtsextremismus in der Gesellschaft"

[...] Gelegentlich wird gesagt, dass unser Ansehen im Ausland aufgrund der extremistischen, gewalttätigen Vorfälle Schaden nehme. Das mag sein und das darf uns auch nicht gleichgültig lassen, aber davon darf unsere Entschlossenheit nicht abhängen, den demokratischen Grundkonsens unserer Gesellschaft zu verteidigen.

Wenn wir uns Hass und Gewalt entgegenstellen, dann tun wir das um unserer selbst willen, um unserer Selbstachtung wegen.

Nicht bloß unser Ansehen – unsere Würde nimmt Schaden, wenn wir es zulassen, dass die Würde anderer Menschen mit Füßen getreten wird. Ich weiß, dass die ganz große Mehrheit der Menschen in Deutschland das genauso sieht.

In den letzten Monaten sind viele neue Initiativen und Projekte entstanden, die sich nicht abfinden wollen mit rassistischen Hetzparolen u. menschenverachtender Gewalt. Viele haben sich an Demonstrationen und Kundgebungen beteiligt und Verfolgten geholfen.

Jugendliche Gewalttäter sind in einer Reihe von Fällen erfreulich schnell angeklagt und verurteilt worden. Das ist wichtig, denn gerade bei jungen Menschen müssen Tat und Strafe in einem zeitlich engen Zusammenhang stehen.

Die Regierungen im Bund und in den Ländern haben gehandelt: Neue Aktionen wurden ins Leben gerufen und in den öffentlichen Haushalten stehen zusätzliche Mittel zu Verfügung, um bestehende und neue Vorhaben zu unterstützen.

Wir alle wissen: Mit schnellen Erfolgen ist nicht zu rechnen. Aber es hat sich viel bewegt in unserem Land. Dafür stehen auch Sie, die Sie sich hier getroffen haben, mit Ihren Projekten, mit Ihren Erfahrungen und Ihrem Engagement; dafür steht diese Tagung.

Wenn wir auf die Monate seit dem vergangenen Sommer zurück schauen, müssen wir uns allerdings auch fragen, ob wir mit der Herausforderung immer angemessen umgegangen sind, vor der wir stehen. Alarmismus statt Aufmerksamkeit, Hysterie statt ruhiger und sachlicher Analyse, Schönfärberei statt Wachsamkeit – das ist gefährlich. [...]

In vielen Zeitungen und in Fernsehsendungen hat es besonnene Diskussionen darüber gegeben, wie die Entwicklung einzuordnen ist und was getan werden kann. Oft genug folgte die Berichterstattung in wichtigen Medien allerdings auch dem vom Konkurrenzkampf diktierten Prinzip, dass sich alles dramatisch zum Schlechteren entwickeln muss, weil nur grelle Schlagzeilen gute Schlagzeilen sind, weil nur schlechte Nachrichten Auflage und Quote machen.

Das verstellt nicht nur den Blick auf Ursachen und Hintergründe, das regt bekanntlich auch zur Nachahmung an. Ein Drittel der Straftaten des vergangenen Jahres wurden in den Monaten begangen, in denen besonders breit über den Rechtsextremismus berichtet wurde. Auch bei der Berichtserstattung über rechtsextremistische Straftaten kommt es auf das richtige Maß und auf den richtigen Ton an. [...]

Wir sollten auch sorgfältig abwägen, wie wir auf rechtsextremes Handeln und Verhalten reagieren. [...] Sicher: Politische Kostümierungen können der Einschüchterung oder der Provokation dienen. Wer aber das Tragen bestimmter Kleidung verbieten will, läuft Gefahr, sich in eine Dauerdebatte zu verstricken.

[...] Der Kampf gegen den Rechtsextremismus darf in unserem Rechtsstaat nur mit rechtsstaatlichen Mitteln geführt werden. Sonst gäben wir genau das auf, was wir doch schützen wollen.

Die selbstbewusste Demokratie sollte niemandem die Chance geben, sich dadurch interessant zu machen, dass er sich als Opfer angeblicher Verschwörungen und politischer Verfolgung stilisieren kann. [...]

Wir dürfen die Situation weder verharmlosen noch beschönigen. Gewalt und Verfolgung, Verhöhnung und Leugnung historischer Ereignisse sind weder zu entschuldigen noch zu rechtfertigen. Aber wir müssen den Blick für die *ganze* Wirklichkeit gewinnen. Erst dann werden wir verstehen, warum rechtsextreme Gesinnung – oder eben bloß: Attitüde – sich [...] so hartnäckig hält oder sogar ausbreitet, warum rechtsextremes Gehabe gewissermaßen Bestandteil der Jugendkultur wird – trotz vielfältiger Bemühungen, dem entgegenzuwirken. [...]

Neben den Schreibtischtätern und den Unbelehrbaren gibt es aber auch die vielen Mitläufer, die gewaltbereit und sensationslüstern sind und denen dafür viele Begründungen willkommen sind. Und schließlich gibt es auch junge Menschen, die mit ihrem Verhalten auf ihre tatsächlich oder vermeintlich aussichtslose Situation aufmerksam machen wollen. Die dürfen wir nicht als hoffnungslose Fälle abschreiben. Wollen wir sie erreichen und wollen wir verhindern, dass andere Jugendliche ihnen folgen, dann müssen wir fragen: Was sind die Ursachen für ihre Bereitschaft, Gewalt anzuwenden und sich selber auszugrenzen? [...]

Oft genug, so ist zu vermuten, wird der Irrweg eben nicht aus Überzeugung eingeschlagen, sondern um einen Tabubruch zu begehen. [...]

Welcher Tabubruch bliebe den Angehörigen einer jungen Generation, die ihre Eltern weder durch Kleidung noch durch Haartracht schockieren kann, weder durch „freie Liebe“ noch durch Haschischkonsum, weil das die Tabubrüche sind, die ihre Eltern womöglich selber schon begangen haben? [...]

Dass nur um der Provokation willen provoziert wird, diese Erklärung griffe gewiss zu kurz.

Wogegen wird dann aber protestiert? Was läuft in unserer Gesellschaft falsch? Wo gibt es Defizite? Welche sozialen Probleme missbrauchen rechtsextreme Ideologen für ihre Zwecke? Welches geistige Vakuum füllen sie? [...]

„Wer nicht bei sich selbst ist, kann auch nicht bei anderen sein,“ hat Wolf Biermann einmal gesagt. Wo Halt und Orientierung fehlen, da sind wesentliche Kontrollmechanismen außer Kraft gesetzt. Angst kann dann in Wut umschlagen, Wut über ein vermeintlich oder tatsächlich ungerechtes Schicksal als Verlierer. Dann ist der Weg nicht mehr weit in die Gewalt. Wer selber keine Anerkennung findet, der erkennt oft auch andere Menschen nicht an.

Wir müssen die Sorgen derer benennen und ernst nehmen, die sich in dem verunsichert fühlen, was für sie Identität, Tradition und Heimat bedeutet. Wer das Gefühl hat, dass seine Anliegen und Sorgen in der politischen Auseinandersetzung nicht zur Sprache kommen, wird nicht bereit sein, sich für die Demokratie einzusetzen.

Nun lebt jede Selbstfindung bekanntlich von der Unterscheidung. Der Wunsch, verschieden sein zu wollen, ist nicht nur verständlich, sondern auch wichtig. Jede und Jeder muss allerdings akzeptieren, dass Unterscheidung nie Verachtung heißen kann und darf.

Vor allem dürfen wir Patriotismus nie mit Nationalismus verwechseln. Ich wiederhole: Ein Patriot ist einer, der sein Vaterland liebt. Ein Nationalist ist einer, der die Vaterländer der anderen verachtet. [...]

Extremes Verhalten am Rand der Gesellschaft ist oft genug ein Symptom für größere Missstände in der ganzen Gesellschaft. Wir dürfen deshalb vor allem die materiellen Sorgen nicht einfach abtun, die viele Menschen in unserer reichen Gesellschaft haben in Ost und in West. Es kann uns doch nicht gleichgültig lassen, dass die Zahl der Sozialhilfeempfänger in unserem Land von 1973 bis 1998 von 800 000 auf 2,8 Millionen gestiegen ist – in den Jahren 1999 und 2000 ist die Zahl erfreulicherweise zurückgegangen, aber noch lange nicht genug! Darunter sind mehr als eine Million Kinder! Das lässt sich auch nicht durch die Vereinigung erklären. 2,7 Millionen Haushalte in Deutschland sind überschuldet. [...]

Nun ist es ja wahrlich nicht so, dass jeder, der in seiner frühen Kindheit unter Lieblosigkeit hat leiden müssen, zum Gewalttäter programmiert ist. Es kommt entscheidend darauf an, dass im späteren Kindes- und im frühen Jugendalter die Weichen richtig gestellt werden, durch Menschen und Gemeinschaften: Durch Lehrer, Trainer oder ältere Jugendliche, in Schulen und Sportvereinen, in der Jugendfeuerwehr oder bei sozialem Engagement. Ich finde es besonders wichtig, dass auf Ihrer Tagung auch darüber beraten worden ist: Was kann man gegen Leerlauf tun und wie kann man verhindern, dass Menschen auf Irrwegen gehen? [...]

Wenn es uns gelingt, jungen Menschen Selbstbewusstsein und Selbstsicherheit zu vermitteln und das Gefühl, anerkannt zu sein, wenn wir ihnen die Chance geben, sich zu bewähren und sich im positiven Sinne auch „auseinander zu setzen", dann können wir die Voraussetzungen und die Bereitschaft schaffen für selbstständiges und kritisches Denken und Handeln. [...]

Wer in Konflikt und Auseinandersetzung gelernt hat, sich zu behaupten, wird am ehesten den Mut aufbringen, für seine Überzeugungen auch in der Minderheit oder gegen Widerstand einzutreten. Darauf kommt es doch an! Sich auch unter schwierigen Umständen für das für einmal als Recht Erkannte einzusetzen – ohne diese Zivilcourage kann unsere Gesellschaft nicht leben.

Zivilcourage beginnt damit, sich im Bekannten- und Kollegenkreis gegen rohe Sprüche und fremdenfeindliche Bemerkungen zu wenden.

Zivilcourage ist gefordert, um sich schlimme Witze über Juden, Polen oder Türken zu verbitten.

Zivilcourage heißt, nicht schweigend zuzuschauen, wenn im Bus, in der Bahn oder auf dem Schulhof Pöbeleien oder Gewalt drohen.

Zivilcourage heißt als Lehrer oder Lehrerin, jenseits des eigenen Faches über Anstand, über Feigheit und Menschenwürde zu sprechen. Ja, es gehört Courage dazu, den Meinungsführern einer Klasse ein paar angeblich altmodische Wahrheiten zu sagen! [...]

Wir müssen Irrlehren Fakten gegenüberstellen, wir müssen – und das ist vielleicht das Wichtigste – gegen das rechtsextremistische Weltbild die demokratischen Werte im Alltag leben.

In einem Satz: Es gilt, nicht nur *gegen* etwas einzutreten – gegen Rechtsextremismus, gegen Fremdenfeindlichkeit, gegen Gewaltverherrlichung, sondern auch *für* etwas: Für Toleranz, für die Achtung der Menschenwürde, für Freiheit, Gerechtigkeit und Solidarität.

http://www.bundespraesident.de/dokumente/Rede/ix-34270.htm

Bearbeitungsbeispiel

Text und Kontext

Die Bundeszentrale für politische Bildung veranstaltete im Jahre 2001 einen Kongress zur Frage nach Fremdenfeindlichkeit und Rechtsextremismus in der Gesellschaft. Rechtsextreme Gewalt nahm in unmittelbarer Vergangenheit mehr und mehr zu. Einige Schulen hatten bereits das Tragen von Springerstiefeln als Zeichen rechtsextremer Gesinnung gewertet und verboten. Sie fanden dabei Unterstützung bei einzelnen Kultusministern. In der Gesellschaft formierten sich Gruppen, die nicht mehr bereit waren, die rechtsextreme Gewalt einfach hinzunehmen. Insgesamt aber war man sich nicht darüber einig, was der Rechtsextremismus eigentlich im Letzten wollte und darstellte, wie er sich selbst verstand und vor allem was Jugendliche zu den Rechtsextremen trieb. Sind sie nur verirrt? Wollen sie provozieren oder protestieren? Genau diesen Fragen stellte sich der Kongress und die Rede des Bundespräsidenten bildete den Abschluss. Sie ist also zu sehen als eine dezidierte Stellungnahme dessen, der den Staat kraft Amtes repräsentiert. Damit sind die einzelnen Äußerungen mehr als nur die Meinung eines Privatmannes. Hinter ihnen steht die Autorität des ersten Mannes im Staat.

Text und Sachverhalt: Reduktion auf These und tragende Argumente

Der Sprecher setzt sich mit Fragen aus dem Problemfeld rechtsextremer Gewalt auseinander und vertritt die These: Wir müssen den demokratischen Grundkonsens verteidigen. Das sind wir unserer Selbstachtung wie unserer Würde schuldig. Er stellt die Frage nach der gegenwärtigen Praxis des Umgangs mit rechter Gewalt, stellt dabei fest, dass die Medien für eine Steigerung der Gewalt durch ihre Berichterstattung verantwortlich sind, er geht der Frage nach der Möglichkeit eines Verbotes nach und erinnert in diesem Zusammenhang an demokratische Grundsätze. Um das Gesamtproblem einer angemessenen Lösung zuzuführen, fragt er nach Ursachen der Beteiligung und nennt verschiedene Momente, denen er dann seine Forderung nach Gegenstrategien entgegenhält. Diese Strategien münden in zwei grundlegende Forderungen: Einmal wird Zivilcourage gefordert, zum andern bringt er seine Forderungen auf den Punkt: Man soll nicht nur gegen Rechtsextremismus eintreten, sondern für Toleranz.

Autor – Intention – Wirkung

Aus der Redesituation ergeben sich erste Vermutungen zur Intention des Autors: Er will die Bedeutung des Kongresses, zu dessen Abschluss er spricht, besonders unterstreichen und vermutlich auch ein wenig dazu beitragen, die Thematik, der dieser Kongress galt, weiter zu klären, und vielleicht auch mögliche Antworten aus der Sicht des Bundespräsidenten geben. Dabei dürfte von vornherein feststehen, dass hinter allem, was gesagt wird, nicht ein Privatmann, sondern der erste Repräsentant des Staates steht. Entsprechend kann man einerseits mit vorsichtigen Formulierungen rechnen, andererseits aber auch mit einem entschiedenen Eintreten für demokratische Grundgrößen. Beim Versuch, Antworten auf brennende Fragen zu geben, wird sich der Sprecher zurückhalten. Vor allem wird er, das entspricht der Bedeutung seines Amtes, auf der Suche nach Lösungen sein, die möglichst vielen gerecht werden, die also auf Ausgleich aus sind und nicht auf Konfrontation, die eher Verständnis aufbringen als Härte fordern, und entsprechend werden auch die Forderungen ausgerichtet sein: Es kann nicht im Interesse des Bundespräsidenten liegen, Fronten aufzubauen und Konfrontationen zu provozieren. Er wird weniger eine Haltung *gegen* … als vielmehr ein Bekenntnis *zu* … fordern.

Aus dem Redekontext kann geschlossen werden, dass sich die Rede mit Sachzusammenhängen beschäftigt, Informationen verarbeitet und zueinander in Beziehung setzt. Aus der Position des Sprechers in der Gesellschaft, der dieses Schlusswort auf diesem Kongress spricht, kann nur ein Appell erwartet werden, der sich zum einen an die Mitglieder des Kongresses richtet, der zum andern aber auch die gesamte Bevölkerung in den Blick nimmt, die an die demokratischen Grundwerte erinnert wird.

Auf den Punkt gebracht

Das in diesem Kapitel Vorgestellte wird zwar in Ihrer endgültigen Ausarbeitung wenig Raum einnehmen, vieles wird überhaupt nicht unmittelbar auftauchen. Als Basis für die Auseinandersetzung ist die Arbeit aber unverzichtbar. Versuchen Sie daher, den **Text** zu „**situieren**“:

- Fragen Sie nach seinem Entstehungs-/Verwendungszusammenhang.
- Stellen Sie fest, ob der Text in einem größeren (Text-)Zusammenhang steht.
- Machen Sie sich klar, an wen sich der Text (ursprünglich) richtet(e).
- Isolieren Sie die Grundthese und die tragenden Argumente des Textes.
- Fragen Sie nach dem Autor und seiner Intention (Vorsicht: nicht immer direkt greifbar!).
- Fragen Sie nach der Wirkung des Textes. Beachten Sie dabei, dass verschiedene Sprachfunktionen gemischt werden können, im Text aber i. d. R. eine Sprachfunktion überwiegt.

Hinweis: Bei Ihrer späteren Ausarbeitung werden Sie einzelne der hier genannten Aspekte einarbeiten (etwa: Wirkungsfragen bei der Untersuchung einzelner sprachlicher Mittel). Die Aussagen zu Kontext und Situation werden Sie am besten in der Einleitung platzieren.

4 Auseinandersetzung / Stellungnahme

Meist zielt die Aufgabenstellung, die mit einem Text zusammen gegeben wird, auf eine Auseinandersetzung mit dem im Text Gesagten bzw. mit der Art und Weise, in der der Text etwas sagt. Ehe man sich nun auf diese Stellungnahme einlässt, sollte man sich noch einmal zusammenfassend vor Augen führen, welche Position der Text vertritt. Dann erst kann man festlegen, wo die Auseinandersetzung ansetzen könnte. Dabei bedeutet „Auseinandersetzung" nicht unbedingt immer nur „gegen" den Text argumentieren. Auch Zustimmung ist im Rahmen einer Auseinandersetzung sehr wohl denkbar. Selbst dann aber sollte man sich klar machen, was der Text sagt, ehe man ihm zustimmt.

4.1 Die tragenden Gedanken / Argumente des Textes

Voraussetzung jeglicher Auseinandersetzung ist, dass man sich präzise klar macht, womit man sich auseinander zu setzen gedenkt. Deshalb ist es notwendig, die zentrale Aussage des Textes und die wesentlichen Argumente, die diese Aussage begründen bzw. ausführen und erläutern, im Überblick darzustellen. Natürlich wird man hier diejenigen Aussagen des Textes in den Vordergrund stellen, auf die man besonders eingehen möchte bzw. an die man eine eigene Argumentation anzuknüpfen beabsichtigt. Dabei allerdings sollte man fair bleiben und die Gewichtung des Textes nicht fundamental verändern. (Es ist also nicht zulässig, einen im Text nur beiläufig geäußerten Gedanken in den Mittelpunkt zu stellen und ihn zum Zentrum des eigenen Angriffs zu machen.)

Wichtig für eine Auseinandersetzung ist auch, dass man den Verlauf der Argumentation knapp zusammenfasst und ihn so „griffig" macht, d. h., es sollte nun möglich werden, den direkten Zusammenhang zwischen dem, was der Text selbst enthält, und dem, was man dazu zu sagen hat, herzustellen.

4.2 Bewertung / Würdigung

Ehe man nun mit der eigenen Argumentation einsetzt, ist es zu empfehlen, dem Text zunächst dahingehend gerecht zu werden, dass man die von ihm vorgebrachten Argumente bewertet und die tragenden Gedanken, bezogen auf das angesprochene Problem, würdigt.

Dabei geht es noch nicht darum, eigene Argumente ins Spiel zu bringen, wohl aber darf hier schon die eigene Sichtweise durchdringen, schließlich soll man ja bewerten, wie der Text das Problem sieht und welche Lösung er mit welcher Begründung vorschlägt. Hüten sollte man sich allerdings vor willkürlichen oder personenorientierten Bewertungen (Extrembeispiel: „Was kann ein Kaiser dazu schon Vernünftiges sagen …"). Deshalb sind zwei Gesichtspunkte zu berücksichtigen: Zum einen muss deutlich werden, was konkret wie bewertet wird, und zum andern müssen die Gründe, die zu der einen oder anderen Bewertung führten, genannt werden. Diese Gründe nun können auch in einer persönlichen Einstellung, einer Welt- oder Werthaltung verankert sein, die dann auch benannt werden sollte.

4.3 Eigene Argumente

Schon im vorausgehenden Schritt begann die eigentliche Auseinandersetzung mit dem Text, wenn sein Grundgedanke und seine Argumente bewertet wurden. Nun geht es darum, eigene Argumente vorzustellen, die entweder die im Text vertretene Meinung weiter stützen und die Argumentation des Textes ergänzen oder aber eine andere als die im Text vertretene Position favorisieren und begründen.

Je nach Aufgabenstellung wird die hier auszuführende Argumentation mehr oder weniger umfangreich sein müssen. In jedem Fall aber gelten all diejenigen Argumentationsregeln, die in den vorausgehenden Kapiteln zum Thema Argumentieren schon erläutert wurden.

4.4 Fazit

Im Fazit wird man nochmals eine zusammenfassende Würdigung der Textargumente geben, jetzt allerdings vor dem Hintergrund der eigenen Argumentation. Dabei gilt es, das Positive wie das Negative zusammenzufassen und die Gewichtung hervorzuheben. Auch das, was man selbst an Argumenten angefügt hat, sollte nochmals zusammengefasst und in die Gesamtwürdigung eingebunden werden, so dass eine übergreifende Lösung erkennbar wird.

Textbeispiel

Rede des Bundespräsidenten Johannes Rau zum Abschluss des Kongresses der Bundeszentrale für politische Bildung: „Verirrung, Provokation oder Protest? Gewalt, Fremdenfeindlichkeit, Rechtsextremismus in der Gesellschaft" (siehe S. 168 ff.)

Bearbeitungsbeispiel

Thema

Rau stellt die Frage nach rechtsextremer Gewalt, nach möglichen Ursachen und angemessenen Gegenstrategien in den Mittelpunkt seiner Überlegungen. Allerdings: Er vermischt bisweilen die Frage nach Ursachen mit der Frage nach angemessenen Reaktionen, wenn er z. B. die Presseberichterstattung in einen nicht weiter nachgewiesenen Zusammenhang mit der Häufung rechtsextremer Gewalttaten bringt oder wenn er vor dem Verbot des Tragens bestimmter Kleidung warnt.

Erste Kritik am Argumentationsaufbau

Teilthema 1: Vorgenommene Gewichtung

Bei der Frage nach den Ursachen will er den Blick für die ganze Wirklichkeit gewinnen und sieht verschiedene Gruppen von Gewalttätern. Dabei gewinnt man den Eindruck, die Unbelehrbaren, die Schreibtischtäter stellen nur ein kleines Kontingent. Bei der überwiegenden Mehrzahl der Fälle handelt es sich um „Irregeleitete", um Provokation, um Protest, um den Versuch, auf eine auswegslose Situation aufmerksam zu machen. Auch wenn Rau den Gesichtspunkt einer fehlenden Orientierung nennt (er sieht ihn in einem nicht weiter geklärten Zusammenhang mit der Selbstfindung), für ihn scheint es doch von größerer Bedeutung, dass das extreme Verhalten ein Symptom für „größere Missstände in der gesamten Gesellschaft" ist. Dabei stehen materielle bzw. soziale Zusammenhänge für ihn im Vordergrund.

Teilthema 2: Forderungen

Schließlich wendet er sich der Frage nach Gegenstrategien zu. Hier steht für ihn die Stärkung des Selbstbewusstseins der möglichen Betroffenen im Vordergrund. Von den Mitbürgern fordert er Zivilcourage als Bereitschaft, die demokratischen Grundwerte offensiv zu vertreten. So kann er dann die Forderung in den Mittelpunkt stellen: Nicht nur gegen etwas, sondern für die demokratischen Grundwerte zu agieren. Die letzte Begründung dafür gab er schon zu Beginn seiner Rede: Die Demokraten sind es ihrer Selbstachtung und ihrer Würde schuldig, die Würde anderer Menschen zu schützen.

Begründung

Zustimmung / Würdigung

Gerade diesem Ansatz wird man bedingungslos zustimmen. Nur wer die Würde anderer achtet, stellt unter Beweis, dass Würde ihm selbst wichtig ist. Auch der Forderung, das positive Verhalten stärker zu gewichten als das einfache Dagegen-Sein, wird man kaum mit vernünftigen Gründen entgegentreten können.

Ankündigung der Einschränkungen und Ergänzungen

Bei all dieser Zustimmung läuft man aber Gefahr, die vorausgehenden Thesen und Argumente in gleicher Weise zu akzeptieren. Ich denke aber, da sind einige Ergänzungen und Anmerkungen, vielleicht auch einige Gegenargumente angebracht.

Einschränkung

Bei der Frage nach Ursachen ist Rau wohl zu schnell bereit, „die Gesellschaft" in die Pflicht zu nehmen und da vor allem materielle Verhältnisse verantwortlich zu machen. Das greift wohl mit Sicherheit zu kurz. Rau selbst gesteht schon zu: Nicht jeder, der einmal …, wird auch gleich zum Gewalttäter. Es müssen da schon weitere Dispositionen hinzukommen. Protest und Provokation werden genannt, Zusammenhänge in Erinnerung gerufen. Solche Phänomene leuchten schon eher ein. Ich würde aber in vielen Fällen noch zwei Phänomene hinzurechnen, die das Bild komplettieren. Oftmals handelt es sich um „Jugendliche", die eben noch – früher sagte man dazu wohl: – unreif sind und „nicht wissen, was sie tun". Des Weiteren sind es nicht gerade die Intelligentesten, die auf selbstständiges Denken verzichten. Anders gesagt: Der Faktor Dummheit sollte nicht ganz verschwiegen werden. Dabei ist diese Dummheit nicht immer und nicht in allen Fällen naturgegeben. Oft ist sie hergestellt und könnte beseitigt werden.

Ergänzung der Perspektiven

Vielleicht wird man Rau zustimmen, wenn er eine besonders wichtige Ursache für extremes Verhalten in einem Missstand der gesamten Gesellschaft sieht. Dass er sich dabei allerdings vor allem auf materielle Zusammenhänge konzentriert, halte ich für falsch. Meiner Meinung nach stellt die Orientierungslosigkeit bzw. der letztlich fehlende Wertkonsens in der Gesellschaft den wesentlichsten Faktor im Feld gesellschaftlicher Missstände dar. Es dürfte kein Zufall sein, dass Rechtsextremismus insbesondere in den neuen Bundesländern nach der sog. „Wende" auftrat, als die Gesellschaft sich um eine Neu- oder doch Umorientierung bemühte und dabei immer mehr rein materielle Werte in den Vordergrund traten.

Ergänzung: zunächst Zustimmung

Korrektur / Ergänzung der Gewichtung

Eigentliche Wertorientierung wird durch diejenigen Instanzen vermittelt, bei denen eine erste Sozialisation stattfindet, in der Familie also, sodann in der Schule bzw. in Gruppierungen wie Vereinen u. Ä. Letzteres sieht wohl auch Rau, wobei er von „Weichenstellung" spricht, sich aber scheut, gerade in diesem Zusammenhang eine Wertvermittlung zu fordern.

Weitere Ausführung: Präzisierung und Kritik

Bleibt die Frage nach den Inhalten dieser Wertvermittlung. Hier geben Grundgesetz und Landesverfassung wichtige Hinweise. Rau selbst nennt am Ende seiner Rede zentrale Werte, die das Leben in einer Demokratie bestimmen müssen. Das Grundproblem einer Wertvermittlung aber stellen diese Werte selbst dar. Sie lassen sich nicht „einbläuen", sie können nicht das Ergebnis einer „Dressur" sein, sie müssen vielmehr über Einsicht und Vernunft vermittelt werden. Freilich – und in diesem Zusammenhang wird man Raus Ausführungen wohl kritisch zu überdenken haben –, die demokratischen Grundwerte müssen entschieden geschützt werden, natürlich mit rechtsstaatlichen Mitteln, aber eben mit allen verfügbaren rechtsstaatlichen Mitteln, sonst könnten sich die allzu zurückhaltenden Demokraten (wieder einmal) als „nützliche Idioten" erweisen.

Rückführung: Frage nach Grundwerten

Ergänzung: Erweiterung

Warnung vor einer Gefahr

Erläuterungen zum Bearbeitungsbeispiel

Der Text gibt zunächst nochmals die Positionen der Rede wieder, die die Stellungnahme bestimmen. Er folgt dabei dem Argumentationsverlauf, beachtet aber auch eigene Aufbaugesetze, wenn er die zentrale Begründung der Rede erst am Ende der Argumentationszusammenfassung bringt. Die Zustimmung wird knapp gehalten, dafür werden die Ergänzungen und die Kritik etwas ausführlicher vorgeführt und in Ansätzen begründet (Grund + Beispiel).

Am Ende kommt es gewissermaßen zu einer Synthese, wenn einerseits die Grundwerte in Erinnerung gerufen, gleichzeitig aber intensiverer Schutz gefordert wird, wobei die Warnung vor einer drohenden Gefahr als Begründung zu sehen ist.

Auf den Punkt gebracht

Wenn Sie sich mit einem Text und seinen Forderungen und Argumenten auseinander setzen, dann sollten Sie darauf achten, dass Ihre **Stellungnahme** sowohl die Bewertung und Würdigung der im Text vorhandenen Argumente als auch Ihre eigenen, gegebenenfalls abweichenden Argumente enthält. Sie sollten deshalb

- als Voraussetzung Ihrer Auseinandersetzung die Grundgedanken des Textes nochmals zusammenfassen,
- diese Gedanken bewerten und darauf achten, dass Ihre Bewertung auch begründet wird,
- Ihre eigene Position so formulieren, dass Zusammenhänge mit der im Text vorhandenen Position erkennbar werden, dass aber auch die Unterschiede klar umrissen werden.

Begründen Sie Ihre Position, indem Sie

- sachorientiert Gründe formulieren,
- Argumente vorbringen, die aus Ihrer Wert- und Welthaltung resultieren.

Sie können Ihre Texterörterung mit einem **Fazit** abschließen, indem Sie noch einmal sowohl die Textposition als auch Ihre eigene Position zusammenfassen und vielleicht sogar zu einer übergreifenden Lösung fortführen.

5 Die einzelnen Arbeitsschritte bei der Texterörterung

Bei der Bearbeitung eines Textes gehen Sie am besten so vor:

0 Einstieg

0.1 Lesen Sie den Text langsam durch und markieren Sie dabei die Teile, die Sie auf Anhieb überhaupt nicht verstehen.

0.2 Versuchen Sie, den Textinhalt zu rekapitulieren:
- Was ist das Thema des Textes?
- Was wird dazu gesagt?

0.3 Formulieren Sie Ihren ersten Eindruck, den Sie nun gewonnen haben.

1 Schreiben Sie die unbekannten Wörter/Begriffe heraus und klären Sie sie mithilfe eines (Fach-)Lexikons und/oder aus dem Kontext.

2 Lesen Sie den Text neu und versuchen Sie, ihn Satz für Satz mit eigenen Worten zu formulieren. Markieren Sie die Stellen, an denen ein neuer Gedanke beginnt.

3 Fassen Sie diese Sinnabschnitte jeweils in einem Satz knapp zusammen. (So erfassen Sie den „thematischen Aufbau“ des Textes.)

4 Man kann davon ausgehen, dass annähernd jeder sinnvolle Text versucht, auf eine Frage eine Antwort zu geben. Versuchen Sie die Frage zu formulieren, die Ihr Text beantwortet.

5 Bei der Beantwortung der Frage bedient sich der Textautor bestimmter Begriffe, die gewissermaßen sein Gedankengebäude „tragen“.

5.1 Lesen Sie den Text nochmals durch und markieren Sie die „tragenden Begriffe“.

5.2 Machen Sie sich die Bedeutung dieser Begriffe klar:
- Gibt der Autor selbst eine Erläuterung?
- Lässt der Kontext etwas erkennen?
- Mit welchen Begriffen könnte man die Schlüsselbegriffe ersetzen, ohne die Bedeutung des Satzes/Textes wesentlich zu verändern? (Ziehen Sie notfalls ein Lexikon oder den „Thesaurus“ eines Textverarbeitungssystems zu Rate!)

6 Welche Zusammenhänge bestehen zwischen den einzelnen Begriffen?

6.1 Gibt es Über-/Oberbegriffe, die mehrere Aspekte zusammenfassen?

6.2 Gibt es Gegenbegriffe, die Gegensätze bezeichnen?

6.3 Gibt es Parallelbegriffe, die den gleichen Sachverhalt (oder einen parallel zu sehenden) meinen?

6.4 Machen Sie sich die Zusammenhänge klar, indem Sie versuchen sie „mit Pfeil und Bogen“ darzustellen. Beispiel:

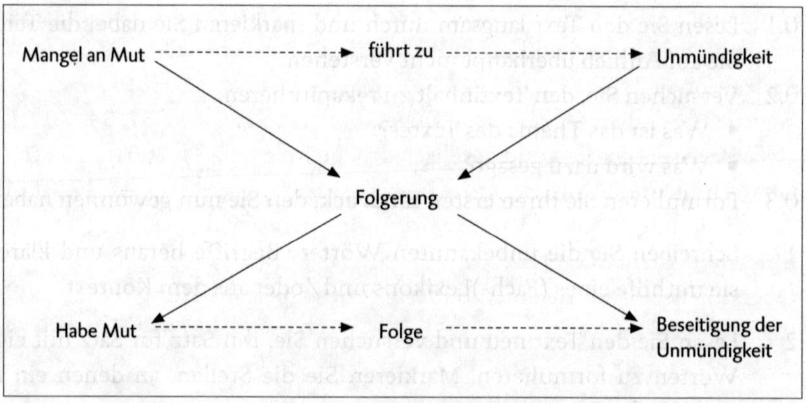

7 Beschreiben Sie die sprachlichen Besonderheiten des Textes:

7.1 Untersuchen Sie den Satzbau und die Wortwahl.

7.2 Untersuchen Sie den Einsatz besonderer (rhetorischer …) Mittel.

8 Beschreiben Sie das Verhältnis Text – dargestellter Sachverhalt:

8.1 Untersuchen Sie den Text in seiner „Umgebung“.

8.2 Würdigen Sie die vorgebrachten Argumente.

9 Nehmen Sie zu der Grundthese des Textes, zum Argumentationsverfahren (ggf. zur sprachlichen Form und deren Wirkung) und zu den Argumenten Stellung.

Verzeichnis der ausführlicher behandelten Erörterungsthemen

Bildnachweis

Umschlagbild: © ZEFA / Masterfile
S. 3 Mike Greenlar; The image works
S. 6 „Pappnase & Co" Katalog 2000 / 2001
S. 26 Tony Stone images (links)
S. 26 Anne Henze (rechts)
S. 46 Hartung / Süddeutscher Verlag
S. 57 Sprachzeitung „Deutsche Sprachwelt" 2 / 2000, S. 1
S. 68 © Eurocentres – 7 Sprachen lernen, wo man sie lebt
S. 75 dpa / Lehmann
S. 82 Eric Bach Superbild
S. 85 Gesellschaft für ökologische Forschung e. V., München
S. 91 Roche Diagnostics GmbH

S. 102 Vatikanische Museen, Rom
S. 107 Michel Foucault, Jacques Lacan, Claude Lévi-Strauss und Roland Barthes, gezeichnet von Maurice Henry, © Elda Henry
S. 120 Gesellschaft für ökologische Forschung e. V., München
S. 127 Bayerisches Landesamt für Umweltschutz (links)
S. 127 Arbeitsgemeinschaft der Großforschungseinrichtungen (rechts)
S. 131 Bildarchiv Aventis
S. 151 Wieland-Museum Biberach
S. 161 Bildarchiv Preußischer Kulturbesitz, Berlin

Wir danken allen Rechteinhabern für die Abdruckerlaubnis.

(Bitte blättern Sie um)